제1회 민간인 영어자격증 영어통달사 시험 가이드북

'JN153영어'의 뜻은?

주식회사 글로벌오케이의 영어 브랜드이다. "JN"은 Jesus Nation의 이니셜이다. 그리고 "153"의 뜻은 다음과 같다.

- 하루에 5분씩 3개월하면 영어 기초를 잡고(기초가 없으신 분)
- 저자 방법대로 2~3개월하면 영어통달자가 된다(중학교 졸업자 수준이신 분)(두서너 달에서~ 5개월이면 통달한다).

JN153영어는

다음과 같이 2021년부터 매년 두 가지 시험을 매년 실시한다.

중 · 고등학생을 위한 '영어경시대회' 시험 실시
대한민국 최초 민간인 영어자격시험 '영어통달사' 시험 실시

1. 중 · 고등학교 학생을 대상으로 하는 '영어경시대회'는 1년에 2회. 6개월마다 실시되며, 제1회는 2021년 6월 둘째 주 일요일에 실시 예정이다. 6월과 12월에 시험을 치르고, 수상자는 중 · 고등학교 별로 상위학교에 대한 등록금 지원을 한다. 1등에게는 4년 동안 대학등록금 전액을 지원함과 동시에 당사 채용의 우선 기회 또는 관련업체 채용 적극 추천서를 발급한다. 2등에게는 반액, 그리고 3등에게는 반반액을 지원하며 나머지는 동등하다.
   (영어경시대회 수상자 특전)
   - 중등부 1등 수상자는 고등학교, 대학교 등록금 전액지원
   - 고등부 1등 수상자는 대학교 4년 등록금 전액지원

2 '영어통달사' 자격증 제도 실시

대한민국 최초의 영어 민간인 자격시험으로서, 자격증은 사단법인 ○○○○에서 발행한다. 영어통달사 시험은 명실공히 대한민국 최고의 영어실력자로서 인정을 받게 될 것이다. 그 이유는 시험은 1 . 2차로 실시되며, 1차 시험은 주관식 영어문제(50분)이고, 직독직해하는 문제로 매우 복잡하고 장문으로 10문제 출제한다. 각 문제에 주어진 시간은 5분이다. 2차 시험은 1차 시험에 합격한 자들에게 주어지는 주제에 따른 스토리텔링을 각자 만들어, 직접 동영상으로 제작하고 마감일까지 심사위원에게 제출한 후 심사통과를 하여야 하고, 그로부터 1개월 이내에 2차 시험을 실시한다. 원어민 5명(영어시험 심사위원장, 김종남 박사님 포함)과 인터뷰를 하여 최종 선발한다. 제1회 시험은 2021년 7월 둘째 일요일이고, 최종 인터뷰는 셋째, 넷째 토요일과 일요일에 실시된다.)

영어통달사 특전

자타가 공인하게 될 영어통달사들은 대한민국 최고의 인재들이 될 것이다. 당사 채용은 물론, 당사와 연관된 대기업에 영어시험 면제 및 가산점을 부여받을 수 있도록 적극 지원할 예정이다. 영어통달사는 어떠한 영어문장에도 능통하게 되고, 영어회화도 능통하게 되니 대한민국의 우수한 인재가 되는 것이다.

기타 시험 일자와 장소 및 시험 방법에 대해서는 인터넷 신문인 '글로벌문하신문'에 공지한다.

피노키오가 영어 통달자가 되다

이 책을 읽으면 누구나 두~서너달 안에
영어통달자가 된다!

피노키오가 영어 통달자가 되다

곽우영 박사 지음

아마존북스

추천서

강남대학교 영문학과 교수와 민족사관고등학교 영어토론 교육원장, 한국 뉴욕주립대학교 연구교수 및 한국영어토론교육협회 회장 등 평생 영어교육에 헌신해 왔고, 영어 관련 서적 200여 권을 써온 나에게 모처럼 '가뭄에 단비가 내리는 듯한 반가운 소식'이 들려왔다. 그것은 영어를 전공한 사람도 아니고 한의학을 전공한 사람이 영어를 통달하게 된 자기만의 독특한 방법을 통하여 원본 영어성경(NIV영어성경) 요한복음(The good according to John)을 통한 '피노키오가 영어통달자가 되다'라는 책을 집필하였기 때문이다. 또한 이 책은 전 세계 베스트셀러 중의 하나이자 하나님의 말씀인 성경 요한복음을 근간으로 하였고, 영어원문이 쓰인 대로 '직독직해'하는 방법을 제시하여 주었기 때문이다.

여기서 저자가 제시한 방법에 따라 영어 원문을 큰소리로 읽고 해설을 읽어 숙달하기만 한다면 어떠한 영어문장이든 자동 암기가 되는 정도가 되고, 동시에 영어분석 능력 및 영어독해 능력과 더 나아가 영어작문 실력까지 한 번에 해결되니, 영어의 4대 영역 중 '읽기(Reading), 쓰기(Writing) 그리고 말하기(Speaking)'까지 가능해지므로 그야말로 일석삼조(One stone three birds)의 효과까지 얻을 수 있으니 더욱 반가운 소식이었다.

지금까지 한국인으로서 영어를 자유자재로 말하고 쓰는 것이 평생소원이었다 해도 과언이 아닌 영어는 본인의 학습을 거쳐 성인이 되고 자식을 낳아 기르는 지금까지도 정복되지 않는 영원한 과제 중의 하나가 되었고, 가장 '영어를 잘하는 방법을'은 국민의 소망이라 해도 과언이 아닌 것이 현실이다. 이런 때 혜성같이 나타난 저자가 '피노키오가 영어통달자가 되다'라는 책으로 하나님을 믿는 사람에게는 하나님의 말씀을 더욱 큰 깨달음으로 하나님께 영광 올려 드리고, 동시에 젊은 학생들에게는 효과적이고도 획기적인 영어학습 방법으로 젊은 나이에 영어통달자가 되는 방법을 제시하였으니, 오히려 내가 고개가 숙여짐을 솔직히 부인할 수 없었다.

비전공자가 영문 요한복음을 분석하고 암기한다는 것은 보통 수준이 아닐 텐데, 그렇게 된 방

법을 이 책에 모두 기록해 두어 한국인의 영어실력 발전에 초석이 되겠다고 하니 더욱 반갑고, 영어실력을 꿈꾸는 한국 사람들에게 적극 추천하는 바이다. 힘든 여건 속에서 온 힘과 정성을 다하여 세상에 빛을 보게 된 저자의 노고에 진심으로 감사를 드리며, 이 작은 저자의 노력이 하나님에게 큰 영광 드리는 일이 되었으면 하는 바람이다.

2020년 8월 30일
SKEDA(SUNY Korea English Debate Academy) 뉴욕주립대학교 영어토론교육원 원장
EDEAK(English Debate Education Association of Korea) 한국영어토론교육협회 회장
김종남 박사

추천서

미8군에서 통역장교 교관을 하다가 소령으로 예편을 하였고, 현재는 한미동맹재단에서 감사로 재직하고 있는 나에게 하나님의 말씀을 교재로 한 영어책이 출간되었다고 하니 반가운 소식이다

한국의 영어교육은 획일적인 문법에 기초하여 이루어지다 보니, 평생을 공부해도 제대로 말하기 어려운 것은 솔직히 부인할 수 없다. 이런 때에 글을 읽는 대로 해석이 되고, 해석된 원문을 다시 재현할 수 있는 저자의 특별한 노하우는 분명 한국인의 영어교육에 있어 한 획을 그을 것으로 판단된다. 영어 비전문가가 이런 특출한 방법을 독창적으로 개발하여 그동안 공부하던 방법을 한국의 영어학도를 위하여 책을 집필해 공개하겠다고 하니, 영어를 수학한 선배로서 든든함마저 느낀다.

요한복음은 예수님의 일대기를 그렸다고 해도 과언이 아니다. 이런 요한복음의 영어성경 원문(NIV영어성경)은 영어문장이 잘 정리가 되어 있음으로 인하여 학습자가 영어공부를 하는 데에 있어 상당히 효과가 있는 것으로 이미 알려져 있다. 게다가 저자의 강의식 원문 해설은 직독직해에 의하였으므로 읽는 사람은 예수님의 말씀을 이해하고 영어원문을 이해할 수 있으므로 최고의 책이 되리라 생각한다. 특히 저자의 탁월한 방식에 의한 원문 해설은 마치 소설가가 소설을 쓰듯이 줄줄 나오도록 집필이 되어, 책을 읽는 사람과 예수님이 마치 대화하듯이 대화식 방법(interactive methods)으로 집필되었기 때문에 영어원문은 우리말로, 우리말을 생각하면 영어원문이 그려지는 체계를 갖추었음에 놀라움을 감출 수 없다.

'피노키오가 영어통달자가 되다'란 책을 집필한 저자에게 많은 수고가 있음을 보았기에 진심어린 감사를 표하며, 아무쪼록 이 책을 읽는 사람마다 하나님의 감사와 영광만을 올려드림이 마

땅한 줄 믿는다. 원하는 영어실력도 배양하고 또한 기쁨으로 충만되어 하나님께 많은 영광 올려 드리는 계기가 되었으면 좋겠다.

2020년 8월 28일
무한사랑 에너지재단 부회장, KOMO(참전유공자 겸) 감사
서정길

이 책은 영어 종합 학습서로
영어통달자가 되기를 간절히 원하는 사람에게
문장을 읽기만 하면 이해되고 자동 기억되며 심지어는
문장까지도 만들어지는 능력이 자동 부여되는
학습 비법을 제시함으로써
각자에게 맞춤형 학습방법을 서비스한다.

영어학습에는 4대 영역이 있는 데 누구나 잘 아는 읽기, 듣기, 쓰기, 말하기가 있으며 영어를 잘하기 위해서는 이 4가지 영역을 잘해야 한다고 배웠다. 듣기를 위해서는 하루 종일 영어방송을 들어야 한다든지, 여러 가지 방법이 있다고 하였다. 그러나 나는 주장한다. 이 4대영역은 이 책을 읽으면 자동으로 해결되는 데, 그 비법을 이 책에 기록하여 놓았다.

이 책은 한국인의 영어교육에 혁명을 불러일으킬 책이라고 감히 주장하는 바이다. 이 책이 한국에 출판되고 3~4개월 후에는 곧바로 일본판을 출시할 예정이다. 이 책은 예수님의 말씀인 요한복음을 근간으로 하였기 때문에 기독교인들은 물론 미션 중 · 고등학교 학생과 그리고 일반 중고등학교 학생 및 영어를 배우고자 하는 모든 분들에게 필요한 책이므로 가정에 한 권, 학생들이 각 한 권씩 반드시 필요한 책이다. 따라서 본 저자는 이 책이 베스트셀러 중의 베스트셀러가 될 것이고, 한국인의 영어실력을 아주 월등히 상승시킬 것이라고 확신한다 그리하여 한국 각 가정에는 과외수업 지출로 인한 가정경제를 회복시키고, 학생은 영어공부에 치중함으로 체력낭비를 줄일 것이다. 그리고 각종 자격시험으로 외국에 지출하는 로얄티(TOEFL, TOEIC, GRE 등)를 줄일 것이다.

이 책은 일본판으로 출간되면, 일본에서도 큰 판매가 될 것으로 예상된다. 왜냐하면 한국의 영어교육은 일본에서 건너와 똑같이 교육되었기 때문에 절실한 것은 한국과 일본이 동일한 문제를 안고 있다는 사실이다. 이 책은 이러한 양국의 교육문제를 깨끗하게 해결한 방법을 제시하고 있다. 이 책이 일본에 출시되면, 많은 판매부수(일본인구는 한국인구의 2.5배)가 예상이 되고, 그 판매에 따른 저작료 수입(엔화가치는 원화가치의 10배)은 국가발전에 기여할 것이다. 또한 이 책은 읽기만 하면 문장이 자동분석되고 암기가 되도록 논리적으로 쓰여진 책이므로 역대적으로 Best Seller of the Best Seller가 되리라 확신한다.

이 책은 한국인들에게 획기적인 영어학습 방법을 제시하였는 데. 그 비법은 바로 다름이 아닌 문장이 쓰인 순서대로 보라는 것이다. 왜냐하면 문장은 앞말, 뒷말이 자연스럽게 고리를 만들어 연결되어 있기 때문이다.

명사는 앞에 관사나 소유격을 고정하고 그 사이에 형용사를 놓고 형용사 앞에는 부사를 형용사 뒤에는 동사의 ing나 ed를 넣을 수 있다. 또한 명사 뒤에는 형용사, 부사, 전치사 등이 쓰이는 데 이때는 관계사와 be동사를 써주어야 한다. 단 동사의 ing형이나 ed형에서는 관계대명사와 be동사를 생략할 수가 있다. 그리고 명사를 설명하려면 뒤에서 해야 하는데, 그 방법은 관계사절을 제일 많이 쓰고 to R을 쓰고, 전치사를 쓰고, 형용사를 쓰고, 그리고 주어동사(SV)를 쓴다. 이렇게 형성된 명사는 명사덩어리가 되어 주어, 보어, 목적어로 쓰인다.

예를들어 our challenges and obstacles를 설명하려면 관계대명사 that절을 사용하여 구체적으로 설명하면 된다. 그리고는 전체가 하나의 명사덩어리를 이룬다. 그러니 명사덩어리만 제대로 완벽히 소화하면 여러분은 영어에 날개를 단 것이고, 그때는 영어 80%를 장악한 것과 마찬가지다. 그저 이해했다고 안다는 것은 아니다. 안다고 착각하고 있을 뿐, 직접 만들 수 있어야만 아는 것이 된다.
영어를 마스터하기 위해서는 두 가지만 하면 된다.
첫째는 문장이 쓰인 순서대로 직독직해할 것과 둘째로는 문장구조를 분석해 보라는 것이다. 이렇게 두 가지만 숙달이 되면 저자가 강의시간에 보여주고 있듯이 어떠한 문장도 한번 보면 자동기억을 할 수있으며, 또 거꾸로도 외울 수가 있는 것이다. 영원히 잊어버리지도 않는다.

나는 이러한 원리를 이 책 "피노키오가 영어 통달자가 되다"에 모든 비법을 담아놓았다. 이 책을 읽는 사람은 두 달이면 영어통달자가 되기에 충분하다. 이 책은 NIV 영문성경 요한복음을 원문으로 하여 한글 성경원문도 넣었고, 분석까지 해놓았으니 독자들은 영어도 마스터하고 하나님 말씀도 통달하게 되니 이 세상 이보다 기쁜 일이 또 어디에 있겠는가? 아버지 하나님께서 크게 기뻐하고 계시니, 그리스도 복음이 땅끝 사마리아에 이르기까지 계속되리라. 하나님께 영광을! 아멘~~^^

I have come into the world as a light, so that no one who believes in me should stay in darkness. 이 문장을 지금 다시 한 번 더 읽고 의미를 파악해 보기 바란다. 이제는 순서대로 다시 읽어보라. 그리고 문장을 분석해 보라. 이 책을 다 읽은 후 이 문장을 다시 보라. 이 문장을 거꾸로도 말할 수 있게 된다. in darkness, should stay, believes in me, no one who~, so that, as a light, come into the world, I have come, 등 이렇게 숙달된 모든 청크(호흡 단위)는 이리저리 혼합하여 다른 곳에서도 계속 사용되는 말이라는 의미이다. 이 책을 다 읽으면 저절로 혼합해서도 말할 수 있게 된다. 저자가 보증한다.

미국인이 영어를 잘하는 것은 미국인은 한국말을 모르기 때문이고, 한국인이 위대한 것은 한국말을 할 줄 알고, 또한 영어도 쉽게 섭렵할 수 있기 때문이다. 본 저자는 한국인에게 영어가 얼마나 쉬운 것인가를 이 책에 제시하였고, 이 책을 읽는 독자는 누구나 영어 도사가 되도록 모든 비법을 기록하였다. 이 책은 당신을 영어통달자로 만들어 주도록 설계되어 있다.
This book leads you to master English to become a great Korean who speaks in English. This book is designed to make you well a communicator to others in English while reading this book and speaking to yourself alone.
독자분들께서는 이 책을 다 읽으신 후, 독자분들 임의대로 대표적인 30~50개 문장을 선택하여 그것을 완전히 분석하면, 영어는 다 마스터되는 셈이다. 이 책을 읽는 사람은 본인도 모르게 이런 숙달훈련 과정을 거쳐지도록 설계되어 있음으로 결과적으로 '영어통달자'가 되는 것이니 이제는 어떠한 한국말이라도 문장을 영어로 만들 수 있고, 입으로 줄줄 나오게 된다. 책 뒷면의 저자의 에필로그처럼 말이다.

예를 들어 모기를 영어로 설명해 보자. 모기를 영어로 무엇이라고 할까? 영어단어를 말하는 것이 아니라 모기의 정의를 내려보자는 것이다. 그리고 모기를 영어 단어로 mosquito를 모른다고 하자. 사실 모기를 설명할 때 영어 단어와 모기의 뜻과는 관계가 없으니까 말이다. 모기에 대한 다양한 정보를 우선 얻고, 나열한다. 다음과 같이 말이다. 모기는 곤충이다. 날아다닌다. 작다. 피를 빨아 먹는다. 사람이나 동물로부터…… 그리고 여름철에 많다. 전염병을 옮긴다. 이 정도의 말이면 충분하다. 이것을 순서대로 나열하면 다음과 같을 것이다.

A small flying insect which may suck on the blood from the people or animals that are living in the earth, which is common in summer and may transfer the disease such as Malaria.

이 정도면 훌륭하지 않을까? 이를 다시 분석해 보면 '작은 날아다니는 곤충(a small flying insect) 모기는 모기인데, 그 모기는(which or that) 추측하건데(may) 빨다(suck) 면으로 접촉하니, 면으로 접하는 전치사는(on) 피를(blood) 출발지는(from) 그 대상은(the people or animals) 이들은(that) 현재 상태는 이다(are) 살아 있는(living) 지구상에(in the earth) 그리고(and which) 흔하다(is common) 여름철에(in summer). 그리고(and) 옮길 수 있다(may transfer) 전염병(disease) 예를 들어서(such as) 말라리아(Malaria) 같은. 물론 정확한 것은 아니다. 본 저자가 임의로 만든 말이니까.

어떤 말도 이렇게 만들 수 있는 실력을 배양하는 것이 이 책의 목적임을 다시 한 번 밝혀둔다. 이 책은 예수님의 일생을 다룬 요한복음 성경 구절을 통하여 예수님을 알게 되고 또한 문장 만드는 방법을 구체적으로 설명하고 있으니 이것을 마스터하게 되면 여러분에게 기적이 일어난다. 이 책을 읽는 독자 여러분은 인생 최고의 복을 받게 되는 것이다.

때는 바야흐로 4차 산업혁명 시대에 접어들었고, 국경이 없는 무한경쟁 시대에 돌입하였다. 빅데이터, 인공지능, 사물인터넷, 블록체인 등으로 대표되는 4차 산업혁명은 급기야는 공유경제 플랫폼 시대를 거쳐 QR CODE Platform 시대로 진입을 하였다. 즉, 인프라 멤버쉽을 구축하여 원하는 서비스를 제공하는 플랫폼 비즈니스 시대로 접어들었다는 말이다. 즉, 플랫폼 소유자가 되어 어디든지 즐기면서 살 수 있는 시대가 된 것이다. 그래서 영어는 더욱더 필요하게 되었으니, 그것도 비대면을 통해서 말이다.

이제는 인간의 학습능력과 추론능력, 지각능력, 자연언어의 이해능력 등을 컴퓨터 프로그램으로 실현한 기술을 탑재한 컴퓨터는 인간의 지능으로 할 수 있는 사고, 학습은 물론 자기계발까지 할 수 있는 인공지능(Artificial Intelligence)이 모든 분야의 산업을 대체하게 되었고, 인간은 이제 하는 일은 먹고 마시고 여행하고 즐기는 소비자로서 삶을 즐기는 시대가 되었다.

인간은 창조적인 인간에서 소비적인 인간으로 되었다는 뜻이다(중략). 본래 인간은 일하기 위해서 태어난 것이 아니라 행복한 삶을 즐기기 위해서 태어난 존재이기 때문이다. 소비자의 삶이 가치를 창조하는 시대일수록 영어 또한 대면(face to face)적에서 비대면(Untact)적으로 발달하게 되어 비즈니스 영어에서 맞춤형 개인 영어로 진화할 것이다. 그리하여 이제는 언어플랫폼으로 발전하는 시대가 올 것이라고 확신을 하고 있다. 이러한 시대에 만일 내가 영어통달자가 된다면, 다가올 언어플랫폼 시대, 즉 영어로 말을 하면 수익이 되는 시대에 안정된 노후를 즐길 수 있는 나만의 무기를 갖게 되는 셈이다.

오늘날 한국은 이미 세계를 정복했다고 해도 과언이 아니다. 경제, 군사, 자동차, 반도체, 스마트 폰, 한류 열풍에 이어 이제는 의료사업까지 전 세계를 휩쓰는 자랑스런 대한민국이 되었다. 이에 본 저자는 성경 중의 백미라고 할 수 있는 예수님 일생을 담은 영문 요한복음을 분석하여, 독자들이 저자가 해설한 부분을 주의깊게 읽고 숙달이 된다면 저절로 문장이 통째로 암기가 되는 비법을 제시함으로써 여러분의 평생소원인 영어통달자가 되도록 설계하여 집필한 것이다. 이제 다 읽은 독자 여러분께서는 짱짱한 영어 실력을 기반으로 하여 전 세계에 자랑스런 한국인의 기상을 드높일 수 있게 될 것이다. 이것은 바로 애국하는 길이요, 전 세계인들에게 자랑스런 대한민국의 위상을 드높일 계기가 될 것이다.

본 저자가 집필한 이 책에는 그동안 저자가 학습하여 많은 학습효과를 보았고, 실제로 강의를 하여 20회 정도하였더니, 모두가 영어도사가 되었다. 그러한 비법을 저자의 아이디어를 총동원하여 책 속에 상세하게 기록하여 놓았다. 조만간 이 비법의 핵심사항을 정리하여 홈페이지에 개설할 예정이다. 홈페이지는 www.jn153English.com이며, 구독료도 획기적으로 저렴하게 서비스할 예정이다. 예상 월 회원은 10,000원 수준이다. 그리고 인터넷 신문인 글로벌문화신문(http://sscn.co.kr)에 매일 한 문장씩 영어문장을 연재하기로 확정되었으니, 공부하고자 하는 학생들은 적극적으로 활용하면 좋을 것이고, 주변에 많은 홍보 부탁한다. 이제는 대한민국 국민이 한국에서 영어를 배우는 데 고생하는 사람들이 없도록 이 책을 만들었기 때문이다.

영어 잘하기를 원하는 사람은 누구든지 저자가 말하는 방법대로 한다면 여러분은 이제 영어와 아주 친근한 사이가 되어 문장이 쉽게 해석되고 머리에 기억되는 신기한 현상이 일어날 것이며, 동시에 여러분이 한글 문장은 저절로 영어식 문장배열로 재배열되기 때문에 영어문장이 만들어지는 기적이 일어날 것이다.

이 책을 읽으시는 분이 만일 학생이면 이 책을 다 읽은 후에는 영어성적이 제일 좋을 것이며, 모든 과목 중에서 영어 과목을 가장 좋아하게 될 것이다. 그리고 만일 성도라면 성도님들께서는 하나님의 말씀을 좀 더 잘 이해가 되기 때문에 하나님께 영광 올려 드릴 수 있는 계기가 될 것이다. 아무쪼록 이 책을 섭렵하여 여러분의 평생소원인 '영어통달자'가 되는 데 초석이 되기를 바라마지 않는다.

2020년 6월 24일
강남역(5번 출구) 도씨에 빛 2차 519호 사무실에서

contents

이 책을 쓰게 된 목적

한국 학생들에게 영어를 할 수 있느냐? 하고 물으면 초등학교 졸업자는 "배우지 않아서 모른다."고 하고, 중 · 고등학교 졸업자에게 물으니 "배움이 짧아 모른다."고 하고 대학졸업 자에게 물으니 "잊어버려 모른다."고 하고 일반인에게 물으니 "이 나이에 무슨 영어냐?" 하며 모두가 핑계만 대고 있다. 특별히 잘하는 사람을 제외하고 일반인들은 많은 시간을 투자했음에도 실효과(투자시간 대비 효과)는 매우 적은 편이다. 그리고 지금도 여전히 똑같은 현상이 반복되고 있다.

여러분이 말하기를 "나는 중학교 졸업자이지만, 만일 내가 영어문장을 읽고 해석이 되고, 영작을 줄줄이 할 수 있고, 더 나아가 외국 사람이 하는 말을 듣고, 내가 하고 싶은 말을 할 수 있다면(조금은 서툴러도) 얼마나 좋을까?"라고 혼자 생각한 적이 있을 것이다. 그리고 내가 "만일 내가 고등학교졸업자이지만 이 책을 읽고 문장을 습득하는 방법을 터득하여 영어통달자가 된다면?" 이는 상상만 해도 가슴 벅찬 일이 아닐까?

이 책을 읽는 독자라면 누구나 영어통달자가 될 것이다. 여기서 말하는 영어통달자라 함은 문장을 보면 해석하여 그 뜻을 알 수 있고, 자기의 생각을 정리하여 말을 할 수 있는 정도를 말한다. 이제까지 영어로 고민하시던 모든 분(본인, 학생 부모님 그리고 공부한 시간 대비 영어 실력 향상이 되지 않으시는 분, 영어포기 학생 등)들께서는 이 책에 집중하여 서너 페이지 읽어보신다면 누구나 영어를 잘할 수 있음을 알게 되실 것이다.

믿기 어렵고 또한 읽었음에도 이해가 부족한 학생들은 저자에게 연락하시면 된다. 누구나 한두 시간 정도 저자의 강의를 들으면 영어를 잘 할 수 있는 자신감을 갖게 될 것이다. 질문이 있는 분은 책의 앞, 뒷면에 있는 QR코드를 스캐닝하든지, 아니면 저자를 직접 방문해도 된다. 편리함을 위해서는 E_mail : jn153english@gmail.com으로 문의하기 바란다. 'QR코드 스캐닝'이란 스마트폰을 QR코드 위에 대면 자동적으로 바로 인식되는 것을 말한다.

다음의 문장을 보자!

There is a place where there is a will. If faith can do it, Greatness is transmitted. No matter what I will keep moving forward. Be born again.

이 문장을 읽고 뜻 파악이 되는가? 뜻 파악이 되었다면 이 문장을 보지 않고 이대로 쓸 수 있는가? 그리고 2~3일 후에도 이 문장이 기억되고 있는가? 이에 대한 대답은 아마도 첫 번째 질문에만 Yes! 또는 고개를 갸우뚱거릴 것이다. 우리는 이제까지 영어문장을 보고 해석하고 모르는 단어가 없다면 알았다고 하고, 넘어갔지만 실제는 안다고 착각하였다. 이 책에는 위 모든 질문들이 한꺼번에 해결할 수 있는 비법을 제시하여 놓았다. 그저 이 책을 읽기만 하면 본인 자신도 모르게 실력이 갖춰지게 되니 영어통달자가 되게 된다.

이 문장을 순서대로 보고 해석하여 보자. 절대로 뒤로 갔다가 앞으로 왔다가 또는 거꾸로 보아서는 아니 된다. There is 있다. 뒷 명사가 주어이고, a place 장소 where 그곳에는 there is 있다 a will 의지가 If 만일 faith 신념이 can 능히 do 행한다면 it 그것(의지)을 Greatness 위대함은 is 현재 상태로 있다 transmitted 전염이 된다 No matter 그것이 ~라 할지라도 what 무엇 I will 나는 하리라 keep 계속하여 moving 움직임을 forward 앞을 향해서 말이다 Be 상태가 되라 born 태어나는 again 다시 이렇게 해석해 보니 어떤가?

순서대로 읽고 영어통달자가 되다!

우리는 두말할 것도 없이 한국어 원어민이다. 원어민이기 때문에 두서없는 낱말을 배열하더라도 우리는 그 뜻을 명확히 알 수 있다. 따라서 영어문장을 영어글자가 쓰인 대로 읽은 두서없는 글자는 머릿속에서 전광석화와 같은 속도로 이해가 되고 정리가 자동으로 된다는 것이 본 저자가 깨달은 사실이다. 물론 처음으로 문장을 이렇게 해석을 해보니 다소 어리둥절할 수도 있고, 익숙하지 않기 때문에 다소 어려움이 있을 수 있겠지만 빠른 시간 안에 익숙해질 수 있다.

순서대로 해석하는 것이 숙달되면 어떠한 영어 문장도 시원시원하게 해석이 되고, 문장의 뜻이 명확하게 파악이 되고, 영어방송이 들리게 되고, 영어 강의가 들리게 되는데, 이를 위해서 반드시 순서대로 읽고 읽은 순서대로 해석하는 매우 쉽고 당연한 기술(?)을 습득해야 하지 않겠는가? 이 책은 이를 위해서 쓰였다. 한 번 읽으면 오랫동안 기억이 되고 잘 잊어버리지도 않는다. 이제 남은 것은 독자들이 훈련을 하여 글자가 있는 대로 읽는 법을 배우기만 하면 영어통달자가 된다.

Listen to this before you sleep
이것을 해석하면 어떻게 될까? 물론 '잠자기 전에 이것을 들어라'라는 의미이다. 이 정도는 해석할 정도로 숙달되어 있는 것이 한국인의 실력이니까? 하지만 다시 한 번 살펴보자. 왜 이런 뜻이 나왔을까? 사실은 알고 있다는 착각이다. 그렇기 때문에 이것을 영작하라면 맨탈붕괴가 오는 것이다. 어디서 시작할지 모르기 때문이다. 저자는 해석은 무조건 글로 쓰인 순서대로 읽는 방법을 사용한다. 이 책은 철저하게 그렇게 쓰였다.

그래서 이 문장을 해석하면 다음과 같이 된다. 들어라(Listen) 듣는 대상은, 도달하는 곳은 (to) 이것이고(this) 직후에 일어나는 일은(before) 당신이(you) 잠들다(sleep)이다. 거꾸로 해석할 때 before you sleep은 '당신이 잠들기 전에는'이지만, 순서대로 해석할 때는 반대가 된다는 사실이다. 당연한 것 아닌가? 저자는 이러한 해석방법을 독창적으로 개발하여 지금 현재는 어떠한 방송강의도 들을 수 있고 어떠한 문장도 해석할 수 있다.

저자는 공부를 많이 하여 박사학위를 받았다. 그러면 많이 공부했기에 많이 알기 때문이라고? 전혀 그렇지 않다. 그래서 본 저자는 그동안 배우고 연마한 이 방법으로 책을 쓰고 강의를 해야 하겠다고 생각을 하게 되었고, 이 방법으로 책을 써서 대한민국 국민을 한 등급 업그레이드해야 하겠다고 생각했다. 분명히 말하는데, 이 책은 한국국민의 영어를 한

단계 올리는 데 혁명적인 초석이 될 것이라고 자부한다. 이렇게 숙달이 되고 문법책을 필요한 부분을 찾아 가볍게 읽는다면, 문법 또한 쉽게 해결되기 때문에 완전한 기본을 갖추게 됨은 물론, 한 번 본 문장은 거의 잊어버리는 일이 드물게 된다.

이 책은 저자의 독특한 방법에 의하여, 누구든 이 책을 읽는 사람은 영어통달자가 되게 하였다. 성경 각 구절을 저자의 해석하는 방법 '순서대로 읽는 훈련'을 하다 보면 한국어가 원어민인 우리들은 바로 그 뜻이 명확히 파악되는 것은 물론이고 한국어 문장을 보면 영어로 자동배열이 되는 신기한 현상이 생기게 된다. 이것이 영작이 아니겠는가?

이 책은 영어를 대면하는데 있어 한국인의 사고방식을 영어식 사고방식으로 전환하였기에 오늘날 현재 한국은 세계적인 경제대국에 이어, 의료분야도 세계 최고(COVID 19로 인증, 한국은 무기 없이도 세계를 점령했다(프랑스 언론 보도))에 이어, 영어까지도 비영어권 국가 중에 영어를 가장 잘하는 국가가 되기를 희망하며 쓴 것이 이 책의 목적이다.

이 책의 목적이 영어문장 해석하는데 통달자, 영어문장을 만드는데 통달자가 되어 결국에는 영어방송(순서대로 말하니까)까지도 들을 수 있게 된다. 이 모든 것은 하나님의 말씀인 성경(Scriptures) 요한복음(The Good according to John)의 21장의 전 구절을 근간으로 하여 원문은 하나도 수정없이 원문대로 기록하여 영어를 통달하도록 만들었으니 이는 믿는 자로 하여금 하나님께 영광드리기 위함이다. 믿지 않는 자는 영어통달자가 되었으니 본 저자에게 감사하면 되는 일이다. 본 저자는 하나님께 영광 올려 드리니, 우리 모두에게 복이 있는 것이다.

이 책은 신약성경의 백미라는 요한복음을 통해
1장부터 21장까지 각 절을 빠짐없이 다음의 순서에 따라 기록했다.
첫 번째는 영문성경 원문을, 두 번째로는 한글성경 원문을,
세 번째로는 영문성경 분석을, 네 번째로는 영문성경 구절에서 필요하다고
생각되는 문법을 설명하였으며 그리고 마지막 다섯 번째로 중요한 부분은
굵은 글씨로 별도로 칸을 띄어서 자세히 설명하였다.

그래서 이 책은 영어를 좀 더 잘하고 싶은 사람을 대상으로 하였다. 그 이유는 다음과 같다. 요한복음은 예수님의 일생을 기록했기에 예수님을 이해하는데 최고이다. 독자분들의 필요에 따라 다음과 같이 나누어 효과적으로 보시면 될 것이다. 영문성경을 읽고 싶은 분은 영문성경을 보시면 되고, 한글성경이 필요하신 분은 한글성경 원문을 읽으시면 된다. 영어 실력만 늘리면 된다고 하시는 분은 영어해설만 만화책 보듯이 즐기시면서 빠를 속도로 읽으시면 된다. 영어 실력이 부족한 분은 해설 부분과 문법분석 부분을 참조하시면 영문법까지도 충분히 보충될 것이다. 그리고 덧붙이고 싶은 말은 영문성경과 한글성경을 비교하면서 읽어보시라. 한글성경 글귀를 생각하기만 하면 영문 영어성경이 줄줄 나오게 될 것이다. 이 책을 섭력하신 후에 말이다.

그러나 마지막으로 강조하는 것은 한국인들의 교육은 일제 강점기 때부터 시작된 일본식 영어를 기본으로 한 시험을 잘 보기 위한 영어교육 중심으로 한국인들이 배워왔기 때문에 비효율적이다. 중학교 3년 고등학교 3년 대학교 4년, 이렇게 10년을 배웠고 그리고 지금까지 평생을 살아오면서 공부해 왔다. 성인이 되어서는 직장에 들어가기 위한 스펙 쌓기 시험용 영어부터 직장에 입사해서도 승진을 위한 영어공부를 해온 것을 총 합하면 평생을 영어공부에 많은 시간을 투자했다는 것을 부인할 사람은 없다. 그러나 여전히 영어를 잘해 보았으면 바램을 갖는 것은 비록 한국인만의 특성이 아닐까? 저자는 이에 대한 답을 찾았고, 이 책에 모든 비법을 쏟아놓았다.

사실은 한국인들이 공부는 많이 하는데 왜 실력은 늘지 않는 것일까? 이에 본 저자는 이러한 현실을 '한 번에 해결할 수 있는 방법은 없을까?' 생각하고 Youtube 강의를 통해서 강의(1회분은 15분 정도, 100회 강의)를 하려고 자료를 정리하였다. 그러던 중, 갑자기 머리를 스치는 생각이 들었다. 세계적인 베스트셀러인 성경전서 중, 요한복음을 택하여 지면 강의를 하면 '1석 2조(One Stone Two Birds)' 이상의 효과를 얻을 것임으로, 국내뿐만 아니라 해외에 사는 교포 분들에게 커다란 동기를 부여할 수 있을 것 같았고, 이 또한 하나님의 복음을 전하는 하나의 사명이라 생각하니 망설임도 없이 기쁘게 하나님의 사역인 이 책을 집필하게 되었다.

원문은 영문성경(NIV)과 한글성경이고, 저자가 공부해왔던 방법(누구보다 효과적(학생시절)이었고, 지금도 (61년생) 영어도사가 되게 된 비법임)을 과감하게 사용하여, 성경 각 구절을 정리하였다. 그 기준은 아주 간단하다. 성경구절 쓰인 순서대로 읽는 방법을 분석하여 독해하는 방법을 제시하였다는 것이다. 그리고 필요한 문법은 학생들을 위해서 각 구절 아래에 정리하였다.

누구든지 영어를 잘하면 좋겠다는 사람을 위해서 성경 구절의 문장을 전부 분석을 하였으니 가벼운 마음으로 읽어보시길 권한다. 이 책을 다 읽으면 생각이 전환되어 어느새 과거의 방식이 아닌 영영식 사고방식에 의한 영영식 표현방식인 영어원문들이 신기하게 읽혀질 것이고, 어떤 영어 문장이든지 척척 해석이 되는 신기한 현상이 일어날 것이다. 게다가 모든 문장을 만들 수 있는 능력이 배양될 것이다. 읽기만 하면 저절로 해석이 되고 문장을 만들 수 있는 능력이 생기니, 이것이 바로 우리 한국인들이 바라는 바가 아닐까?

예를 들어 보자. 지금 우리가 용인에 있는 한국민속촌에 갔고, 동반한 것은 외국인(미국인)이다. 눈치 빠르신 분은 아셨겠지만, 나도 모르게 한국말이 갑자기 꼬였다. '외국인과 함께'를 '동반한 것은 외국인'으로 쓴 것이다. 그러나 우리는 한국어 원어민들이기 때문에 무리 없이 넘어갔다. 차이가 무엇이냐고? 영어 with a foreigner를 한국어로는 '외국인과 함께'이고 영영식 사고방식에 의한 한국어 표현은 '동반한 것, 함께하는 것은(with) 외국인(a foreigner)'이다. 민속촌 안에 있는 농부가 쓰던 쟁기를 가리키며 저것이 무엇인고? 신기한 물건이 많이 있고, 역사가 겨우 300년 밖에 안 된 미국인의 눈에는 궁금할 수밖에 없기 때문에 계속하여 질문한다고 생각해 보자. 어떻게 대답할 것인가?

솔직히 우리 학생들에게 학교가 영어로 무엇이라고 하면 school이고, school은 한국말로 무엇 하면? '학교'라고 대답하는 현실에서! 이제는 자유롭게 말을 할 수 있는 창작영어를 알 수 있도록 해야 할 필요가 있다. 학교는 학생들이 모여 공부하는 장소 a school where the students come together to study 또는 배우는 장소 a place where is taught 이 정도라도 대답할 수 있다면, 능히 민속촌에 있는 쟁기를 설명할 수 있을 것이다. 그런데 민속촌에 간 한국인의 머릿속에는 '쟁기가 영어로 무엇이지?' 하고 영어 단어만을 생각한다면 어떤 현상이 일어날까? 답은 자명한 일이다. 단어가 생각나지 않은 한국인은 '급 당황'하게 되고, 이마에는 땀이 흐르게 될 것은 분명한 사실이다.

이때 질문받은 한국인이 응, 그것은 일종의 농기구인데, 농부가 밭을 갈 때 사용하는 것이라고 한다면 어떻게 될까? that is a kind of measures which is used to R(동사) by a farmer in korea. 뭐 이렇게 대답했다고 해보자. 어떤가? 이 문장이 맞고 틀리는지의 여부가 중요한 것이 아니다. 이 책을 읽는 분은 누구나 이 정도의 영어는 머릿속에서가 아니라 입에서 줄줄 나오게 되고, 보는 영어문장은 술술 읽고 뜻을 자동으로 알게 된다.

이 책은 혁명적인 책이라고 자부한다. 누구나 영어도사가 될 수 있고, 그것을 실현시켜 줄 수 있는 책이기 때문이다. 이 책을 읽은 학생이면 미션스쿨에 다니는 학생이든 아니든 간에 제일 흥미로운 과목이 영어 과목일 것이고, 결국에는 장차 하고 하고 싶은 일을 하는데, 커다란 도움을 받게 될 것이다. 왜냐하면 영어통달자가 되었으니까!

성도 여러분은 한글성경에 이미 익숙해져 있을 터이니 영문성경과 비교하면서 하나님의 깊은 뜻을 헤아려 하나님께 더 나아갈 수 있는 믿음을 얻게 되는 것은 물론 영어통달자가 되려는 것임을 확신하니, 부담은 갖지 마시고 소설책 읽는다는 기분으로 본 저자가 영문 해석한 부분을 읽는다면, 이 책을 다 읽게 되면 문장이 보일 것이다. 왜냐하면 계속 반복되고 반복되다가 요한복음 14장부터는 수준을 높였고, 다시 17장부터는 중간 정도의 수준으로 해설하였기 때문이다. 한국인 여러분! 해외동포 여러분! 본 저자는 영어는 아주 단순하다고 생각한다.

영어문장이 단순하다는 것이다. 제 방법대로만 해 보시면 아시게 된다. 문장을 읽고 분석하는 데는 최고의 책이라는 것을. 완벽하다는 것이 아니라 완벽의 길로 인도한다는 것이다. 그 이유는 이 책을 집필한 목적이 바로 이 책을 읽은 독자들로 하여금 '글로 쓰인 문장을 읽고 해석할 수 있고, 자기의 생각을 말로 능히 표현할 수 있는 능력을 배양하는 것'이었으니, 여기까지는 이 책이 책임질 수 있다고 생각한다.

그러나 영어는 결코 쉽지는 않은 언어이다. 왜냐하면 모든 음절이 발음되는 것이 아니라 발음 규칙에 (Schwa, Reduction, Stress, Rythem 등) 말이 굉장히 빠르기도 하고 느리기도 하니, 적응 하는데 어려운 것은 사실이다. 이 책은 '영어를 읽고, 해석하고, 영작하는 데까지 통달시키는 것' 이다. 이 책에서 영어문장을 통달하시고 나머지 발음, 리듬 등은 전문가로부터 배우면 된다.

그리고 이 책은 방송 듣고, 강의 듣고 하는 데도 큰 일조를 한다고 자부한다. 그 이유는 이 책 은 처음부터 시종일관 글자가 쓰인 순서대로 해석하는 훈련을 반복하고 또 반복하였기에 독자 들은 자기도 모르는 사이에 글자가 쓰인 대로 해석하는 것이 숙달되어 있기 때문이다. 논리적 으로 이 책을 쓴 것이 아니라, 효율적 영어를 강조하다 보니 두서가 없는 것도 무시했다. 이것 또한 강조의 용법이 될 수 있으니, 별 신경 쓰지 않았다. 이 책을 읽는 독자는 재미를 느낄 것 이라고 생각한다. 이 책의 가장 큰 특징인 순서대로 읽고 해석하는 훈련을 하여 숙달이 되면, 순서대로 말하는 방송이 들리게 되고 해석할 필요도 없이 들리는 대로 방송을 듣고 이해한다.

다음의 문장을 보면 바로 이해가 되는지를 보자. Learn how to manage people and be a better leader. 이 문장을 어떻게 해석을 해야 하는가? 아직도 이런 생각을 하고 주저하신다면? 생각 의 전환을 해 보시길 권한다. how to manage people을 learn 동사의 목적어로 보아야 하는가? 아니면 how를 learn 동사의 목적어로 보아야 하는가? 이런 문제가 바로 문법을 배워 익힌 기 성세대가 효율적인 영어를 하지 못한 가장 큰 문제라고 생각하였다.

자, 이제는 생각하지 마시고 그냥 순서대로 읽으면서 의미를 부여해 보면 정확한 답이 나온다. 다시 한 번 글자가 쓰인 대로 읽어보라. Learn 배워라 how 어떻게 하는 것인지를 그리하여 to manage 앞으로 나아가 하고자 하는 바는 관리하는 법을 people 사람들을 and 그리고는 be 되 어라 a better leader 좀 더 나은 지도자가! 어떤가? 느낌이 팍팍 올 것이다. 이 책은 이래서 탄 생하게 되었다.

순서대로 읽는 훈련을 하여 영어통달자가 된 저자는 모든 한국인들이 이러한 방식으로 영어를 접하게 된다면, 세계에서 영어를 가장 잘 하는 민족이 되지 않을까? 그렇게 만들기 위해서 서문(prologe)를 30페이지에 걸쳐 쓰려고 작정을 했다. 쓴다는 것보다는 책의 설명을 본문에서 중복되겠지만 그대로를 서문에 옮겨 적기도 하였다. 본 성경구절을 영문해설을 하면서 어느 문법책을 참고하지 않았고, 본 저자가 알고 있는 수준에서 해설하였음을 밝히는 것은 다소 문법적인 해설이 틀렸다고 하더라도 너그러이 이해하여 주실 것을 부탁드린다.

문법은 필요한 것은 사실이지만, 그것을 배울 때는 직독직해가 가능하고 영어에 어느 정도 자신이 있을 때 배워야 한다고 생각한다. 기초가 된 상태에서는 문법책은 읽으면서 이해가 되는 것이기 때문이다. 그런데 우리 한국인들은 지금까지 거꾸로 배웠고, 게다가 문장도 뒤에서부터 시작하여 해석하는 거꾸로 영어에 빠지는 오류를 범하면서도 자랑스런 대한민국을 세계 12위권 경제 대국이 되었으니, 이제부터는 여기에 제 방식으로 공부를 하여 영어 잘하는 영어통달자로 만들어 준다면 2050년에는 세계 2위 국가라는 말이 사실로도 될 수 있다고 생각한다.

필란드 교육부 장관이 학교문법 폐지를 한 후 30년 후의 필란드 사람들은 비영어권 나라에서 영어를 가장 잘하는 국가가 된 것처럼, 이 한 권의 책이 그러한 위대한 국민의 사고를 바꾸는 데 초석이 된다고 생각하니 개인의 영광도 얻게 되는 것은 물론이지만, 이 책은 하나님의 말씀으로 이루어져 있으니 오직 하나님께 영광 올려드리는 일이 될 것이라고 생각한다, 하나님께 영광을! 할렐루야, 아멘!

요약 정리하여 다시 한 번 강조하면 영어를 잘했으면 좋겠다,라고 생각하는 사람은 누구나 필요한 성경 구절을 찾아 읽으면 된다. 그리스도 성도라면 한글성경에 익숙해져 있을 것이니 영문성경 분석을 먼저 보고 나서, 영문성경 원문을 한 번 읽고 다시 빠르게(약 30% 정도) 읽는다면 신기하게 뜻이 머리에 쏙쏙 들어오게 된다. 학생이라면 먼저 영문성경을 읽고, 해석해 본 다음에 영어성경 원문분석을 읽어보고, 그 다음 문법분석을 보면 최상의 공부방법이 될 것이다.

영어는 말하는 순서대로 들리는 데 우리는 이에 익숙해져 있지 않아, 사실은 훈련도 한 번도 하지 않았다. 이제는 말하는 순서를 글로 적은 것이 영어문장이다. 그러니 말하는 순서대로 들으려면 쓰여진 순서대로 한국말과 1:1 매칭하는 것이 먼저가 아닐까? 두서가 길었지만 본 책은 이렇게 기술하였으니 자세한 특징을 세분화하면 다음과 같다.

[영문성경 원문]

NIV 영문성경의 원문을 그대로 기록했다. 여러 가지 영어원문 성경이 있으나 본 저자는 NIV 성경원서를 택하였다. 비교적 쉽고 뜻도 잘 전달되었고 고어 영어가 없다고 해도 과언이 아니기 때문에 영어 학습교재로는 최고일 것이라 판단했기 때문이다. 잘 아시다시피 영문성경은 전 세계 Bestseller이기에 베스트셀러를 가지고 영어를 마스터한다는 것은 너무나 신나는 일이 아닐까?

[한글성경 원문]

한글성경 원문을 그대로 필사했다. 성경은 한 글자 한 획도 마음대로 고칠 수가 없는 것이고, 저자 임의대로 해석하고 쓰고 하는 것이 허락되지 않았기에 한 글자도 고치지 않고 그대로 필사하였음을 밝힌다.

[영문성경 원문 분석]

영영식 사고방식에 의해 쓰여진 성경구절을 한글로 직독직해하여 첫째로 가능한 빨리 영어 원문에 친숙하게 배열하였다. 이렇게 분석된 성경 구절은 대화식으로 분석하였으니, 독자분들은 가볍게 읽고 성경 원문을 될 수 있는 대로 빨리(약 30%) 읽어보면 영어원문이 눈에 들어오는 신기한 기적을 맛볼 수 있을 것으로 생각한다. 왜냐하면 대화식으로 영어 원문을 원문 그대로를 한글로 분석하였기 때문에 누구든지 쉽게 읽고 따라하다 보면, 자신도 모르게 이미 영어에 적응되어 있는 자신을 발견할 것이기 때문이다.

이 책을 끝까지 읽으신 분들은 이 책을 접하게 된 것에 대해 감사하리라고 확신한다. 저자는 중복되는 부분도 많이 있겠지만, 글을 쓰는 순간에도 하나님께 감동받아 이를 생생히 전하고자 이 글에 반복적이더라도 솔직하게 기록했음을 밝힌다. 요한복음 한 권의 성경을 이렇게 분석하다 보니 영어문장이 소설로 써지듯이 이어지고, 앞 글자를 보면 뒤 글자는 무엇이 나오겠다는 추리능력까지 생기면서 더욱더 감동을 받았기 때문이다. 독자 여러분에게 이것을 전했으니, 여러분 모두에게도 그러한 감동이 일어나길 바란다.

영어는 가장 단순한 언어이다. 주어가 있으면 동사가 있고, 동사의 형태에 따라서 동사가 자동사이면 부사가 오든지 아니면 상태를 설명하는 보어가 오든지 하고 동사가 타동사이면 목적어가 있는 것이 당연하고 목적어가 불완전하면 목적어를 두 개 취하고 목적어의 상태를 설명하려면 목적어는 다시 보어를 취하면 된다. 문제는 여기서부터 혼동되기 시작한다. 그리하여 '영포생'(영어포기한 학생)이 나오는 데, 이 책은 영포생이라도 읽기만 하면, 영어 도사의 지름길에 접어들게 되도록 꾸며졌다. 그 이유는 일단 이 책을 접하여 원문분석을 보면 재미있게 구성되어 있다. 학생 또한 '영포생'(영어를 포기한 학생)이라고 하더라도 속으로는 은근히 영어를 공부해야 한다는 내면의 스트레스와 딱 맞아 떨어지므로 스파크가 일어나게 되고, 영포생은 우등생으로 둔갑하는 신기한 기적이 일어날 것임을 감히 독자 제현에게 보증한다. 영포생들의 문제는 어떤 동사가 자동사이고 타동사인지 그리고 목적어가 어떻게 나열되고 머리는 아파지기 시작한다.

이 책은 영어에 대한 문법 지식이 없어도 된다. 다만 중학교 이상은 졸업하였기만 하면 충분하다고 생각한다. 우리 모두는 시험을 위한 시험공부에 익숙하여 있고, 그 결과 해석이 되는 문장은 안다고 하고 지나가고, 왜 그런지는 모른 채 세상을 살아왔다. 모두가 다시 생각을 바꾸어야 한다. 생각해 보시라. 영어를 듣고 이해하고 영어 문장을 보고 이해하려면 충분한 지식이 있어야 된다고 생각하지만, 실상은 영어알파벳도 모르는 사람도 미국말하며 살고 있다.

미국 사람들, 영어권에 살고 있는 사람들이 원어민이라면 우리는 한국말을 사용하는 원어민이다. 미국말이 왜 영어로 쓰여 있는 줄 아시는가? 그것은 그들이 한국말을 모르기 때문이다. 그러면 영어를 잘하기 위해서는 어떻게 하면 되는가? 그것은 간단하다. 단순한 영어 문장이 쓰여진 그대로 읽어 내려가면 된다.

예를 들어보자 I go to the school. 누구나 아는 문장이라고? '나는 학교에 간다.' 그런데 사실은 아니다. 정확한 뜻은 나는(I) 간다(go) 도달하고자 하는 곳은(to) 학교(the school)이다. 이것을 우리는 to the school은 '학교에'로 알고 있으나 사실은 알고 있다는 생각으로 착각 속에 있는 것이다. 그러면 for the school은 어떻게 해석할 것인가? 방향은(for) 대상이 학교(school)이다. 즉 학교에 도착했다는 말이 아니라 향해서 간다는 의미이다. 옆길로 빠질 수도 있고. 해석하지 말고 순서대로 보자는 것이다. 또한 동사 go 다음에 방향을 나타내려면 예를 들어 올라가면 go up~, 내려가면 go down~ 예를 들어 I go up the hill to the achool이면 이렇게 보면 된다는 것이다. 나는(I) 가는데(go) 올라가고(up) 올라가는 대상은 언덕이고(the hill) 도착하는 장소는(to) 학교(the school)이다.

한국어 원어민인 우리는 한국말이 뒤죽박죽되어도 이해가 된다. 그러니 이제부터는 영어원문에 한글을 붙여 꾸준히 습득만 하면 모든 영어문장을 읽을 수가 있게 된다. 여기에 좀 더 노력하면 영어방송 CNN이 들리고, 그 유명한 TED강의를 들을 수 있게 된다.

서울지하철을 타면 자주 듣게 되는 말이 나온다. 예를 들어 다음 역에서 3호선을 갈아탄다고 하는 방송이 나온다. 승객 여러분께서는 이곳에서 2호선으로 갈아타실 수 있습니다, 하고 you can transfer to the Green Line from the next station 이 방송을 듣고 알아듣는 분은 안다고 넘어가고, 모르시는 분들은 그냥 그저 들을 생각도 없이 지나다녔다고 해도 과언이 아니다. 자 이렇게 해 본다면? 생각이 달라질 것이다. 영어 문장이 쓰인 대로 읽고 지나가자는 것이다. 이것만 숙달하면 영어는 정복할 수 있으니까! 여러분은(you) 능히, 할 수 있다(can) 바꾸다(transfer) 도달하는 곳은(to) 도달 목적지는(the Green Line, 서울 지하철은 색깔 별로 구분되어 있다. 초록색은 2호선). 모든 성경 구절 분석이 이렇게 되어 있다. 걱정 하나도 하지 마시고 그저 부담 없이 읽고 또 읽고 가다보면, 영어에 친숙해지는 것은 물론 하나님의 말씀까지 이해하게 되니, 일석오조(One stone five birds)의 효과를 보게 될 것임을 확신한다.

지금의 기성세대들이 습득해서 체화된 방법으로는 영어공부를 많이 하든, 해외에 살든 계속해서 기존방식으로 공부하다간 그저 실력은 제자리에 맴돌게 된다. 그래서 이것을 속시원히 타파해 주기 위하여 이 책을 저술하게 되었다. 본 저자는 이 방식을 습득하여 지금까지 단 1초도 영어에 대해 고민을 한 적이 없었다. 그저 글자 쓰인 순서대로 읽고 들으면 되었으니까 말이다.

이제는 하나님께 귀의하여 기독교인 생활을 하면서, 하나님의 사명을 받아 사역을 감당하겠다고 기도를 하고, 본 저자가 알고 있는 지식을 총동원하여 학생 및 성도여러분들의 영어지식을 습득하게 하여, 학생들은 원하는 공부를 국내에서든 해외에서든 장차 대학에 진학하여 마음껏 전공을 하여 세상을 빛내는 자랑스런 한국인이 되기 위한 초석이 될 것이고, 성도여러분은 성경의 깊은 뜻을 알아가 하나님께 더욱 영광 올려드리고자 본 사역을 하게 되었음을 알려드린다. 원고를 쓰면서 많이 힘들었지만, 오로지 하나님의 사명을 다한다는 생각으로 한 글자 한 글자 쓰고 원고 정리하다 보니 감회도 있고 세상에 이런 책을 내 손으로 집필하였다고 생각하니 그저 감개무량할 뿐입니다. 하나님께 영광을!

[영문성경 문법분석]

공부하는 학생을 위하여 필요하다고 생각되는 문법을 분석하여 놓았으니, 학생들은 이것만 읽고 제대로만 따라 한다면 영어독해 실력이 상상 이상으로 급증할 것이다. 이렇게 문장을 분석하는 능력이 발달하게 되면 비록 문법이 틀린 문장도 정확하게 해석할 수 있는 능력이 자동 배향된다. 그런 후에 문법책을 가볍게 읽으면 이해가 쏙쏙 될 것이다.

문법은 문장을 구성하는 방법에 대한 표준이기 때문에 반드시 알아야 하지만, 지금까지의 한국교육은 먼저 문법을 배우고 문법 맞추어 문장을 익히고 또한 시험 공부를 하다 보니, 정확한 문법에 맞추는 데만 급급하였던 것이 사실이다. 하지만 이 책은 대화식 방법으로 먼저 문장을 분석하고 학생들을 위하여 특별히 문법을 기술하였으니 재미가 있을 것이며, 읽어내려 가다 보면 어느새 문법에도 친숙해져 있다는 사실을 알게 된다.

'자기만의 공부방법'을 찾자!

노력하는 자는 결코 즐기는 자를 이길 수 없다는 말이 있다. 즐기기 위해서는 문장에 생명을 불어넣어 주어야 한다. 선지자 에레미야는 무덤안의 시체들에 생기를 불어넣으니 움직이더라고 하였고, 태초에 하나님께서도 진흙으로 사람을 만들고 생기를 불어 넣으셨다고 하셨다. 본 저자는 영어에 갈급하는 한국인들에게 예수님의 말씀의 생기를 불어 놓고자, 피노키오가 영어통달자가 되다로 책 이름을 지은 것이다.

한국말을 하는데 있어서 우리는 한국말 원어민이다. 우리가 영어 문장을 이해하고 습득하는데 있어서 영어 원문에 살을 붙일 수는 없지 않은가? 아니 그렇다고 해도도 해석도 안 되고 골치가 아픈 데, 이곳에 살을 붙인다면? 하하하하 그래서 영어 원문을 가지고 한국말로 장난쳐 보자는 것이다. 사실 영어라는 것은 청크(chunk 호흡단위)를 가지고 장난치는 것에 불과하다는

Youtube Totule English 다른 영어 강의도 있지만, 본 저자는 영어원문을 가지고 장난치듯이 살을 붙이는 연습을 통하여 영어의 통달자가 되었다. 심지어는 명사덩어리가 된 청크까지도 말이다

다음의 문장을 보고 저자가 즐기는 방식을 보자.
하늘에서 땅으로 내려오는 천사는 영어로 An angel who comes down from haven(to the world)라고 하자. 그러면 본 저자는 다음과 같이 살을 붙여 해석하고, 즐긴다. 그 결과는 머릿속에 자동 암기가 된다. 한 천사(An angel)가 있는데, 그 천사는(설명해야 하니 관계사를 쓴다는 암시) 그 천사(who)는 온다(come) 아래로 말이지(down) 출발지는 말이지(from) 하늘이거든(heaven) 도달하는 곳은, 맞닿게 되니까(to)이고 장소는 세상(the world)이지. 이제 문장을 확장하기 위해서는 나아가서 하고자 하는 바는 흔히 말하는 부정사(to + 동사원형)나, 원인을 나타내는 for절 또는 because절 문장이나, 목적을 나타내는 (so) that ~조동사 문장이나 나오겠지? 이렇게 살을 붙이면 흥얼거리면서 즐기면 된다. 앞으로 부정사는 to R로 쓰기로 한다.

다시 정리하여 말하지만, 이것은 사실 매우 중요하기 때문이다. 재미있게 하려면 단어마다 살을 붙이면 된다. 혼자서 대화하듯이 중얼거리면서! 본 저자가 여기서 분석 강의하는 것이 완전한 것이 아니고 하나의 방법이니, 학생 각자는 이것을 참고하여 학생 나름대로의 방법을 개발하여 터득하면 그것이 최고인 세상에서 존재하는 나만의 정체성을 갖는 무기가 된다.

저자를 보라! 저자는 독창적이고 구체적인 아이디어를 사용하여 영문 요한복음을 통한 영어통달 지침서를 집필하고 그 대상으로는 내국인에서 해외 동포에 이르기까지 이 책을 순서대로 읽고 해석하는 방법만 습득하면 영어 실력은 자동으로 올라가고, 누구나 자기의 의사를 표현할 수 있게 되니 그 결과 국가위상을 높이고 하나님을 알게 하여, 하나님께 영광 올려드리고자 하지 않는가?

본 저자는 간단하고 단순한 것을 좋아한다. 그래서 영어를 좋아하게 되었는지도 모른다. 왜냐하면 '영어는 세상에서 가장 단순한 언어'라고 생각하니까! 그래서 설명하다 보면 '~~은 이것으로 끝! 이것으로 마스터한 것입니다. 축하합니다! 하나님께 영광을!' 이렇게 설명한다. 예를 들어 부정사라는 것을 설명하면 아래와 같다. 이것으로 끝!(이것만 아시면 되기까지 말이다.)

다음의 예를 보자. '부정사'는 전치사(to) + 동사원형(Root)을 줄여서 'to+R'이라고 하는데, '부정사'라는 용어는 잊어버리시고 그냥 to + R은 아직 일어나지 않은 사실에 대해서 말하려는 뜻이므로 '나아가서 하고자 하는 바는 R이다'로 기억하면 된다. 그래서 이 책에서는 앞으로 하고자 하는 바는 'R(동사원형, Root)' to R이다. 그는 아직 오지 않았다는 영어로 He is yet to come이 된다. 이제 독자 여러분은 to + R은 오직 하나. 즉 '나아가서 하고자 하는 바는 R이다.' 이것으로 부정사는 마스터한 것이다.

'빗물이론' 소개

요한복음 18장 39절

But it is your custom for me to release to you one prisoner at the time of the Passover. Do you want me to release 'the king of the Jews?' 유월절이면 내가 너희에게 한 사람을 놓아 주는 전례가 있으니 그러면 너희는 내가 유대인의 왕을 너희에게 놓아 주기를 원하느냐 하니

It is your custom for me to release to you one prisoner at the time of the Passover 영어문장은 물 흐르듯이 전개되는 특징이 있는데, 본 저자는 이것을 '빗물이론'이라고 명명하였다. '빗물이론'이란? 비가 오면 바닥에 내린 빗물은 낮은 곳을 향하여 졸졸 흘러내리는 것을 말하는데, 본 저자는 영어문장은 '빗물이론'처럼 줄줄 이어져 나간다고 해서 이렇게 즐겨 숙달한 것이다.

윗 문장을 영문으로 보지 말고 하나의 독립된 단어들이라고 본다면? it is는 your custom이다. your custom은 무엇이 custom인가? 내가(for me) 놓아주는 것이다(to release) 대상은 너희들에게(to you) 누구를? 한 명의 죄수를 (one prisoner) 때는? 유월절 시간에(at the time of Passover) 이렇게 이어진다는 것이다. 즉, 놓아주는 주체는 빌라도가 되고, 풀어지는 사람은 예수님이고, 전달받는 사람은 너희들이다. 빗물이론이 성립하는 것을 느껴 보라. 처음에는 힘들겠지만 익숙해지면 최고의 무기가 된다. 가령 to release가 있다고 하자. 주체는? for me가 되고, 객체는 예수님이다. 전달받는 사람은 대상이니 to you이다. 그리고 시간은 어제이고 하니 정해진 그 시간이니 범위가 아주 적다. 이때 쓰는 전치사가 at이다. 즉, 그 순간임을 나타낸다. 그날이면 on을 쓴다.

Do you want me to release 'the king of the Jews'? 우리는 이런 문장을 의문문이라고 배워왔다. 맞는 말이다. 하지만 해석을 어떻게 하는가? 혼동된다. 그러나 '빗물이론'을 적용해 보자. 너희들은(Do you) 원한다(want) 원하는 것은? 내가 (me) 풀어주는 기(to release) 풀어주는 것은 유대인의 왕(the king of the Jews), 즉 논리의 순서로 전개된다는 것이 '빗물이론'이다. 이 세상 속에 존재하는 나의 가장 최적화된 학습방법이라는 것을 명심하시라!

영문학을 전공하지 않은 본 저자가 영어책을 저술한다는 것보다는 세계적인 베스트셀러인 Bible의 요한복음을 택하여 이를 분석하여 영어 방법을 제시하자는 것 또한 하나님의 사역임을 지시받은 본 저자는 평생 갈고닦은 영어실력을 감히 하나님께 영광을 돌리기 위함의 일환으로 돌린다. 하나님께 영광을!

이제 이 책을 접한 분은 아마도 중·고등학생 또는 일반인 그리고 종교인들일 것이다. 이 책을 끝까지 읽으신 분은 학교에서 영어성적은 쭉쭉 올라갈 것이고, 가장 재미있는 것이 영어과목이라고 주장할 것이다. 학생 여러분들은 영어를 숙달하여 자유자재로 구사하고, 하고 싶은 공부와 전공하고 싶은 분야를 마음껏 하여 세계 속에서 한국인을 드높일 책이라고 과감하게 주장하는 바이다.

미션스쿨에 다니는 학생이든 아니든 일반 중고생이든 먼저 이 책은 본 저자가 심혈을 기울여 만든 책임을 밝혀둔다. 영어란 무엇인가? 영어를 본국어로 사용하는 사람들이 사용하는 말이다. 영어의 원어민과 비영어권 사람들의 사고방식은 같을까? 아니면 다를까? 의심할 바 없이 모든 사람의 생각은 동일하다. 왜냐하면 사람은 같은 사람이기 때문이다. 그런데 누구는 영어를 잘하고 누구는 영어를 못하는 것일까?

이 책에는 본 저자의 공부방법 및 누구보다도 영어를 잘한 비결이 가득히 들어 있다고 자부한다. 그것은 아주 단순한 하나의 비법이라면 비법인데 그것, 무조건 영어는 내림차순, 그러니까 글이 쓰인 순서로 해독을 하는 것이었다. 우리가 말한 직독직해 많이 들어왔고, 사용한 방법과 무엇이 다를까?

여기서부터 출발하여야 한다. 방향에 따라 해석은 너무나도 다르기 때문이다. 문장을 거꾸로 해석하여 이해가 되었다고 했을 때 우리는 이해하였다고 했으나 이것은 완전한 착각이었다는 사실이다. 그 이유는 간단하다. 왜냐하면 몇 일이 지나고 나면 까마득히 잊어버리고 또다시 공부해야 하고, 계속 반복되는 현상이다.

'쥐꼬리 잡기' 이론

다시 한 번 말하지만 나는 영어 비전공자이다. 중학교 때부터 영어 공부에는 약간의 소질(?)이 있었다. 그냥 재미있었다. 꿈만은 어린 시절 자동차를 보니, 길을 따라 잘도 가는데, 운전사가 운전한다는 사실을 몰랐다. 그래서 자동차가 길을 따라 시골길을 달리는 게 신기하기만 했다. 동물들은 각자 소리를 내니 사람이 원숭이 소리를 낼 때는 그냥 원숭이 소리를 내면 된다고 생각했다. 단순화하는 데는 일종의 끼가 있다는 것을 알게 되었다.

성장해 오면서 재미있는 영어 문장을 보면 기록하는 습관이 생기게 되었는데, 이렇게 적은 노트는 꽤 많이 된다. 나는 기록된 영어 문장들을 자랑스럽게 생각한다. 가끔은 한국어에 단어 끝말 이어가기(예를 들어 학교, 교실, 실내, 내 사랑, 랑데부 ~등이다)가 있듯이, 영어에도 영어단어의 말 이어가기가 있다. 나는 이것을 영어의 '쥐꼬리 잡기'라고 이름 짓고 재미있게 생각하였다.

다음의 문장을 보고 '쥐꼬리 잡기'이론을 보자

요한복음 17장 23절
May they be brought to complete unity to let the world know that you sent me and have loved them even as you have loved me. 그들로 온전함을 이루어 하나가 되게 하려 함은 아버지께서 나를 보내신 것과 또 나를 사랑하심 같이 그들도 사랑하신 것을 세상으로 알게 하려 함이로소이다.

이 문장은 영어 문장의 백미라고 본 저자는 말하고 싶다. 그 이유는 너무나 많은 영어식 표현을 꼬리 물기로 배울 수 있기 때문이다. 자, 분석해 보자 문장은 우선 May they be brought 기원문으로 완전히 끝났다. 대상은 전치사 to를 사용하여 목적지를 설명하니 온전한 세상인

complete unify 온다, 그리고는 다시 구체적인 설명을 하고자 문장을 to+R이 연결된다는 점이다. to let the world know that절 이하를. 자, 세상사람들이 that절을 알도록 하기 위해서. 이 문장만 완전히 분석되는 학생들은 영어공부는 이제 끝이라고 해도 된다. 이미 가정법도 마스터 했고, 부정사도 마스터했고, 화법은 계속해서 says to, told 보셨으니 되었고!

to R은 문장을 활용하는 데 있어 굉장한 힘을 갖는다. 예를 들어 I have power to R로 연결되었다고 하자. 권력을 가졌는데 왜? 즉, 나아가 하고자 하는 바는 R이라는 것이다. 이제는 본 저자가 주장하는 방법을 익히면, 한 번만 익히면 절대로 잊어버리지도 않고 머릿속에 꽉 박혀 버리니 신기한 기적이 일어난다고 할 수 있다.

예를 들어보자. 영어 radar를 어떻게 말하면 좋을까? 먼저 아무 말이나 두서없이 나열하여 보자. 위치추적 그리고 감시, 장비, 전자파를 사용한다. 뭐 이 정도면 충분하다. 문제는 이들을 어떻게 배열하느냐 하는 것이다. **A piece of the equipment that uses microwave to fine the positions of something and watch them.** 이 정도면 훌륭하지 않을까? 이렇게 본 저자는 이 것을 완전분석하고 그 방법을 제시하였다. 이것은 모든 영어에 완벽하게 적용되었다. 기대하시어도 좋다. 절대 사실이다.

또 하나의 예를 들어보자. have+P.P는 현재완료로서 그 용법으로는 계속, 완료, 경험 등을 나타내고…… 이제는 이런 개념에서 벗어나고 가장 간단하게 이미(have) 했다, 하였다(P.P)로 해석하면 끝이다. 중요한 것은 have+P.P라는 시제는 현재라는 사실이다. 당연하지 않은가? 그래서 현재완료(Present Participle)라고 한 것이다. 두 가지는 꼭 기억하시면 된다 1) 해석은 이미 ~하였다. 2) 시제는 현재이다. 이것으로 현재완료는 마스터한 것이다.

참고. 그러면 과거완료는? 1) 해석은 이미 ~했었다. 2) 시제는 과거이다. 그래서 과거완료는 Past Participle인 것이다. 이것으로 과거완료도 끝이다. 학생들은 오늘로 현재완료 과거완료 공부를 끝낸 것이다. 축하합니다. 하나님께 영광을!

관계사절 설명

관계사절을 마스터하는 독창적인 방법 : "A은 A인데 그것은(A에 대한 관계사) (주어가) 동사하다~" A가 사람이면 관계사는 who (주어가 없는 경우에는 who, 주어가 있는 경우에는 whom), A가 사물이면 관계사는 that 또는 which, A가 장소이면 관계사는 where, A가 시간이면 관계사는 when을 쓴다.

방법은 '사람은 사람인데(the man) 그 사람은(who) 동사를 한다' 여기서 사람은 '사람인데'는 관계사로 설명하겠음을 암시한다. (본 저자의 공부방법임) 본 저자가 통달한 방법이니, 독자들에게 많은 도움이 될 것이라고 확신한다. 단어나 구를 설명할 때 사용하는 방법은 관계사절을 사용하는 것이 영어의 80%는 되니까 상당히 도움이 된다는 말이다.

그저 쓰인 순서대로 이렇게 해 보자. The man who loves his life '자기의 생명을 좋아하는 자' the man who hates his life '자기의 생명을 싫어하는 자' 이렇게 문장을 해석해서는 한국말을 깨끗하게 정리가 되었다 할지라도 이런 식으로 공부해서는 절대로 영어 실력은 향상되지 않는다. 독해도, 영작도, 리스닝도 힘들다. 다시 한 번 저자의 주장대로 해 보자. 그 사람은(The man)은 그 사람인데 그는(who) 사랑한다. (loves) 자기의 생명을(his life). 이렇게 글이 쓰인 순서대로 읽고 해석하면 한국말로 머릿속에서 전광석처럼 자동 정렬된다.

이 원리만 완전이해하면 어떠한 문장도 정복했다고 할 수 있다. 이 책을 부디 끝까지 읽는다면 모든 사람들이 완전히 이해할 수 있게 된다.

가정법 설명

요한복음 4장 10절

Jesus answered her, If you knew the gift of God and who it is that asks you for a drink, you would have asked him and he would have given you living water. 예수께서 대답하여 이르시되 네가 만일 하나님의 선물과 또 네게 물 좀 달라 하는 이가 누구

인 줄 알았더라면 네가 그에게 구하였을 것이요 그가 생수를 네게

Jesus answered 예수께서 대답하시되 **her** 그녀에게, **If you knew** 만일 당신이 알았더라면 **the gift of God** 하나님의 선물 **and** 드리고 **who it is** 누구인지를 **that** 그분이 **asks** 요청한다 **you** 당신에게 **for** 요청하는 대상은 **a drink** 물을 **you would** 당신은 ~하였으리라 **have** 이미 **asked him** 요구했다 그에게 **and he would** 그는 ~하였으리라 **have** 이미 **given** 주었으리라 **you living water** 그에게 생수를 (가정법 과거완료 문장, 요1장 33절 참조)

동사 **answer**는 '~~에게 답변하다' 뜻일 때 전치사를 동반하지 않음에 주의. 그러나 **said**는 그 대상인 **to**를 동반한다.
가정법 과거완료 문장은 과거사실에 반대되는 뜻을 나타낸다. 주절과 종속절이 중요한데 주절은 **would have P.P**를 쓰고, 종속절에는 **have P.P**(또는 과거동사)를 쓴다.

who is it that asks you for a drink? 관계사절을 포함하는 의문문이 if he knew에 연결됨으로 인하여 평서문의 순서가 된 것이다. 중요한 것은 선행사는 it이고 관계대명사는 that이 된다는 점이다. 혼동될 필요가 없다. 누구세요? Who is it? 의문문에서 "당신에게 물 달라고 요청하다."라는 관계사절을 붙이면 되니까?

연설이나 강의를 들을 때. "한 번 강의에서 한 가지만 확실하게 얻더라도 큰 수확"이라고 하는 말이 있다. 이 책은 편안하게 저자의 해설에서 주장하는 바를 이해하면 영어에 대한 전반적인. 거의 모든 분야를 이해할 수 있을 것이다. 아주 신기한 일이다. 반복되고 상세하게 설명하였기 때문이다. 이것은 하나님께서 필자에게 시킨 사역의 일을 수행하는 것이고. 독자로 하여금 각자 원하는 바를 이루게 해주심에 독자들은 이제 어떠한 문장도 쉽게 해독할 수 있는 힘이 자동 배양되었기 때문이다. 하나님의 말씀과 예수그리스도의 증거인 요한복음을 통하여 영어를 정복할 수 있게 하여 주신 하나님께. 예수님의 이름으로 감사기도 드립니다.

– 하나님 말씀을 이해하여 하나님께 영광 올려 드리고
– 학생들의 영어실력 향상으로 학생들이 나아가 하고 싶은 일들을 마음대로 하게끔 실력을 올려주려는 것

영어는 단순한 문장이다. 왜 그런가 하면, 주어가 있으면 동사가 나와야 하고, 전치사가 나오면 목적어가 나와야 한다. 이것이 영어의 전부이다. 모르는 단어가 나오면 뒤에서 설명해 주어야 하니 이때 가장 많이 사용하는 것이 관계사절로 80% 이상이 된다. 이것을 알면 영어는 전부 이해한 것이다.

잔소리

영어문장을 거꾸로 해석하여 이미 습관화된 전명구(전치사+명사)를 보자. 이제는 청크(chunk)라는 개념으로 더 많이 사용한다. 예를 들어 under the tree는 영어의 뜻이 무엇일까? '나무 아래서?' 무조건 뒤에서 해석한 뜻을 가지고 이미 고정화된 개념으로 생각 없이 말해서는 안 된다. 주인공이 위에서 볼 때는 under the tree는 '아래 있는 것이 나무'가 되겠지만, 주인공이 아래에서 위로 바라볼 때의 under the tree는 '덮고 있는 것은 나무'가 되지 않겠느냐는 말이다. A cat is sitting on the floor under the table. 고양이는(A cat) 현재 상태로(is) 앉아있는 것이고(sitting) 접하는 면은(on) 마룻바닥이고(the floor) 위로는(under) 테이블(the table)이 있다는 것이다. 바로 영어는 쓰인 순서대로 읽고 그대로 번역이 된다는 생각의 전환이 필요하다.

그런데 생각의 전환을 하면 된다는 것이 너무나도 단순하다는 점이다. 무조건 순서대로 읽어내려 가며 해석해 가면 되니까! 순서대로 읽어내려 간다는 것은 순서대로 말한다는 개념과 같고, 순서대로 말한다는 것은 순서대로 들리는 것과 같은 개념이니까 ! 너무나 단순하지 않은가?

(본문)

영어 문장을 읽는 것이나 영어 방송을 들을 때는 사실은 동일한 문장이지만, 여기에 중요한 비밀이 있다. 영어와 한국어는 문장구조가 다르지만 모든 영어문장을 한국어로 읽는 기술만 습득한다면 비록 그것이 청크(일명 '호흡단위' 또는 '명사덩어리'라고 함)라고 할지라도 쓰여진 순서대로 해석하는 방법만 습득한다면, 누구나 영어통달자가 될 수 있음을 보장한다. 왜냐하면 영어는 단순하기 때문이다. 영어문장을 읽고 해석하고 영작을 하는 데까지 이 책이 담당해줄

수는 있지만, 이것을 기본으로 하여 미드(미국 드라마)를 본다든지, 미국방송과 강의를 듣는 데는 좀 더 공부를 하여야 한다.

영어는 강세 언어이기 때문에 강세를 받는 음절을 강하고 길게 발음하고 강세를 받지 않은 음절은 약하게 발음되고(이를 슈와 Schwa 현상) 또한 빠르게 휘리릭~ 하고 지나가는 데(reduction 현상 등으로) 여기서 리듬이 생긴다. 그러므로 기본기를 익힌 다음에 리듬에 익숙해져야 하기 때문이다. 그러나 자세한 것은 이 책을 다 읽으시면 본 저자의 말이 사실임을 알 수 있다. 이것은 본 저자가 보증한다. 중간 중간에도 가끔은 자세하게 논의하였으므로 이 책을 읽는 동안 독자들은 자신도 모르게 이야기 속으로 빠져 들어가게 된다.

다시 한 번 강조하지만 글이 쓰인 순서대로 이 책에 제시된 방법에 의하여 빠르게 읽어 가면 영어문장이 한글처럼 자유롭게 구사되고 또한 문장의 뜻이 명확하게 이해됨으로 인하여 기본은 완전히 쌓은 셈이다. 미국 초등학교 학생들이 사용하는 교재를 녹음한 프로그램을 쉽게 구할 수가 있으니 들어보라. 놀라운 기적을 보게 될 것이다. 왜냐하면 그냥 듣고 이해가 되기 때문이다.

좀 더 훈련이 되면 영어성경 Bible낭독, 영어방송(CNN, MSNBC)을 그대로 듣는 데, 아주 효과적이다. 이 책을 보는 분(일반인, 학생)은 요한복음만 저자의 방법대로 연습하면 영어독해는 물론 듣기, 말하기, 쓰기의 실력이 획기적으로 늘어난 본인의 실력에 놀라는 기적을 발견하게 될 날이 오게 된다. 부족하신 분은 강의를 들으러 오시면 된다. 강남역 5번 출구, 도시에 빛 2차 519호실 또는 책 앞 뒷면의 QR코드를 스캐닝하면 된다.

To build system that is with the sharing Economy Platform which uses QR Code (that means Quick Response Code) to expand your business in the world to earn money instead of me forever while sleeping. which is the wisdom of living in the 4th industrial society which is represented by AI, Block_Chain, Big Data, Sharing Economy, IOT, etc. after COVID19 being currently transmitted over the world. If you have any questions, please let me know your E_mail.
My Phone is (+82) 010-4487-8089, which is only used by Kakao in advance without first

noticing and E-Mail jn153english@gmail.com (which means abbreviation for Jesus Nation's Road)

4차 산업시대를 맞이하여 공유경제 플렛폼(Sharing Platform)을 거쳐 QR CODE Platform 시대가 도래하였다. 게다가 예상하지 못한 중국 우한에서 발생한 코로나 바이러스는 전 세계로 확산이 되었고 사업 환경을 일시에 바꾸어 놓았다. 사람들이 만나 면대면으로(face to face) 하는 비즈니스에서 비대면 접촉(Untact Platform Business)시대로 모든 환경이 완전히 바뀌었다. 이제는 원문을 정확하게 읽을 줄 아는 능력은 어느 때 보다 중요하다고 하겠다.

그래서 저자는 본 책의 주요 핵심 내용 중 20% 정도를 PDF화일로 만들고, 이를 'QR 코드 플렛폼'에 올려놓을 계획이다. QR코드를 이용하려면 본 책 앞, 뒷면과 각 장의 처음에 붙어 있는 QR코드를 스캔하여 '가입하기'를 눌러 회원 가입하면 된다. 회원에 가입되면 월 사용료 11,000원은 지불해야 QR CODE Platform을 사용할 수 있다. 사용료는 매월 지불해야 하지만 장점은 PDF화일을 보는 것은 물론, 고객님들이 현재 하고 계시는 사업(영업, 마케팅, 유무형업 종사, 판매유통 등)이 무엇이든 또는 어떠한 광고라도 QR코드에 탑재하여 전 세계에 실시간으로 전송됨으로 사업을 손쉽게 할 수 있게 된다. 자세한 내용은 아래의 연락처로 문의하시길 바란다.

전화 010-4487-8089, 또는 카카오톡 ID : jn47english을 카카오톡에 추가하면 된다. 본 저자가 회의 등으로 전화를 받을 수 없는 상황이 있을 수 있으므로, 카카오톡에 친구로 등록한 후 카톡을 보내주시기를 부탁드린다.

전자메일은 jn153english@gmail.com으로 연락해도 된다.

자! 그러면 본격적으로 요한복음 1장을 시작하기로 하자.

Chapter

01

The Gospel
according to St. John

요한복음 1장

The Gospel according to St. John

요한복음 1장

01 In the beginning was the Word, and the Word was with God, and the Word was God. 태초에 말씀이 계시니라 이 말씀이 하나님과 함께 계셨으니 이 말씀은 곧 하나님이시니라

In 둘러싸고 있는 것은 **the beginning** 처음에 **was** 상태는 과거 있었다 **the Word** 말씀이, **and** 그리고 **the Word** 말씀이 **was** 상태는 과거, 있었다 **with** 함께하는 것은 **God** 하나님, **and** 그리고 **the Word** 말씀이 **was** 상태는 과거, 이었다 **God** 하나님

In the beginning was the Word 이 문장은 부사구인 In the beginning이 문장 앞으로 오면서 주어와 동사의 어순이 도치되었다.

02 He was with God in the beginning. 그가 태초에 하나님과 함께 계셨고

He was 그가 있었다. **with God** 함께하는 것은 하나님 **in** 둘러싸고 있는 것은 **the beginning.** 태초, 앞문장은 **in** 뒤의 부분집합 개념이다.

03 Through him all things were made; without him nothing was made that has been made. 만물이 그로 말미암아 지은 바 되었으니 지은 것이 하나도 그가 없이는 된 것이 없느니라

Through 통과하는 것은 **him** 그분이고 **all things** 모든 만물이 **were made** 지은 바 되었고 **without** 함께하지 아니하고서는 **him** 그분 **nothing** 아무것도 없다 **was made** 만들어지는 것이 **that** 그것은(nothing) **has** 이미 **been made** 만들어졌다

04 In him was life, and that life was the light of men. 그 안에 생명이 있었으니 이 생명은 사람들의 빛이라

In 둘러싸고 있는 것은 **him** 그 분 **was** 있었다 **life** 생명 (문장 도치됨) **and** 그리고 **that life** 그 생명은 **was** 상태는 과거 이었다 **the light** 빛이고 **of** 한정되는 것은 **men** 사람들의

05 The light shines in the darkness, but the darkness has not understood it. 빛이

어둠에 비치되 어둠이 깨닫지 못하더라

The light shines 그 빛이 비치는 데 in 둘러싸인 것은 the darkness 어둠, 어둠 안으로 but 그러나 the darkness has 그러나 어둠은 이미 not understood 못했다 it 그 빛을

06 There came a man who was sent from him; his name was John. 하나님께로부터 보내심을 받은 사람이 있으니 그의 이름은 요한이라.

There came 오시었으니 a man 한 사람이 who 그 사람은 was 상태는 과거, 있었다 sent 보내심을 받은 from 출발지는 him 그분 his name 그의 이름은 was 이었다 John 요한

07 He came as a witness to testify concerning that light, so that through him all men might believe. 그가 증언하러 왔으니 곧 빛에 대하여 증언하고 모든 사람이 자기로 말미암아 믿게 하려 함이라.

He came 그는 오셨다 as 자격은 ~로서 a witness 목격자로서 to testify 나아가서 하고자 하는 바는 증언하려고 concerning 관련된 것은(=about) that light 그 빛에 대하여 증언하시려고 so that 그 결과는 through 통과하는 것은 him 그 사람이고 그리하여 (so that) all men 모든 사람 들이 might 위함이라 believe 믿다. 모든 사람이 믿게 하려고

08 He himself was not the light; he came only as a witness to the light. 그는 이 빛 이 아니요 이 빛에 대하여 증언하러 온 자라

He himself 그 사람 자신은 was 상태는 과거이고 이었다 not the light; 빛이 아닌 상태로 he came 그분은 오셨다 only 단지 as 자격은 ~로서 a witness 목격자 to 도달하는 장소는 the light 빛이고

to + R은 우리가 말하는 부정사를 말하는 것인데, 여기서 R은 Root(동사의 원형)를 말한다. '앞으로 (향후에) R 하려고'의 뜻이고, to + N(명사)는 대상이다. 즉 명사에 도달하는 뜻의 전치사는 to이다

09 The true light that gives light to every man was coming into the world. 참 빛 곧 세상에 와서 각 사람에게 비추는 빛이 있었나니

The true light 진실한 빛 that 그 빛은 gives 준다 light 빛을 to 대상은 every man 모든 사람에게 was 상태는 과거 있었다 coming 오는 중 into 방향은 안으로 the world 세상

10 He was in the world, and though the world was made through him, the world did not recognize him. 그가 세상에 계셨으며 세상은 그로 말미암아 지은 바 되었으되 세상이 그를 알지 못하였고

He was 그는 상태는 있었다 in 둘러싸고 있는 것은 the world 세상, 세상 안에 and 그리고 though 비록~한다고 할지라도 the world 세상 was made 만들어졌다 through 통과하는 것은 him 그분 the world 세상은 did not recognize 인정하기를, 인식하기를 him 그분을

11 He came to that which was his own, but his own did not receive him. 자기 땅에 오매 자기 백성이 영접하지 아니하였으나

He came 그는 오셨다 to 대상은 that 그것 which 그것은 was 상태는 과거 이었다 his own 그 자신, but 그러나 his own 자기의 백성이 did not receive him 인정하지 않았다.

He came to that which was his own 그는 오셨다, 대상은 그것, 그것은(which)은 그 자신으로 즉, 앞의 that은 선행사이고 관계사는 which이다. 즉 선행사 that은 which이다. that which was his own은 명사덩어리로 명사 역할을 한다. 즉 to의 목적어 역할을 한다. He came 그분은 오셨다. 도착하는 장소는 that which was his own 자기땅

12 Yet to all who received him, to those who believed in his name, he gave the right to become children of God. 영접하는 자 곧 그 이름을 믿는 자들에게는 하나님의 자녀가 되는 권세를 주셨으니

Yet 그러나 to 대상은 all 모두에게 who 그 모두는 received 영접하였다 him 그를, to 대상은 those 사람들 who 그들은 believed in 존재를 믿는 his name 그의 이름을, he 그는 gave 주었다 the right 권리를 to become 나아가 하고자 하는 바는 children 자녀들 of 한정되는 것은 God 하나님—(요한복음 1장 7절을 자세히 보라. 점점 더 숙달될 것이다.)

all who received him 영접하는 자들, to those who believed in his name 그의 이름을 믿는 자들에게

13 children born not of natural descent nor of human decision or a husband's will, but born of God 이는 혈통으로나 육정으로나 사람의 뜻으로 나지 아니하고 오직 하나님께로부터 난 자들이니라

children born 자손이 태어났다 not 아닌 of 한정되는 것은 natural descent 자연적 후손 nor 아니고 of 한정되는 것은 human decision 인간의 후손 or 또는 a husband's will 남편의 의지 but 그러나 born 태어났다 of 한정되는 것은 God 하나님

14 The Word became flesh and made his dwelling among us. We have seen his glory, the glory of the One and Only, who came from the Father, full of grace and truth 말씀이 육신이 되어 우리 가운데 거하시매 우리가 그의 영광을 보니 아버지의 독생자의 영광이요 은혜와 진리가 충만하더라

The Word became 말씀이 되었기를 flesh 육신으로 and 그리고 made 만들었으니 his dwelling 그분의 거주를 among 사이에 두는 것은 us 우리들 We have 우리가 이미 seen 보았기를 his glory 그분의 영광을, the glory 그 영광은 of 한정되는 것은 the One 하나이시고 and 그리고 Only 유일하신, who 그분은 came 오셨느니라 from 출발지는 the Father 아버지이시고 (who is 그분은) full 충만하더라 of 한정된 것은 grace 은혜 and 그리고 truth 진리, 은혜와 진리가

15 John testifies concerning him. He cries out, saying, "This was he of whom I said, 'He who comes after me has surpassed me because he was before me.'" 요한이 그에 대하여 증언하여 외쳐 이르되 내가 전에 말하기를 내 뒤에 오시는 이가 나보다 앞선 것은 나보다 먼저 계심이라 한 것이 이 사람을 가리킴이라 하니라

John testifies 요한이 증거하기를 concerning 관련한 것은 him 그분에 (about = concerning) 그분. He cries 그가 외치기를 out 밖으로, saying, 말하면서 This was 이분은 이었느니라 he 그분 of 한정되는 것은 whom 그분은 I said 내가 말한 He 그는 who 그분은 comes 오시니라 after 비로 직전에 me 나 has 이미 surpassed 먼저 가셨다 me 나를 because 그 이유는 he was 그분은 이셨으니 before 직후에 일어나는 일은 me 나

16 From the fullness of his grace we have all received one blessing after another 우리가 다 그의 충만한 데서 받으니 은혜 위에 은혜러라

From 출발지는 **the fullness** 충만함이고 **of** 한정되는 것은 **his grace** 그분의 은혜 **we have** 우리는 이미 **all received** 모두 받았노라 **one** 하나를 **blessing** 축복하는 **after** 직전에 일어나는 일을 **another** 또 다른

we have all received one인 문장에서 one을 관계사절을 사용하여 구체적으로 설명하면 who is blessing after another이고, 관계사 who와 be동사가 생략되었다.

17 For the law was given through Moses grace and truth came through Jesus Christ 율법은 모세로 말미암아 주어진 것이요 은혜와 진리는 예수 그리스도로 말미암아 온 것이라

For 그 이유는 ~이러 이러하고, 말미암음이니라 **the law** 율법은 **was given** 주어진 것이고 **through** 통과하는 것은 **Moses** 모세이고 **grace and truth** 은혜와 진리는 **came** 왔느니라 **through** 통과하는 것은 **Jesus Christ** 예수그리스도니라

18 No one has ever seen God, but God the One and Only, who is at the Father's side, has made him known 본래 하나님을 본 사람이 없으되 아버지 품 속에 있는 독생하신 하나님이 나타내셨느니라

No one 아무도 없다 **has** 이미 **ever** 적이 **seen** 보았다 **God** 하나님을 **but** 그러나 **God** 하나님 **the One** 하나이시고 **and Only** 유일하신 **who** 그분은 **is** 현재 상태로 이시다 **at** 점으로 접하는 것은 **the Father's side** 아버지의 측면 **has** 이미 **made** 만드셨느니라 **him** 그를 **known** 알려지도록

19 Now this was John's testimony when the Jews of Jerusalem sent priests and Levites to ask him who he was 유대인들이 예루살렘에서 제사장들과 레위인들을 요한에게 보내어 네가 누구냐 물을 때에 요한의 증언이 이러하니라

Now 자 **this was** 이것은 이었다 **John's testimony** 요한의 증거 **when** 때는 **the Jews** 유대인들이 **of** 한정되는 것은 **Jerusalem** 예루살렘이고 **sent** 보내었다 **priests** 대제사장들 **and** 그리고 **Levites** 레위인들을 ~하려고, **to ask** 'to + R'은 앞으로 나아가 하고자 하는 바를 나타낸다 (부정사라고 하지 말자) 물어보려고 **him** 그에게 **who** 누구냐 **he** 그는 **was** 상태는 과거 이었다

to ask him who he was 의문문이 타동사의 목적어가 되는 경우, 어순은 평서문이 된다. 그래서

20 He did not fail to confess, but confessed freely, I am not the Christ. 요한이 드러내어 말하고 숨기지 아니하니 드러내어 하는 말이 나는 그리스도가 아니라 한대

He 그는 did not 하지 않았다 fail 실패하다 to confess, to + R은 앞으로 나아가 하고자 하는 일이니까 고백하기를 but 그러나 confessed freely, 자백하였다, 자유롭게 "를" "I am not 나는 현재 상태로 아니다 the Christ 그리스도가."

21 They asked him, "Then who are you? Are you Elijah?" He said, "I am not." "Are you the Prophet?" He answered, "No." 또 묻되 그러면 누구냐 네가 엘리야냐 이르되 나는 아니라 또 묻되 네가 그 선지자냐 대답하되 아니라

They asked, 그들이 질문하기를 him 그에게 "을" "Then who are you? 그러면 누구냐? Are 인고? you 당신이 Elijah?" 엘리야 He said 그가 말하길, "I am not 나는 현재 상태는 아니다 Are you인고? 네가 the Prophet 선지자?" He answered, 그가 물었다

22 Finally they said, "Who are you? Give us an answer to take back to those who sent us. What do you say about yourself?" 또 말하되 누구냐 우리를 보낸 이들에게 대답하게 하라 너는 네게 대하여 무엇이라 하느냐

Finally 마침내 they said, 그들이 말했다. Who are you? 누구냐? Give 주라 us 우리에게 an answer 답변을 to take 그리하여 나아가 하고자 하는 바는 back 되돌리게 to 대상은 those 그들이고 who 그들은 sent 보냈다 us 우리를 What 무엇 do you 너는 say 말하는가? about 연관되는 것은 yourself 너 자신?

Give us an answer 이렇게 문장이 완료되고 나서 이를 다시 부연 설명하기 위한 하나의 방법으로 우리가 '부정사'라고 알고 있는 to + R(동사원형)을 사용하여 설명한다. 해석은 '앞으로 나아가 하고자 하는 바는 R이다' to take back

23 John replied in the word of Isaiah the prophet, "I am the voice of one calling in the desert, "Make straight the way for the Lord." 이르되 나는 선지자 이사야의 말과 같이 주의 길을 곧게 하라고 광야에서 외치는 자의 소리로라 하니라

John replied 요한이 대답했다 in 안으로 둘러싸는 것은 the words 말이고 of 한정되는 것은 Isaiah 이사야 the prophet 선지자 "I am 나는 현재 상태로 이다 the voice 소리 of 한정된 것은 one 사람이 calling 부르는 in 둘러싸인 것은 the desert 광야, 광야에서 'Make 만들라고 straight 곧게시리 the way 그 길을 for 목적으로 하는 대상은 the Lord 주님"

명사 ~ing는 명사가 ~ing한다(현재분사 : 능동이다). 어렵겠지만 one (who has been) calliing in the desert에서 관계사와 be동사가 생략됨으로 '명사+동사의 ing형'이 나온 것이다.

24 Now some Pharisees who had been sent. 그들은 바리새인들이 보낸 자라

Now 이제 some Pharisees 몇몇의 바리새인들이 who 그들은 had 이미 been 상태는 이었다 sent 보냈다, 즉 보냄을 받은 자라

25 questioned him, "Why then do you baptize if you are not the Christ, nor Elijah, nor the Prophet?" 또 물어 이르되 네가 만일 그리스도도 아니요 엘리야도 아니요 그 선지자도 아닐진대 어찌하여 세례를 베푸느냐.

questioned 바리새인들이 묻길 him 그에게 "Why then 어찌하여 그러면 do 하노? you baptize 당신이 세례를 준다 if 만일에 you are not 당신이 아니라면 the Christ 그리스도, nor 아니고 Elijah 엘리야, nor 아니고 the Prophet 선지자?"

26 "I baptize with water," John replied, "but among you stands one you do not know 요한이 대답하되 나는 물로 세례를 베풀거니와 너희 가운데 너희가 알지 못하는 한 사람이 섰으니

"I baptize 나는 세례를 주다. with 동반하는 것은 water," 물 John replied, 요한이 대답했다. "but 그러나 among 사이에는 you 너희들 stands 서 있느니라 one 한 분 you 너희들이 do not know 모르는, 알지 못하는"

27 He is the one who comes after me, the thongs of whose sandals I am not worthy to untie. 곧 내 뒤에 오시는 그이라 나는 그의 신발끈을 풀기도 감당하지 못하겠노라 하더라

He is 그분은 이시다 the one 한 분인데 who 그분은 comes 오신다 after 바로 직전에 me 나

그분은(the one)이고 the one은 who 이다 the thongs 신발끈 of 한정하는 것은 whose sandals 그분의 신발 I am not 나는 아니다 worthy 가치가 to untie 나아가 하고자 하는 바는 풀다, 하나가 된다. 여기서도 N＋SV구조이다. 즉 unite의 목적어가 the thongs이다.

28 This all happened at Bethany on the other side of the Jordan, where John was baptizing. 이 일은 요한이 세례 베풀던 곳 요단 강 건너편 베다니에서 일어난 일이니라

This all happened 이것은 모두 일어났다 at 점으로 접하는 것은 Bethany 베다니 on 면으로 접하는 것은 the other side 다른 쪽이고 of 한정하는 것은 the Jordan 요르단인데, where 그곳은 John 요한이 was 상태로 과거 있었던 baptizing 세례 주던 중

29 The next day John saw Jesus coming toward him and said, Look, the Lamb of God, who takes away the sin of the world 이튿날 요한이 예수께서 자기에게 나아오심을 보고 이르되 보라 세상 죄를 지고 가는 하나님의 어린 양이로다

The next day 다음 날, 이튿날 John saw 요한은 보았다 Jesus coming 예수님께서 오시는 것을 toward 방향은 향하였고 him 그를 and said 그리고 말하길, "Look, 보라 the Lamb 어린 양이다 of 한정되는 것은 God 하나님, 하나님의 어린양 who 그분은 takes 갖고서 away 멀리 the sin 죄인데 of 한정받는 것은 the world 세상"

이 문장에서는 문장의 5형식을 이루는 구조를 알면 아주 유용하다. 즉 S＋V＋O＋O.C라고 하는 데, 감각적인 동사를 대상으로 한다. 여기서는 O(목적어)와 O.C(목적보어)는 주어와 주격보어의 관계가 있다고 보자는 것이다. 즉 요한은 보았고, 걸으시는 분의 주체는 예수님이시다.

30 This is the one I meant when I said, 'A man who comes after me has sur-passed me because he was before me.' 내가 전에 말하기를 내 뒤에 오는 사람이 있는데 나보다 앞선 것은 그가 나보다 먼저 계심이라 한 것이 이 사람을 가리킴이라

This is 이것은 이다 the one 그분이시고 그분은(whom) I meant 내가 언급했던 when 때는 I said, 내가 말할 때 'A man 사람은 who 사람인데 comes 오신다 after 직전에 me 나는 has 이미 surpassed 추월하셨다 me' 나를 because 이유는, 말미암음이니라 he was 그분은 상태는 과거로 이었으니 before 바로 후에 있어난 일은 me 나

a man who comes after~ 이제는 설명하지 않고 보이지요? a man은 who이고, who는 comes의 주어가 된다. 그냥 문장이 흘러가는 그대로 보는 것이다.

31 I myself did not know him, but the reason I came baptizing with water was that he might be revealed to Israel. 나도 그를 알지 못하였으나 내가 와서 물로 세례를 베푸는 것은 그를 이스라엘에 나타내려 함이라 하니라

I myself 나, 자신은 did not 하지 않았다 know him, 알다 그를 but 하지만 the reason 이유는 I came 내가 왔다 baptizing 세례를 주는 with water 물을 가지고 was that that절이다 he might 그가 위함인데 be revealed 나타내어지도록 to 그 대상은 Israel. 이스라엘에

32 Then John gave this testimony: "I saw the Spirit come down from heaven as adove and remain on him." 요한이 또 증언하여 이르되 내가 보매 성령이 비둘기 같이 하늘로부터 내려와서 그의 위에 머물렀더라.

Then 그때 John gave 요한이 주기를 this testimony:증거를 "I saw 내가 보았고 the Spirit come down 성령이 내려오는 것을 from heaven 하늘에서 as a dove 비둘기처럼 and remain 남아있고 on 면으로 접하는 것은 him" 그분 그 위에, 전치사 on은 붙어있음

문장을 보세요, 순서대로 나열하는 것을 알 수 있다. 이것이 영어의 원리이다. 요한이 말한 것은 증거인데, 내가 보는 것은 성령이 내려오는 것이고, 어디서? 하늘에서, 비둘기처럼 그리고 그 위에 머물렀다. (이것이 영어의 전부이다)

33 I would not have known him, except that the one who sent me to baptize with water told me, 'The man on whom you see the Spirit come down and remain is he who will baptize with the Holy Spirit.'(영어 숙달 핵심문장 , 요한복음 핵심문장) 나도 그를 알지 못하였으나 나를 보내어 물로 세례를 베풀라 하신 그이가 나에게 말씀하시되 성령이 내려서 누구 위에든지 머무는 것을 보거든 그가 곧 성령으로 세례를 베푸는 이인 줄 알라 하셨기에

I would not 나는 못 하였으리라 have known him, 이미 그를 알지는 except that 하지 않았더라면 the one 그분은 그분인데 who 그분이 sent me 그분은 나를 보내셨고 to baptize 나아가 하고자 하는 바는 세례를 주라고 with 함께하는 것은 water 물을 가지고 told me, 내게 말하길 'The man 그분 on 면으로 접하는 것은 whom 그분이고 you see 네가 본 the Spirit come

down 성령이 내려와서 **and remain** 남아있어 **is** 이시라 **he** 그분 **who** 그분은 **will baptize** 세례를 주실 것이다 **with** 도구는, 함께하는 것은 **the Holy Spirit.** 거룩한 성령으로서

34 I have seen and I testify that this is the Son of God. 내가 보고 그가 하나님의 아들이심을 증언하였노라 하니라

I have seen 내가 이미 보았고 **and I testify** 그리고 나는 증언하노라 **that this is the Son of God.** 그가 하나님의 아들이심을

35 The next day John was there again with two of his disciples. 또 이튿날 요한이 자기 제자 중 두 사람과 함께 섰다가

The next day 다음 날 **John was** 요한은 있었다 **there again** 거기에 다시 **with** 함께하는 것은 **two** 두 사람이고 **of** 한정하는 것은 **his disciples** 제자들이다

36 When he saw Jesus passing by, he said, Look, the Lamb of God! 예수께서 거니심을 보고 말하되 보라 하나님의 어린 양이로다

When he saw 그가 보았을 때 **Jesus passing by,** 예수께서 지나가심을 **he said,** 그가 말하길 **"Look, the Lamb of God!"** 보라, 어린양 하나님의

지각 동사(see-saw-seen)가 사용되는 5형식의 문장은 주어가 보았고, 목적어(O)가 목적보어(O.C)하는 것을! 그가 보았다는 것은 예수께서 지나가신다는 뜻이다.

37 When the two disciples heard him say this, they followed Jesus. 두 제자가 그의 말을 듣고 예수를 따르거늘

When the two disciples heard 두 제자들이 들었을 때 **him say this** 그가 이렇게 말하는 것을 **they followed Jesus.** 그들도 따랐다 예수님을. 그래서 목적어는 주어로 해석하는 것이다.

38 Turning around, Jesus saw them following and asked, "What do you want?" They said, "Rabbi" (which means Teacher), "where are you staying?" 예수께서 돌이켜 그 따르는 것을 보시고 물어 이르시되 무엇을 구하느냐 이르되 랍비여 어디 계시오니이까 하니(랍

비는 번역하면 선생이라)

Turning around, 뒤돌아 보았을 때 Jesus saw 예수께서 보셨고 them following 그 들이 따르는 것을 and asked, 물으시길 "What 무엇을 do you want?" 너희는 원하느냐? They said, 그들이 말하길 "Rabbi" 랍비여 (which 랍비는 means 의미한다 Teacher 선생을), "where 어디에 are you 인가요? staying?" 머무시나이까?

문장이 동사~ing로 시작하는 구문을 분사구문이라고 하는 데, 주절의 주어가 하는 행위라고 보면 된다. 즉 Jesus님이 주어이니까, 예수께서 돌아보시고 지각동사(see-sawo-seen)가 쓰인 5형식 문장이다.

39 "Come," he replied, "and you will see." So they went and saw where he was staying, and spent that day with him. It was about the tenth hour. 예수께서 이르시되 와서 보라 그러므로 그들이 가서 계신 데를 보고 그날 함께 거하니 때가 열 시쯤 되었더라

"Come," 오라 he replied, 대답하시고 "and you will see.보게 될 거다" So they went 그래서 그들이 갔고 and saw 그리고 보았다 where 거기에 he 그분께서 was staying, 머물고 계심을, and spent 그리고는 보냈다 that day 그날을 with 함께하는 것은 him 그분. It was 그 날은 about the tenth hour 약 10쯤 되었더라. 순서대로 죽죽 읽어가며 해석한다.

40 Andrew, Simon Peter's brother, was one of the two who heard what John had said and who had followed Jesus. 요한의 말을 듣고 예수를 따르는 두 사람 중의 하나는 시몬 베드로의 형제 안드레라

Andrew 안드레, Simon Peter's brother 시몬 베드로의 형제인, was 이었다 one 한 사람인데 of 한정되는 것은 the two 두 사람 중 who 그는 heard 들었고 what John had 이미 said 말한 것 and 그리고 who 그는 had 이미 followed 따랐었다 Jesus.예수를

이 절에서 가장 중요한 영어감각적 문제는 안드레와, 시몬 베드로의 형제가 동일인임을 나타내는 것이 바로 동사 was로 동일임을 나타낸다는 것이다. A, B 는 A that is B이고 관계사와 be동사를 생략하니 A,B가 된다. 동사의 현재완료 즉 have＋P.P를 어려워하는데, 간단하게 처리하면 이렇게 된다.
현재완료 : have＋P.P로서 과거부터 현재까지 나타낸다. 해석은 이미 P.P했다.
과거완료 : had＋P.P로서 이전 과거부터 과거까지 나타낸다. 해석은 이미 P.P했었다.

관계사절의 확장이다, one of the two who heard what John had said and who had followed Jesus. 선행사는 one of the two이고 동사 heard과 followed가 나란히 연결된다. (중요한 팁) 관계사를 쓰면 그 문장은 하나의 단어나 구가 되어 문장의 주어나 목적어나 보어로 사용된다. 명사덩어리로 명사 역할을 한다는 점이다.

41 The first thing Andrew did was to find his brother Simon and tell him, "We have found the Messiah" (that is, the Christ). 그가 먼저 자기의 형제 시몬을 찾아 말하되 우리가 메시야를 만났다 하고(메시야는 번역하면 그리스도라)

The first thing 첫 번째 일은 Andrew did 안드레가 행하였던 was 이었다 to find 나아가서 하고자 하는 바는 찾는다 his brother Simon 형 시몬을 and 그리고 tell 하는 바는 말하려고 him 그에게 "을" "We have 우리가 이미 found 찾았다고 the Messiah" 메시야를 (that is 그 분은 이다, the Christ) 그리스도라

단어, 구가 나오고 주어 동사가 나오는 관계사 목적절이다 N + SV 많이 쓰인다. that is '즉'

42 And he brought him to Jesus. Jesus looked at him and said, "You are Simon son of John. You will be called Cephas"(which, when translated, is Peter). 데리고 예수께로 오니 예수께서 보시고 이르시되 네가 요한의 아들 시몬이니 장차 게바라 하리라 하시니라 (게바는 번역하면 베드로라)

And he brought 그리고 그가 데려왔음에 him 그를 to Jesus. 예수님께 Jesus looked 보시고는 at him 그를 and said 그리고 말씀하셨다, "You are 너가 이구나 Simon 시몬 son 아들 이고 of 한정되는 것은 John.요한의 You will 너는 일 것이다 be called 불리우리라 Cephas" 게바라고 (which, when translated, is Peter). 번역하면 베드로이다.

43 The next day Jesus decided to leave for Galilee. Finding Philip, he said to him, "Follow me." 이튿날 예수께서 갈릴리로 나가려 하시다가 빌립을 만나 이르시되 나를 따르라 하시니

The next day 다음 날 Jesus decided 예수께서 결정하셨다 to leave 떠나시기로 for Galilee. 갈릴리를 향해서 Finding Philip, 빌립을 찾으시어 he said 그는 말씀하셨다 to him, 그에게 "Follow me." 나를 따르라

Finding Philip, he said to him, "Follow me." 이렇게 동사~ing로 시작하는 문장을 분사구문이라고 하는 데, 주절의 주어인 he가 하는 행위(~ing(현재분사)는 능동, ~ed(과거분사)는 수동)을 나타낸다.

44 Philip, like Andrew and Peter, was from the town of Bethsaida. 빌립은 안드레와 베드로와 한 동네 벳새다 사람이라

Philip, 빌립은 like Andrew and Peter, 안드레와 베드로처럼 was from 출신이다 the town of Bethsaida. 벳세다지방. like는 독단적으로 쓰여 전치사를, be동사와 같이 쓰여 전치사를 나타낸다.

45 Philip found Nathanael and told him, "We have found the one Moses wrote about in the Law, and about whom the prophets also wrote--Jesus of Nazareth,the son of Joseph." 빌립이 나다나엘을 찾아 이르되 모세가 율법에 기록하였고 여러 선지자가 기록한 그이를 우리가 만났으니 요셉의 아들 나사렛 예수니라

Philip found 빌립이 찾았다 Nathanael and told him, 나다나엘을 그리고 말했다, 그에게 "We have found 우리가 이미 찾았다 the one Moses wrote about 그분을 모세가 기록한, 관하여 in the Law, 율법에 and about whom 그분에 관하여 the prophets also wrote 선지가가 기록한 —Jesus of Nazareth, the son of Joseph." 나사렛 예수님, 요셉의 아들

관계사 구문이 또 나왔다. the one S + V형태 이제는 숙달되었을 것이다. everythings John saw는 모든 것. 요한이 본 – '요한이 본 모든 것'이다. about whom에서 급 당황할 것이나 '관하여 whom은 선행사를 말하니까 the one이다. 이미 숙달되었을 것이다.

46 "Nazareth! Can anything good come from there?" Nathanael asked. "Come and see," said Philip. 나다나엘이 이르되 나사렛에서 무슨 선한 것이 날 수 있느냐 빌립이 이르되 와서 보라 하니라

"Nazareth! 나사렛! Can 능히 anything good 것은 선하다 come 나오다 from 출발지는 there 그곳에서?" Nathanael asked. 나다나엘이 묻기를 "Come and see," 와서 보라 said Philip. 빌립이 말했다

47 When Jesus saw Nathanael approaching, he said of him, "Here is a true Isra-elite, in whom there is nothing false." 예수께서 나다나엘이 자기에게 오는 것을 보시고 그를 가리켜 이르시되 보라 이는 참으로 이스라엘 사람이라 그 속에 간사한 것이 없도다.

When Jesus saw 예수께서 보시고는 Nathanael approaching, 나다나엘이 다가오는 것을 he said 그(예수님)는 말했다. of him, 그(나다나엘)에 대하여 "Here is a true Israelite, 참된 이스라엘 사람이로 구나 in whom 그 안에는 there is nothing false. 거짓이 없구나.

지각 동사 see를 사용한 5형식 문장은 Jesus님이 보았고, 나다나엘이 오는 것이다. 목적어 나다나엘이 행위를 한다는 것이 핵심이다. here is(are) + 주어, there is(are) + 주어 구문은 부사 here there가 문장앞에 오면 문장이 도치된다.(요한복음 1장 1절 설명 참조)

48 "How do you know me?" Nathanael asked. Jesus answered, "I saw you while you were still under the fig tree before Philip called you." 나다나엘이 이르되 어떻게 나를 아시나이까 예수께서 대답하여 이르시되 빌립이 너를 부르기 전에 네가 무화과나무 아래에 있을 때 보았노라

"How do you 어떻게 당신이 know me?" 나를 아세요? Nathanael asked. 나다나엘이 물었다 Jesus answered, 예수께서 답하셨다 "I saw you 나는 너를 보았다 while you were still 너가 있을 때 under 위로는 the fig tree 무화과나무 before 직후에 일어나는 것은 Philip called you." 빌립이 너를 불렀다

"I saw you while you were still under the fig tree before Philip called you." 이 문장을 순서대로 해석해보자, 재미있는 문장이 된다, 나는 보았다(I saw) 너를(you) 동시에 일어나는 일은(while) 너가 있었다(you were) 여전히(still) 그 위로는(under) 무화과나무가 있고(the fig tree), 그 직후에 일어난 일은(before절) 빌립이 불렀다(Philip called) 너를(you)

49 Then Nathanael declared, "Rabbi, you are the Son of God; you are the King of Israel." 나다나엘이 대답하되 랍비여 당신은 하나님의 아들이시요 당신은 이스라엘의 임금이로소이다

Then Nathanael declared, 나다나엘이 선언하기를 "Rabbi,선생님 you are 당신은 이다 the Son of God 하나님의 아들; you are the King of Israel.이스라엘 왕"

A of B는 A는 B의 일부 분인 개념이 주로 쓰인다. 단순히 '~의'란 개념에서 탈피하자.

50 Jesus said, "You believe because I told you I saw you under the fig tree. You shall see greater things than that." 예수께서 대답하여 이르시되 내가 너를 무화과나무 아래에서 보았다 하므로 믿느냐 이보다 더 큰 일을 보리라

Jesus said, 예수께서 말씀하시길 You believe 너는 믿는구나 because I told you 그 이유는 내가 말했기에 너에게 I saw you 내가 보았다고 너를 under the fig tree 무화과나무 아래서. You shall see 너는 되리라 보게 greater things 더 큰 것을 than that. 그 보다도"

shall은 단순미래, 의지미래로 구분하여 외우고 있으나, you shall은 너의 의지가 아닌 것으로 you shall see~ 하면 너는 보게 되리라~! greater things than that 이렇게 청크를 이루어 '명사덩어리'가 되어 명사처럼 쓰인다는 것을 숙지하시면, 영어 실력이 쭉쭉 올라 갑니다. 이제부터 '명사덩어리는' '청크'라고 이미지화하는 것이 중요하다.

51 He then added, "I tell you the truth, you shall see heaven open, and the angels of God ascending and descending on the Son of Man." 또 이르시되 진실로 진실로 너희에게 이르노니 하늘이 열리고 하나님의 사자들이 인자 위에 오르락내리락하는 것을 보리라 하시니라

He then added, 덧붙이시기를 "I tell you the truth, 진실로 말하니 you shall see 너는 보게 되리라 heaven open 하늘이 열리고, and the angels of God ascending and descending 하나님의 천사가 오르고 내리는 것을 on the Son of Man. 면으로 접하는 것은 인자"

동사 tell은 tell+I.O+D.O이다. I.O는 사람목적어 D.O는 직접목적어. 동사 see는 5형식 see+O+O.C이다 O.C는 동사의 원형과 동사의 ~ing형태가 쓰인다. 동사원형은 멀리에서 볼 때, ~ing는 가까이에서 볼 때를 이미지로 형상화하자. 전치사 on은 붙어있는 상태를 말한다. 순서대로 해설할 때는 '접하는 면은' on the Son of Man 인자 ⇨ '인자 위에'는 청크 단위 해석이다.

The Gospel according to St. John

요한복음 2장

The Gospel according to St. John

요한복음 2장

01 On the third day a wedding took place at Cana in Galilee. Jesus' mother was there, 사흘째 되던 날 갈릴리 가나에 혼례가 있어 예수의 어머니도 거기 계시고

On 면으로 접하는 것은 the third day 사흘이고 a wedding took place 결혼식이 열렸다 at 점으로 접하는 것은 Cana 가나이고 in 둘러싸고 있는 것은 Galilee 갈릴리다. Jesus' mother 예수의 어머니는 was 상태는 과거이고 있었고 there 그곳에

02 and Jesus and his disciples had also been invited to the wedding. 예수와 그 제자들도 혼례에 청함을 받았더니

and Jesus and his disciples 그리고 예수님과 그의 제자들도 had 이미 also 또한 been invited 초청을 받았다 to 도달하는 대상은 the wedding 결혼식에

03 When the wine was gone, Jesus' mother said to him, "They have no more wine." 포도주가 떨어진지라 예수의 어머니가 예수에게 이르되 저들에게 포도주가 없다 하니

When 때는 the wine was gone 포도주가 떨어졌고, Jesus' mother said 예수님의 어머니가 말했다 to him 그에게 "를" "They have 그들이 가지다 no more wine. 더 이상의 포도주가 없는"

said to him '말했다' 말한 대상은 그 사람. the wine는 떨어지는 것이니까 수동태로 be + P.P이다.

04 Dear woman, why do you involve me?" Jesus replied, "My time has not yet come." 예수께서 이르시되 여자여 나와 무슨 상관이 있나이까 내 때가 아직 이르지 아니하였나이다.

Dear woman 여인이시여, why do you 왜 당신은 involve me? 나를 포함하세요? Jesus replied 예수께서 응답하시길, "My time has 내 시간이 이미 not yet come. 오지 않았어요"

have + P.P는 이미 P.P했다. have come 이미 왔다. have not come 이미 오지 않았다.

05 His mother said to the servants, "Do whatever he tells you." 그의 어머니가 하인들에게 이르되 너희에게 무슨 말씀을 하시든지 그대로 하라 하니라

His mother said 그의 어머니가 말했다 to 도달하는 대상은 the servants 하인들에게, "Do 행하라 whatever 무엇이든지 he tells you. 그분이 너희들에게 말하는"

관계사절은 명사덩어리가 되어 주어, 보어, 목적어로 쓰인다. do의 목적어로 쓰였다.

06 Nearby stood six stone water jars, the kind used by the Jews for ceremonial washing, each holding from twenty to thirty gallons. 거기에 유대인의 정결 예식을 따라 두세 통 드는 돌항아리 여섯이 놓였는지라

Nearby stood 근처에 서있다 six stone water jars, the kind 여섯 개의 돌로된 물항아리, 종류인 used 사용되는 by the Jews 유대인들이 for ceremonial washing 정결예식을 위해, each holding 각자는 담고 있는데 from 출발하는 것은 twenty 20에서 to 도달하는 것은 thirty gallons 30갤론

부사가 문장 앞에 쓰이면 문장이 도치된다. 부사+V+S의 구조이다. 여기서는 돌 물항아리를 설명해야 하므로 주어를 뒤로 바꾼 것이다. the kind (which was) used by the Jews for ceremonial washing, 이들이 사용된다, 유대인들이 그 대상(for)은 정결예식, 정결예식을 위한. each (which is)holding ~을 담고 있는(X), 각자는 담고 있다.

07 Jesus said to the servants, "Fill the jars with water"; so they filled them to the brim. 예수께서 그들에게 이르시되 항아리에 물을 채우라 하신즉 아귀까지 채우니

Jesus said 예수께서 말했다 to 대상은 the servants 하인들에게, "Fill the jars 채워라 항아리를 with water 물로"; so 그래서 they filled 하인들이 채웠다 them 항아리를 to 도달하는 것은 the brim 어귀까지

동사 fill을 채우다 라는 뜻이니까 수단인 전치사 with가 따라붙는다. 발음할 때 with는 살짝 소리를 냄으로 청취되지 않는다는 사실이다. A to B 해석은? A가 맞닿는 곳(to)은 B이다. 예, the key to the door.

08 Then he told them, "Now draw some out and take it to the master of the ban-quet." 이제는 떠서 연회장에 갖다 주라 하시매 갖다 주었더니

Then 그때 he told them 그들에게 말씀하시길, Now 이제는 draw 끌어당겨라 some 약간을 out 밖으로 and 그리고는 take it 그것을 가지고 to 도달하는 대상은 the master 지배인 of 한정되는 것은 the banquet 연회장

동사 tell은 간접목적어(I.O)와 직접목적어(D.O)를 취한다는 사실 명심하자. 간접목적어는 사람을 직접목적어는 사물을 말한다. 직접목적어는 명사덩어리를 이룰 때가 많다. 동사 draw는 out을 동반한다. 동사 take는 목적어를 취해서 누구에게 라는 대상이 필요하니 그 대상은 to이다.

09 They did so, and the master of the banquet tasted the water that had been turned into wine. He did not realize where it had come from, though the ser-vants who had drawn the water knew. Then he called the bridegroom aside 연회장은 물로 된 포도주를 맛보고도 어디서 났는지 알지 못하되 물 떠온 하인들은 알더라 연회장이 신랑을 불러

They did so 그들이 했다 그렇게, and the master of the banquet tasted 연회장 주인이 맛보았다 the water 그 물은 that 그물이 had 이미 been turned 변했고 into 방향은 wine 포도주로. He did not realize 그는 깨닫지 못했다 where 어디에서 it had 그것이 이미 come 왔다 from 출발한 곳은 though 하지만 the servants 그 하인들 who 그들은 had drawn 이미 떠왔던 the water 물을 knew 알았다. Then he called 그때 그는 불렀다 the bridegroom 신랑 aside 곁으로

10 and said, "Everyone brings out the choice wine first and then the cheaper wine after the guests have had too much to drink; but you have saved the best till now." 말하되 사람마다 먼저 좋은 포도주를 내고 취한 후에 낮은 것을 내거늘 그대는 지금까지 좋은 포도주를 두었도다 하니라

and said, 그리고 말하길 "Everyone brings 모든 사람들은 꺼내온다 out 밖으로 the choice wine first 선택한 포도주를 처음에 and then 그리고 the cheaper wine 값싼 포도주를 after

직전에 일어난 일은 the guests have 하객들이 이미 had 가졌다 too much 너무 많이 to drink 나아가 하고자 하는 바는 마시려고; but you have 그러나 당신은 이미 saved 비축하였군요 the best 가장 좋은 것을 till now. 지금까지"

동사 bring은 out을 동반한다. 개념이 명확하게 잡힌다. 동사 draw도 out 동반했다. 영어는 단순하기 때문에 동사가 많이 발달하지 않았다. 그 결과로 동사 뒤에 전치사를 동반하여 뜻을 명확하게 나타내는 특징을 가지고 있으니, 반드시 표현이 나올 때마다 숙지하는 것이 중요하다. 이 책을 읽다보면 자동 습득하게 되어있다. 많이 설명되어있으므로 인함이다. 자기도 모르게 숙달된다.

11 This, the first of his miraculous signs, Jesus performed in Cana of Galilee. which he revealed his glory, and his disciples put their faith in him. 예수께서 이 첫 표적을 갈릴리 가나에서 행하여 그의 영광을 나타내시매 제자들이 그를 믿으니라

This 이것은 the first 첫 번째 of 한정되는 것은 his miraculous signs 신비로운 표적 Jesus performed 예수께서 행하신 in 둘러싸는 것은 Cana 가나에서 of 한정되는 것은 Galilee 갈릴리의. Which he revealed 이것은 (앞 문장 전체) 그분께서 나타내셨고 his glory 그의 영광을, and his disciples put 그리고 그의 제자들이 놓았다 their faith in him 그들의 신념을, 그분 안에

miracle '기적'이라는 명사의 형용사인 miraculous가 쓰였다. 명사 SV형태인 the miraculous signs Jesus performed 문장이다. 갈릴리 지방 가나에서 at Cana in Galilee, in Cana of Galilee. 동사 put은 in을 수반하여 목적어를 안에 둔다 라는 뜻. put the faith in him. 결국은 믿음을 전부 그 사람 안에 두었으니 '믿다'의 뜻이다

12 After this he went down to Capernaum with his mother and brothers and his disciples. There they stayed for a few days. 그 후에 예수께서 그 어머니와 형제들과 제자들과 함께 가버나움으로 내려가셨으나 거기에 여러 날 계시지는 아니하시니라

After 직전에 일어난 일은 this 이일 he went down 그는 가셨다 down 아래로 to 도달 장소는 Capernaum 가버나움으로 with 함께하는 것은 his mother 어머니 and brothers 그리고 형제들 and his disciples 그리고 제자들 There 그곳에서 they stayed 그들이 머물렀다 for 기간은 a few days 몇 일
동반전치사 with는 ~와 함께 라는 뜻이지만, 순서적으로 해석할 때는 '함께하는 것은' 동사 stay는 for

기간과 짝을 이룬다.

13 When it was almost time for the Jewish Passover, Jesus went up to Jerusa-lem. 유대인의 유월절이 가까운지라 예수께서 예루살렘으로 올라가셨더니

When 때는 it was 되었다 almost time 거의 가까운 시간 for 대상은 the Jewish Passover 유대인들의 유월절, Jesus went up 예수께서 올라가셨다 to 도달하는 곳은 Jerusalem 예루살렘으로.

14 In the temple courts he found men selling cattle, sheep and doves, and others sitting at tables exchanging money. 성전 안에서 소와 양과 비둘기 파는 사람들과 돈 바꾸는 사람들이 앉아 있는 것을 보시고

In 둘러싸고 있는 것은 the temple courts 성전, 즉 성전 안에서는 he found 그는 발견하셨다 men selling 사람들이 팔고 있는 것들을 cattle, sheep and doves, 소와 양과 비둘기를 and others sitting at tables 다른 이들은 테이블에 앉아서 exchanging money. 동전을 교환하고 있었다

men selling을 목적어로 하여 주어 동사인 he found 뒤에 놓게 되면 he found men selling이 된다. 이래서 이런 형식을 문장의 5형식이라고 한다. '그가 본 것은 사람들이 팔고 있다는 것이다. 그러면 selling의 목적어들이 나열된다는 것이다.

others sitting at tables exchanging money 이 문장도 마찬가지이다. men selling, and others sitting이다. he found에 연결되어 목적어와 목적보어 역할을 한다. 영어를 읽고 해석하고, 방송을 듣고 이해한다고 생각해 보라. 이렇게 분석할 수 있는 시간이 있는 사람은 아무도 없다. 그래서 관건은 이런 문장형식에서 문법에서 벗어나자는 것이다. others sitting at tables 다른 사람들은 테이블에서 앉아 있었다. 목적어와 목적 보어가 끝났으니 exchanging money은 분사구문이다? 결론은 글이 쓰인 순서대로 단순화하자는 것이다. 익숙해지면 나중에는 저절로 파악이 되겠지만, 우리는 일단은 단어가 나열된 순서대로 others 다른 사람들은 sitting 팔고 있었다. at 접하는 것은 tables 테이블이고 exchanging 바꾸고 있으면서 money 돈을!

15 So he made a whip out of cords, and drove all from the temple area, both sheep and cattle; he scattered the coins of the money changers and overturned their tables. 노끈으로 채찍을 만드사 양이나 소를 다 성전에서 내쫓으시고 돈 바꾸는 사람들의 돈을 쏟으시며 상을 엎으시고

So 그래서 he 예수께서는 made a whip 만드시고 채찍을 out 밖으로 of 한정되는 것은 cords 노끈, and drove all 내 쫓으시다 from 출발하는 곳은 the temple area 성전에서, both sheep and cattle 소와 양떼들을; he scattered 그분은 흩어버리시고 the coins 동전들을 of 한정되는 것은 the money changers 잔돈 교환 and overturned 엎어 버리셨다 their tables 탁자들을

a whip out of cords 노끈으로 만든 채찍. 채찍을 밖으로 한정하는 것은 노끈이다. 이렇게 해석하는 습관을 들이면 쉽게 외워진다.

16 To those who sold doves he said, "Get these out of here! How dare you turn my Father's house into a market!." 비둘기 파는 사람들에게 이르시되 이것을 여기서 가져가라 내 아버지의 집으로 장사하는 집을 만들지 말라 하시니

to 도달하는 곳은 those 사람들이고 who 그 사람은 sold 팔았던 doves he said 예수께서 말씀하시길, "Get these 가져가라 이것들을 out 밖으로 of 한정하는 것은 here 여기 How dare 어떻게 감히 you turn 너희가 바꾸다 my Father's house 내 아버지의 집을 into 방향은 a market 시장으로!"

how dare S V? 어떻게 감히 V할 수 있는가? 동사 turn은 목적어를 바꾸어서 방향을 안쪽으로 바꾸니 전치사 into를 동반한다.

17 His disciples remembered that it is written: "Zeal for your house will consume me." 제자들이 성경 말씀에 주의 전을 사모하는 열심이 나를 삼키리라 한 것을 기억하더라

His disciples remembered 제자들이 기억했더라, that절 이하를 that it is written 기록된 것을: "Zeal 열정이 for 대상으로 하는 것은 your house 성전 will consume me 나를 삼킬 것이다."

18 Then the Jews demanded of him, "What miraculous sign can you show us to prove your authority to do all this?" 이에 유대인들이 대답하여 예수께 말하기를 네가 이런

일을 행하니 무슨 표적을 우리에게 보이겠느냐

Then 그때 the Jews demanded 유대인들이 요구하기를 of 한정하는 것은 him 예수님에게, "What miraculous sign 어떤 표적을 can 능히 you show 당신이 보여주다 us 우리에게 보여주는 것이 to prove 나아가 하고자 하는 바는 증명하다 your authority 당신의 권능 to do 나아가 하고자 하는바는 행하다 all this 이 모든 것?"

동사 demand는 대상으로 of를 수반한다. 동사 show는 I.O + D.O 형식을 취한다. can you show us what miraculous sign? 의문문에 의문사가 있으니 의문사가 앞으로 간 문장이다.

19 Jesus answered them, "Destroy this temple, and I will raise it again in three days." 예수께서 대답하여 이르시되 너희가 이 성전을 헐라 내가 사흘 동안에 일으키리라

Jesus answered 예수께서 대답하시길, them 그들에게 "을" "Destroy this temple 허물라 이 성전을, and I will raise 그러면 내가 세우리니 it again 그것을 다시 in 둘러싸는 것은 three days. 3일 안에"
★ 명령문 and는 '그리하면'; 명령문 or는 '그렇지 아니하면'

20 The Jews replied, "It has taken forty-six years to build this temple, and you are going to raise it in three days?" 유대인들이 이르되 이 성전은 사십육 년 동안에 지었거늘 네가 삼 일 동안에 일으키겠느냐 하더라

The Jews replied 유대인들이 응답하실, It has taken 이미 걸렸다 forty-six years 46년이 to build 나아가 하고자 하는 바는 건축하다 this temple 이 성전을, and you are going 그러면 너는 하려고 하는구나 to raise 하고자 하는 바는 세우다 it 그것을 in 둘러싸는 것은 three days 삼일?

문장 완성 후 to + R '나아가서 R(동사하고자 하는 것' 부정사라는 개념을 버리자. 그냥 문장이 쓰인 순서대로 읽어 내려가자. 이왕이면 30% 빠르게 읽어보라. 그냥 문장이 통째로 암기되는 신기한 현상이 일어난다.

21 But the temple he had spoken of was his body. 그러나 예수는 성전된 자기 육체를 가리켜 말씀하신 것이라

But the temple 그러나 성전은 he had spoken 그가 이미 말했던 of 한정되는 것은 was his body 자신의 몸

the temple he had spoken of 명사 SV구조이다. 여기서 the temple은 전치사 of의 목적어이다. 이제는 숙달되었겠지만, 명사 (that, or which) S + V구조로서 관계사 목적절을 이루고 명사덩어리이다. 영어에서 아주 아주 매우 많이 쓰인다.

22 After he was raised from the dead, his disciples recalled what he had said. Then they believed the Scripture and the words that Jesus had spoken. 죽은 자 가운데서 살아나신 후에야 제자들이 이 말씀하신 것을 기억하고 성경과 예수께서 하신 말씀을 믿었더라

After 직전에 일어난 일은 he was raised 예수께서 살아나시게 되었다 from 출발지는 the dead 죽은 자, his disciples recalled 제자들이 회상하였더라 what he had said 그가 이미 말했던 것을. Then they believed 그때 그들은 믿었다 the Scripture 성경과 and 그리고 the words 말씀을 that 그 말씀들은 Jesus had 예수께서 이미 spoken 말씀하시었다

★ 예수님은 되살아나시게 된 것이니 수동태(be raised)되고, 나오게 된 출발지는 from이 된다. 이것이 영영식 표현방식과 영영식 사고방식이다.

★ what he had said = the things that he had said 그가 이미 말씀하신 것.

★ the Scripture and the words that Jesus had spoken은 명사 SV구조이다 that는 생략해도 된다. 명사덩어리가 되어 여기서는 동사 believed의 목적어로 쓰였다

23 Now while he was in Jerusalem at the Passover Feast, many people saw the miraculous signs he was doing and believed in his name 유월절에 예수께서 예루살렘에 계시니 많은 사람이 그의 행하시는 표적을 보고 그의 이름을 믿었으나

Now 이제는 while 함께하는 것은 he was 예수께서는 상태는 과거 계셨다 in Jerusalem 예수살렘 at 점으로 접하는 것은 the Passover Feast 유월절에, many people saw 많은 사람들이 보았고 the miraculous signs 많은 표적들을 he was doing 그가 행하고 있었던 and believed 그리고 믿었다 in 둘러싸고 있는 것은 his name 그의 이름을

the miraculous signs he was doing 명사 SV구조이다. 너무 많이 쓰인다. 내려가면서 해석하고 숙달시키기 바란다. 기적적인 표적들 그가 행하신 즉, 영어는 앞에 단어나 구를 놓고 뒤에서 수식

하여 설명하는 구조이나, 한국말은 수식어가 앞에 놓이고 수식을 받는 말이 뒤에 쓰인다. 이것이 영어를 혼돈하게 만드니 이제부터는 영어식 표현방식에 익숙해야 한다. 영어 통달자가 되려면!

24 But Jesus would not entrust himself to them, for he knew all men. 예수는 그의 몸을 그들에게 의탁하지 아니하셨으니 이는 친히 모든 사람을 아심이요

But Jesus would not 그러나 예수께서는 하지 않으시리니 entrust himself 자신을 의탁하다 to 도달대상은 them 그들에게, for 때문이니라, 이는 ~로 말미암음이니라 he knew 예수께서 아시기 때문이라 all men 모든 사람을

would not R과 would not have P.P를 혼동하지 말자. 그냥 would not은 하였으니 R은 동사를, have P.P는 이미 P.P한 것을[요한복음 1장 33절을 다시 보자(가정법 과거완료 문장이다)] I would not have known him, except that the one who sent me to baptize with water told me,

25 He did not need man's testimony about man, for he knew what was in a man. 또 사람에 대하여 누구의 증언도 받으실 필요가 없었으니 이는 그가 친히 사람의 속에 있는 것을 아셨음이니라

He did not need 그분은 필요하지 않았다 man's testimony 사람의 증거를 about man 사람들에 대한, for he knew 이는 그가 아셨음이라 what was in a man 사람 안에 있는 것을.

what was in a man 이 문장은 the thing that was in a man의 뜻이다. A in B의 개념은 'A는 B의 부분집합 개념'이다. 즉 B가 크다는 뜻이다.

The Gospel according to St. John

요한복음 3장

The Gospel according to St. John

요한복음 3장

01 Now there was a man of the Pharisees named Nicodemus, a member of the Jewish ruling council. 그런데 바리새인 중에 니고데모라 하는 사람이 있으니 유대인의 지도자라

Now 이제는 there was 있었다 a man 사람이 of 한정되는 것은 the Pharisees 바리새인 named 이름을 가진 Nicodemus 니고데모라는, a member 구성원이고 of 한정된 것은 the Jewish 유대인 ruling council 통치평의회

02 He came to Jesus at night and said, "Rabbi, we know you are a teacher who has come from God. For no one could perform the miraculous signs you are doing if God were not with him." 그가 밤에 예수께 와서 이르되 랍비여 우리가 당신은 하나님께로부터 오신 선생인 줄 아나이다. 하나님이 함께 하시지 아니하시면 당신이 행하시는 이 표적을 아무도 할 수 없음이니이다.

He came 그가 와서는 to 도달하는 것은 Jesus 예수님 at 접하는 것은 night 밤이고 and said 그리고는 말하길, "Rabbi 랍비여, we know 우리가 아나이다 you are 당신은 입니다 a teacher 선생 who 그는 has 이미 come 오셨다 from 출발지는 God 하나님 For 이유는 no one 어느 누구도 없다 could 능히 perform 행하다 the miraculous signs 기적같은 표적들을 you 당신께서 are 현재 상태는 이다 doing 행하시는 if God 만일에 하나님이 were 상태는 과거로 있었다 not with him. 아니라면 함께하는 것은 그분"

the miraculous signs you are doing은 명사 SV 구조이다. 이러한 명사덩어리는 쉽게 말하자면 NSV(명사 주어+동사)의 구조를 이루는 데, 목적격 관계대명사가 생략된 것이다. 예를 들면 the country we love, the problem we face이다.

03 In reply Jesus declared, "I tell you the truth, no one can see the kingdom of God unless he is born again." 예수께서 대답하여 이르시되 진실로 진실로 네게 이르노니 사람이 거듭나지 아니하면 하나님의 나라를 볼 수 없느니라

In reply 응답하여 Jesus declared 예수께서 선언하시길 "I tell 내가 말하노니 you the truth

너희에게 진실을, **no one can** 아무도 능히 할 수 없다 **see** 보다 **the kingdom** 나라 **of** 한정되는 것은 **God** 하나님 **unless** 만일에 ~하지 않는다면 **he** 그가 **is** 상태는 현재로 **born** 태어나다 **again** 다시, 만일에 그가 태어나지 않는다면"

04 "How can a man be born when he is old?" Nicodemus asked. "Surely he cannot enter a second time into his mother's womb to be born!." 니고데모가 이르되 사람이 늙으면 어떻게 날 수 있사옵나이까 두 번째 모태에 들어갔다가 날 수 있사옵나이까.

"How can 어찌 가능한가? **a man** 사람이 **be** 상태는 이다 **born** 태어나다 **when he is old** 나이가 들었을 때?" **Nicodemus asked** 니고데모가 물기를 "**Surely he can not** 확실히 그는 가능하지 않다 **enter** 들어가다 **a second time** 두 번째로 **into** 방향은 안쪽으로 **his mother's womb** 여자의 자궁 속으로 **to be** 그래서 하고자 하는 바는 이다 **born!** 태어나다

how can that be? 어떻게 그럴 수가 있을까? how could it be? how can that be? 이럴 수가?

05 Jesus answered, "I tell you the truth, no one can enter the kingdom of God unless he is born of water and the Spirit." 예수께서 대답하시되 진실로 진실로 네게 이르노니 사람이 물과 성령으로 나지 아니하면 하나님의 나라에 들어갈 수 없느니라

Jesus answered 예수께서 대답하시길, **I tell** 내가 말하노리 **you the truth** 너희에게 진실을, **no one can** 아무도 할 수 없다 **enter the kingdom of God** 들어가는 궁전에 하나님의 **unless** 아니하고 서는 **he is born** 그가 다시 태어나지(거듭나지) **of** 한정되는 것은 **water and the Spirit** 물과 성령으로
★ **be born of** ~태어나다

06 Flesh gives birth to flesh, but the Spirit gives birth to spirit. 육으로 난 것은 육이요 영으로 난 것은 영이니

Flesh gives 육은 주나니 **birth** 생명을 **to** 도달하는 것은 **flesh** 육 **but** 그러나 **the Spirit** 영은 **gives** 준다 **birth** 생명을 **to** 도달하는 대상은 **spirit** 영
★ 육은 육을 낳고, 영은 영을 낳으니

07 You should not be surprised at my saying, "You must be born again." 내가 네게 거듭나야 하겠다 하는 말을 놀랍게 여기지 말라

You should not 해서는 아니 된다 be surprised 놀라다 at 점으로 접하는 것은 my saying 내 말에, 'You must 너는 해야 한다 be born 태어나져야 again 다시.'

당신(니고데모)은 태어나는 것(거듭나는 것)이 아니라, 태어나지는 것이니까 수동태 be P.P로 쓰인다는 것이 영어의 특징이다.

08 The wind blows wherever it pleases. You hear its sound, but you cannot tell where it comes from or where it is going. So it is with everyone born of the Spirit. 바람이 임의로 불매 네가 그 소리는 들어도 어디서 와서 어디로 가는지 알지 못하나니 성령으로 난 사람도 다 그러하니라

The wind blows 바람은 분다 wherever 어디든지 it pleases 바람이 좋아하는 You hear 당신은 듣고 its sound 바람 소리를, but 하지만 you cannot 너는 능히 할 수 없다 tell 구분하다 where 장소를 it comes 그것이 오는 from 출발지는 or 또는 where 어디로 it 바람이 is 상태는 현재이고 going 가는지를. So it is 마찬가지다 with 함께하는 것은 everyone 모두 born 태어나진 of 한정하는 것은 the Spirit 성령으로.

09 "How can this be?" Nicodemus asked. 니고데모가 대답하여 이르되 어찌 그러한 일이 있을 수 있나이까

"How 어찌하여 can 능히 this 이것이 be 존재하다, 어찌 그럴 수가?" Nicodemus asked 니고데모가 물었다.

10 You are Israel's teacher, said Jesus, and do you not understand these things? 예수께서 그에게 대답하여 이르시되 너는 이스라엘의 선생으로서 이러한 것들을 알지 못하느냐

You are 너는 이다 Israel's teacher 이스라엘 선생, said Jesus 말씀하시길 예수께서, and do you not 그리고 당신은 않느냐? understand 이해하다 these things 이것들을?

11 I tell you the truth, we speak of what we know, and we testify to what we have

seen, but still you people do not accept our testimony. 진실로 진실로 네게 이르노니 우리는 아는 것을 말하고 본 것을 증언하노라 그러나 너희가 우리의 증언을 받지 아니하는도다.

I tell 내가 말하노니 you the truth 너에게 진실을, we speak 우리는 말하노니 of 한정하는 것은 what 것이고 we know 우리가 아는 것, and we testify 우리는 증거하니 to 도달하는 것은 what 것이고 we have 우리가 이미 seen 본 것에, but still you people 그러나 여전히 너희 사람들은 do not accept 않는구나 인정하기를 our testimony 우리의 증거를.

동사 speak는 ~에 대하여 대상은 of를 수반한다. 동사 testify는 증거하는 대상이 나온다. 증거하여 도달할 때는 to를 사용하고, 관련된 것을 말할 때는 about(=concerning)을 쓴다.

12 I have spoken to you of earthly things and you do not believe; how then will you believe if I speak of heavenly things? 내가 땅의 일을 말하여도 너희가 믿지 아니하거든 하물며 하늘의 일을 말하면 어떻게 믿겠느냐

I have spoken 나는 이미 말했다 to you 너희에게 of 한정되는 것은 earthly things 땅의 것을 and you do not believe 그리고 너희들은 않는구나 믿지를 ; how then will 어떻게 그때 할 것인가? you believe 너희가 믿기를 if I speak 만일 내가 말한다면 of 한정되는 것은 heavenly things 하늘의 것을?

13 No one has ever gone into heaven except the one who came from heaven -the Son of Man. 하늘에서 내려온 자 곧 인자 외에는 하늘에 올라간 자가 없느니라

No one 아무도 없나니 has ever 이미 한 적이 gone 갔었고 into 방향은 안쪽으로 heaven 하늘에 except 제외하고 the one 사람, 자 who 그자는 came 왔고 from 출발지는 heaven 하늘 -the Son of Man 인자

14 Just as Moses lifted up the snake in the desert, so the Son of Man must be lifted up, 모세가 광야에서 뱀을 든 것 같이 인자도 들려야 하리니

Just as 마치처럼 Moses lifted up 모세가 들었나니 the snake 뱀을 in 둘러싸고 있는 것은 the desert, 광야에서 so 그래서 the Son of Man 인자도 must 해야만 하는 것이 be lifted 들어올려져야 up 위쪽으로

Moses lifted up the snake 모세는 뱀을 들어올린 주체가 되니 능동문이 되고 the snake은 들어 올려지니 수동태 be lifted up이 된다. 비유적으로 예수님 자신이 십자가에 달림을 암시하고 있다.

15 that everyone who believes in him may have eternal life. 이는 그를 믿는 자마다 영생을 얻게 하려 하심이니라

that 결과적으로 everyone 모두가 who 그들이 believes 믿고 in 둘러싸고 있는 것은 him 그를
may 위함이니라 have 가지게 eternal life 영생을
★ that ~ may V는 동사하기 위함이라

16 For God so loved the world that he gave his one and only Son, that whoever believes in him shall not perish but have eternal life. 하나님이 세상을 이처럼 사랑하사 독생자를 주셨으니 이는 그를 믿는 자마다 멸망하지 않고 영생을 얻게 하려 하심이라

For ~말미암아 God so 하나님이 이처럼 loved the world 세상을 사랑하사 that 결과적으로 he gave 그는 주셨으니 his one and only Son 독생자를, that 결과적으로 whoever 누구든지 believes 믿다 in 둘러싸고 있는 것은 him 그 분 shall not perish 멸망하지 않고 but have eternal life 영생을 가지게 함이다

whoever believes in him 'whoever believes'는 him의 부분 집합적 의미이다. 그분(him) 안에 믿는 자는 누구든지(whoever believes) 들어 있다. shall not perish but have eternal life. not A but B이다. 멸망하지 않고 영생을 얻게 하려 함이라

17 For God did not send his Son into the world to condemn the world, but to save the world through him. 하나님이 그 아들을 세상에 보내신 것은 세상을 심판하려 하심이 아니요 그로 말미암아 세상이 구원을 받게 하려 하심이라

For God did not 이는 하나님이 않았다 send 보내셨나니 his Son 아들을 into 방향은 the world 세상으로 to condemn 나아가 하고자 하는 바는 정죄하는 것이고 그 대상은 the world 세상 사람들을, but to save 나아가 하고자 하는 바는 구원하는 것이고, 그 대상은 the world 세상 이다 through 통과하는 것은 him 그분이다

문장이 완벽히 완료되고는 to + R이 쓰여 앞으로 하고자 하는 일을 나타낸다(영어특징). to R은 형용

사, 명사, 절 뒤에 쓰여져 결국에 하고자 하는 바를 R(동사원형)으로 나타낸다는 것이다. 영어에서 매우 많이 쓰인다.

18 Whoever believes in him is not condemned, but whoever does not believe stands condemned already because he has not believed in the name of God's one and only Son. 그를 믿는 자는 심판을 받지 아니하는 것이요 믿지 아니하는 자는 하나님의 독생자의 이름을 믿지 아니하므로 벌써 심판을 받은 것이니라

Whoever 누구든지 believes 믿는다 in 둘러싼 것은 him 그분 is not 현재 상태로는 아니다 condemned 정죄받지, but whoever 그러나 누구든지 does not believe 믿지 않는다 stands 서게 된다 condemned 정죄받고 already 이미 because 이유는 he has 그가 이미 not believed in 믿지 않았기에 the name 이름을 of 한정되는 것은 God's one and only Son 하나님의 독생자 아들을

whoever는 관계대명사 선행사를 포함한다. anyone who와 같다. have + P.P는 '이미 P.P(동사)했다'라는 뜻이다. believe in은 ~의 존재를 믿다.

19 This is the verdict: Light has come into the world, but men loved darkness instead of light because their deeds were evil. 그 정죄는 이것이니 곧 빛이 세상에 왔으되 사람들이 자기 행위가 악하므로 빛보다 어둠을 더 사랑한 것이니라

This is 이것은 the verdict 평결이다: Light has come 빛은 이미 왔다 into 방향은 안쪽으로 the world 세상사람들, but men loved 그러나 사람들은 사랑했느니라 darkness instead of light 어둠을 대신에 빛 because 그 이유는 their deeds were 그 이유는 그들의 행위는 이다 evil 악마

20 Everyone who does evil hates the light, and will not come into the light for fear that his deeds will be exposed. 악을 행하는 자마다 빛을 미워하여 빛으로 오지 아니하나니 이는 그 행위가 드러날까 함이요

Everyone 모든 사람은 who 그들은 does evil 행하고 악을 hates the light 싫어하나니 빛을, and will not 그리고 않을 것이니 come 오지를 into 방향은 안으로 the light 빛 for fear that 그 이유는 두려움으로 인하여 his deeds will 그의 행위가 ~일 거야 be exposed 드러나게 됨을

21 But whoever lives by the truth comes into the light, so that it may be seen plainly that what he has done has been done through God. 진리를 따르는 자는 빛으로 오나니 이는 그 행위가 하나님 안에서 행한 것임을 나타내려 함이라 하시니라 그는 흥하고 나는 쇠하여야 하리라

But 그러나 whoever lives 사람들은 살고 있는 by the truth 진리로 comes into the light 빛으로 오나니 so that 그리하여 it may 그것은 위함이라 be seen 보여지기를 plainly 솔직하게 that 그리하여 결과를 나나태는 that절 what 것 he has 그가 이미 done 행한 것 has been 이미 존재하기를 done 행했다 through 통과하는 것은 God 하나님

that (what he has done) has been done ( )을 보면 what =the thing that이니까 선행사는 the thing이고 관계사는 that이며 이것은 그가 행한 목적어에 해당된다. 그리고 명사덩어리가 되어 접속시 that절의 주어가 된 것이다.

22 After this, Jesus and his disciples went out into the Judean countryside, where he spent some time with them, and baptized. 그 후에 예수께서 제자들과 유대 땅으로 가서 거기 함께 유하시며 세례를 베푸시더라

After 직전에 일어난 일은 this 이 일 Jesus and his disciples went 예수님과 그의 제자들은 갔다 out 밖으로 into 방향은 안쪽으로 the Judean countryside 유대땅 where he spent some time 그곳에서 시간을 보내시며 with them 함께하는 것은 그들이고, and baptized 세례를 주셨다

동사 go는 out를 시용하여 방향을 나타내고, into를 시용하여 분명한 목적을 나타냈다. 장소가 나오면 where 절을 시용하여 구체적으로 설명한다.

23 Now John also was baptizing at Aenon near Salim, because there was plenty of water, and people were constantly coming to be baptized. 요한도 살렘 가까운 애논에서 세례를 베푸니 거기 물이 많음이라 그러므로 사람들이 와서 세례를 받더라

Now John also 이제 요한 역시 was 상태는 과거 baptizing 세례를 주고 있었으니 at 점으로 접하는 것은 Aenon 애논에서 near Salim 근처는 살렘이고, because there was 이유는 있음이라 plenty of water 많은 물이 and people were 그리고 사람들이 있었다 constantly coming 연속하여 끊임없이 오니 **to be baptized** 세례를 받으려고

24 **(This was before John was put in prison.)** 요한이 아직 옥에 갇히지 아니하였더라

(This was 이것은 이었다 before 직후에 일어난 일은 John was put 요한은 놓여졌다 in prison 감옥에)

순차적으로 해석하는 영어의 before절은 앞 문장이 있고 '그런 직후에' 이다 요한이 옥에 갇히는 것이므로 수동태(be + P.P)가 쓰였다. put in prison 옥에 투옥되다.

25 **An argument developed between some of John's disciples and a certain Jew over the matter of ceremonial washing.** 이에 요한의 제자 중에서 한 유대인과 더불어 정결 예식에 대하여 변론이 되었더니

An argument developed 논쟁이 전개되었다 **between** 둘 사이에서 **some** 몇 명은 **of** 한정되는 것은 **John's disciples** 요한의 제자들과 **and a certain Jew** 어떤 유대인 사이에서 **over** 연관되는 것은 **the matter of ceremonial washing** 정결예식이다
논쟁이 전개되다 **develope**를 사용하고, 관련된 문제는 **over**를 사용한다.

26 **They came to John and said to him, "Rabbi, that man who was with you on the other side of the Jordan—the one you testified about--well, he is baptizing, and everyone is going to him."** 그들이 요한에게 가서 이르되 랍비여 선생님과 함께 요단 강 저편에 있던 이 곧 선생님이 증언하시던 이가 세례를 베풀매 사람이 다 그에게로 가더이다

They came 그들이 갔다 **to** 도달하는 곳은 **John** 요한에게 **and said** 그리고 말했다 **to him** 그에게, **"Rabbi** 선생님, **that man** 그 사람은 **who** 그분은 **was** 상태는 과거 있었고 **with** 함께하는 것은 **you** 당신과 **on** 접하는 면은 **the other side** 다른 쪽이고 **of** 한정되는 것은 **the Jordan** 요르단 강가의—**the one** 그분은 **you testified** 당신이 증언한 **about** 관하여—**well** 그러니까, **he is baptizing** 그분이 지금 상태는 세례를 주시고 계십니다요, **and everyone is** 그리하여 모든 사람의 현재 상태는 **going to him** 가고 있었다, 향한 곳은 그에게로"

27 **To this John replied, "A man can receive only what is given him from heaven."**
요한이 대답하여 이르되 만일 하늘에서 주신 바 아니면 사람이 아무것도 받을 수 없느니라

To this 이에 대하여 John replied 요한이 말하길, A man 사람은 can receive 능히 받는 것이 only 단지 what 것, 그것은 is given 주어진 him 그에게 from 출발지는 heaven 하늘
★ only what is given him은 only the thing that is given him이 된다.

28 You yourselves can testify that I said, 'I am not the Christ but am sent ahead of him.' 내가 말한 바 나는 그리스도가 아니요 그의 앞에 보내심을 받은 자라고 한 것을 증언할 자는 너희니라

You yourselves 너 자신이 can testify 능히 증언한다, that절을 that 증언하는 것은 that절이다 I said 내가 말한, 'I am not 나는 아니다 the Christ 그리스도 but am sent 하지만 보냄을 받았다. ahead of him 바로 직후에는 그분'

29 The bride belongs to the bridegroom. The friend who attends the bridegroom waits and listens for him, and is full of joy when he hears the bridegroom's voice. That joy is mine, and it is now complete. 신부를 취하는 자는 신랑이나 서서 신랑의 음성을 듣는 친구가 크게 기뻐하나니 나는 이러한 기쁨으로 충만하였노라

The bride belongs 신부는 속하나니 to 대상은 the bridegroom 신랑에게. The friend 친구는 who 친구인데 attends 참석한다 the bridegroom 신랑 waits and listens 듣고 기다리니 for 대상은 him 그를, and is 그리고 현재 상태로는 이다 full 충만한 of 한정되는 것은 joy 기쁨으로 when 때는 he hears 그가 듣는 the bridegroom's voice 신랑의 음성을. That joy 그 기쁨은 is 현재 상태로는 이다 mine 내것, and 그리고 it is 이것은 이다 now complete 완전하니라

30 He must become greater; I must become less. 그는 흥하여야 하겠고 나는 쇠하여야 하리라 하니라

He must 그분은 해야 한다 become greater 더 위대하게 되다; I must 나는 해야 한다 become less 더 작게 되다

31 The one who comes from above is above all; the one who is from the earth belongs to the earth, and speaks as one from the earth. The one who comes from heaven is above all. 위로부터 오시는 이는 만물 위에 계시고 땅에서 난 이는 땅에 속하여

땅에 속한 것을 말하느니라 하늘로부터 오시는 이는 만물 위에 계시나니

The one 그분은 who 그분인데, 그분이 comes 오신다 from 출발지는 above 위에서 is 현재 상태로 이다 above 위에 all 모두; the one 그분은 who 그분이시고 그분은 is 현재 상태는 이다 from 출발지는 the earth 땅 belongs 속한다 to 도달하는 것은 the earth 땅에, and speaks 그리고 말한다 as one 사람으로서 from 출발지는 the earth 땅에서 The one 그분은 who 그분인데 그분은 comes 오신 from 출발지는 heaven 하늘에서 is 현재 상태는 이다 above 위에서 all 모두

(응용) 서울역에 가는 버스 a bus which goes to the Seoul station,
죽은 자 가운데에서 제일 먼저 살아나신 분 the first who has been born from the dead

32 He testifies to what he has seen and heard, but no one accepts his testimony.
그가 친히 보고 들은 것을 증언하되 그의 증언을 받는 자가 없도다

He testifies 그분은 증언하시길 to 도달하는 것은 what 것 he has 그가 이미 seen 보았던 and heard 그리고 들었던, but 그러나 no one 아무도 없다 accepts 받아들이다 his testimony 그 분의 증거를

33 The man who has accepted it has certified that God is truthful. 그의 증언을 받는 자는 하나님이 참되시다는 것을 인쳤느니라

The man 그분은 who 그분이고, 그분은 has accepted 이이 받았다 it 그것을 has certified 이미 인정하셨다, that절을 that God is truthful 하나님은 참되시다는 것을

34 For the one whom God has sent speaks the words of God, for God gives the Spirit without limit. 하나님이 보내신 이는 하나님의 말씀을 하나니 이는 하나님이 성령을 한량 없이 주심이니라

For 이는 말미암음이니라 the one 그분은 whom 그분인데 God 하나님께서 has sent 이미 보내신 speaks 말한다 the words 말씀을 of 한정되는 것은 God 하나님, for 이는(때문이라) God gives 하나님이 주신다 the Spirit 성령을 without 함께하지 않는 것은 limit 제한, 한량없이
the one whom으로 시작하는 문장은 whom 뒤에 주어가 나온다는 관계사 목적절이고 이때는 목적

어인 선행사를 받는 동사나 전치사나 반드시 있어야 한다.

35 The Father loves the Son and has placed everything in his hands. 아버지께서 아들을 사랑하사 만물을 다 그의 손에 주셨으니

The Father loves 아버지는 사랑하사 the Son 아들을 and has placed 그리고 이미 놓으셨다 everything 모든 것을 in his hands 아들의 손에

36 Whoever believes in the Son has eternal life, but whoever rejects the Son will not see life, for God's wrath remains on him. 아들을 믿는 자에게는 영생이 있고 아들에게 순종하지 아니하는 자는 영생을 보지 못하고 도리어 하나님의 진노가 그 위에 머물러 있느니라

Whoever believes in the Son 누구든지 믿는 아들을(단어를 해석하며 나열하였다면 이제는 명사덩어리 하나를 통째로 하는 연습을 하자는 의미이다) has 갖는다 eternal life 영생을, but 그러나 whoever 누구든지 rejects 거절하면 the Son 아들을 will not 못할 것이다 see life 보다 생명을, for 이는 ~ 때문이니라 God's wrath remains 하나님의 진노가 남아 있다 on 접하는 면은 him 그 사람에게

whoever believer in the Son은 복합관계대명사로 선행사를 포함한다. 이렇게 하지 말고 whoever는 who의 용법과 같으며 해석은 순서적으로 한다. '누구든지 믿는다 아들을' 이렇게 숙달하고 나면 관계사 문장은 마스터된다.

The Gospel
according to St. John

요한복음 4장

The Gospel according to St. John

요한복음 4장

01 The Pharisees heard that Jesus was gaining and baptizing more disciples than John. 예수께서 제자를 삼고 세례를 베푸시는 것이 요한보다 많다 하는 말을 바리새인들이 들은 줄을 주께서 아신지라

The Pharisees heard 바리새인들이 들었다 that절 이하를 that Jesus was gaining 예수 께서 얻고 있다는 것과 and baptizing 세례를 주고 계신다는 것을 more disciples 더 많은 제자 들을 than John 요한보다도

02 although in fact it was not Jesus who baptized, but his disciples. 사실은 예수께 서 세례를 베푸신 것이 아닐지라도, 제자들이 베푼 것이라

although in fact 비록 ~일지라도 사실은 it was not 아니다 Jesus 예수님은 who 그분은 baptized 세례를 주시고, but his disciples 제자들이
★ it was not Jesus who baptized : it is ~ who~ 강조구문이다.

03 When the Lord learned of this, he left Judea and went back once more to Galilee. 주님께서 이를 들으시고, 유대를 떠나사 다시 갈릴리로 가실새

When 때는 the Lord learned 주님께서 들으셨다 of 한정되는 것은 this 이것을 he left 예수님 은 떠나셨다 Judea 유대 땅을 and went back 그리고 가셨다 뒤돌아 once more 한 번 더 to 도달하는 장소는 Galilee 갈릴리 땅으로

went back once more to 장소 : 다시 한 번 더 장소로 되돌아가셨다. 이렇게 외우고 나면 기억 되지 않는다. 기억을 위해서는 무조건 글이 쓰인 순서대로 빨리 본다. '가셨다 되돌아서 한 번 더 '도달하 는 곳'은 '장소로' 이렇게 훈련하면 기억도 잘 되지만 외국어 방송(뉴스 및 강의)이 들리게 된다.

04 Now he had to go through Samaria. 사마리아를 통과하여야 하겠는지라

Now 이제 he 그분은 had to go 가야만 하셨다 through 통과하는 것은 Samaria 사마리아

동사 go는 through를 동반하여 사마리아를 통과하여 가신다. 순서대로 이미지를 상상해 보자. 예수님께서 가시고 통과하는 곳은 사마리아이다.

05 So he came to a town in Samaria called Sychar, near the plot of ground Jacob had given to his son Joseph. 사마리아에 있는 수가라 하는 동네에 이르시니 야곱이 그 아들 요셉에게 준 땅이 가깝고

So 그래서 he came 예수께서 가시길 to 도달하는 곳은 a town 마을이고 in 둘러싸는 것은 Samaria 사마리아인데 called Sychar 불리워진다 수가라고, near 근처에 the plot 구획 of ground 땅의 구획 Jacob had given 야곱이 이미 주신 to 대상은 his son Joseph 그의 아들 요셉에게

동사 came은 도달 장소 to를 동반했다. a town in Samaria 마을은 둘러싸고 있는 것은(in) 사마리아이다. Samaria called Sychar 사마리아 불리워지는 수가 Samaria (which has been) called Sychar이다. 야곱이 이미 그의 아들에게 준 땅 : 관계사절 목적격이다. the plot of ground Jacob had given to his son Joseph. 이제 쉽게 보일 것이다. N + SV 구조이다.

06 Jacob's well was there, and Jesus, tired as he was from the journey, sat down by the well. It was about the sixth hour. 거기 또 야곱의 우물이 있더라 예수께서 길 가시다가 피곤하여 우물 곁에 그대로 앉으시니 때가 여섯 시쯤 되었더라

Jacob's well 야곱의 샘이 was there 거기에 있었고 and Jesus 예수님도 tired 피곤해지셨으므로 as he was 이유는 그는 있었고 from 출발지는 the journey 여행에서 sat down 앉으셨다 by the well 우물가에 It was 시간은 이었다 about 대략은 the sixth hour 약 여섯 시쯤이었다

~ing로 시작하고, S + V구문을 분사구문이라고 하고, S의 동작을 나타낸다. ~ed로 시작하고, S + V구문을 분사구문이라고 하고, S의 상태를 나타낸다. (Being) tired as he was from the journey, sat down by the well

07 When a Samaritan woman came to draw water, Jesus said to her, "Will you give me a drink?" 사마리아 여자 한 사람이 물을 길으러 왔으매 예수께서 물을 좀 달라 하시니

When 동시에 일어난 일은 a Samaritan woman came 사마리아 한 여인이 왔다 to draw 앞으로 나아가 하고자 하는 일은 물을 긷는 water 물 Jesus said 예수께서 말씀하셨다 to her 그녀에게 "Will you 할 거야. 당신은 give 주겠는가? me a drink? 나에게 물을

동사 came은 자동사이므로 완전문장을 이루었다 그래서 to + R로 앞으로 하려는 일을 나타낸다. 문장이 단정으로 끝나면 원인, 이유를 설명할 때는 because절을 사용한다. 목적을 나타내는 경우는 for that절에 may를 쓴다.

08 (His disciples had gone into the town to buy food.) 이는 제자들이 먹을 것을 사러 그 동네에 들어갔음이러라

(His disciples had 그의 제자들이 이미 gone 갔다 into 방향은 안쪽으로 the town 동네 안으로 to buy 하고자 하는 바는 사는 것 food 음식을)
동사 go는 전치사 into를 동반하여 움직인 방향을 나타낸다.

09 The Samaritan woman said to him, "You are a Jew and I am a Samaritan woman. How can you ask me for a drink?" (For Jews do not associate with Samaritans.) 사마리아 여자가 이르되 당신은 유대인으로서 어찌하여 사마리아 여자인 나에게 물을 달라 하나이까 하니 이는 유대인이 사마리아인과 상종하지 아니 함이러라

The Samaritan woman said 사마리아 여자가 말했다 to 도달하는 곳은 him 그에게 "You are 당신은 이다 a Jew 유대인이고 and I am 그리고 나는 입니다 a Samaritan woman 사마리아 여인이다 How can 어찌 능히 you ask 당신이 묻는 것이 me 나에게 for 대상은 a drink 물을 요청하는 것이?" (For 이는 ~때문이더라 Jews do not 유대인들은 ~않다 associate 상종하다 with 함께하는 것은 Samaritans 사마리아 사람들)

10 Jesus answered her, "If you knew the gift of God and who it is that asks you for a drink, you would have asked him and he would have given you living water." 예수께서 대답하여 이르시되 네가 만일 하나님의 선물과 또 네게 물 좀 달라 하는 이가 누구인 줄 알았더라면 네가 그에게 구하였을 것이요 그가 생수를 네게

Jesus answered 예수께서 대답하시되 her 그녀에게 "If you knew 만일 당신이 알았더라면 the gift of God 하나님의 선물 and 드리고 who it is 누구인지를 that 그분이 asks 요청한다

you 당신에게 **for** 요청하는 대상은 **a drink** 물을 **you would** 당신은 ~하였으리라 **have** 이미 **asked him** 요구했다 그에게 **and he would** 그는 ~하였으리라 **have** 이미 **given** 주었으리라 **you living water** 그에게 생수를."(가정법 과거완료 문장, 요1장 33절 참조)

동사 **answer**는 '~~에게 답변하다' 뜻일 때 전치사를 동반하지 않음에 주의. 그러나 **said**는 그 대상인 **to**를 동반한다. 가정법 과거완료 문장은 과거사실에 반대되는 뜻을 나타낸다. 주절에는 **would have P.P**를 쓰고, 종속절에는 **have P.P**(또는 과거동사)를 쓴다.

11 "Sir," the woman said, "you have nothing to draw with and the well is deep. Where can you get this living water?" 여자가 이르되 주여 물 길을 그릇도 없고 이 우물은 깊은데 어디서 당신이 그 생수를 얻겠사옵나이까.

"Sir," the woman said 선생님, 여자가 말하길 "you have 당신은 가지셨군요 nothing 아무것도 없음을 to draw 나아가 하고자 하는 것은 물 길는 것인데 with 도구 and 그리고 the well 샘물은 is 현재 상태는 이다 deep 깊은데. Where 어디서 can 능히 you 당신이 get 얻는 것이 this living water 이 생수를?"

12 Are you greater than our father Jacob, who gave us the well and drank from it himself, as did also his sons and his flocks and herds? 우리 조상 야곱이 이 우물을 우리에게 주셨고 또 여기서 자기와 자기 아들들과 짐승이 다 마셨는데 당신이 야곱보다 더 크니이까

Are you 인가요? 당신이 greater 더 크시나이까? than 비교대상은 our father 우리의 조상 Jacob 야곱 who gave 그 분은 주셨다 us the well 우리에게 우물을 and drank 그리고 마시게 했다 from 출발지는 it 그 샘물로 himself 그 자신과, as(so가 더 분명하지 않을까? 저자 생각) did 행위를 했다(대동사임) also his sons 역시 그의 아들이 and his flocks and herds 짐승 무리들?

13 Jesus answered, Everyone who drinks this water will be thirsty again, 예수께서 대답하여 이르시되 이 물을 마시는 자마다 다시 목마르려니와

Jesus answered 예수께서 대답하시길 Everyone 사람마다, 누구든지, 모든 사람은 who 그 사람은 drinks 마신다 this water 이 물을 will 리리니 be thirsty 목마르게 again 다시

Everyone who drinks this water 명사덩어리로 관계사절을 포함한다. 관계사절 훈련방법은 '사람은 그 사람인데 마시는 이 물을' 이렇게 훈련한다. 자세한 것은 서문(prologe) 참조

14 but whoever drinks the water I give him will never thirst. Indeed, the water I give him will become in him a spring of water welling up to eternal life. 내가 주는 물을 마시는 자는 영원히 목마르지 아니하리니 내가 주는 물은 그 속에서 영생하도록 솟아나는 샘물이 되리라

but 그러나 whoever 누구든지, 사람마다, 모든 사람은 누구든지 drinks 마시는 the water 이 물은 I give 내가 주는 him 그에게 will never 않을 것이다 thirst 목마른 Indeed 진정으로 the water 이 물은 I give 내가 주는 him 그에게 will become 되리라 in 둘러싸는 것은 him 그 사람, 그 사람 안에서 a spring 샘물이 of 한정되는 것은 water 샘물이고 welling 그 샘물은 솟아난다 up 위로 to 그래서 도달하는 곳은 eternal life 영생

명사(N) + 주어＋동사(SV) 구조는 자주 많이 사용되는 명사덩어리이다. 동사 well은 솟아 오르니 up을 동반하여 방향을 나타내고, 맞닿는 곳인 to를 동반하여 도착하는 곳까지 표현한다. well up to 영생, 이 얼마나 멋진 영어 문장인가? whoever drinks the water I give him will never thirst 복합관계사가 주어이고 will never thirst가 동사이다.

15 The woman said to him, "Sir, give me this water so that I won't get thirsty and have to keep coming here to draw water." 여자가 이르되 주여 그런 물을 내게 주사 목마르지도 않고 또 여기 물 길러 오지도 않게 하옵소서

The woman said 여자가 말하길 to him 그분께 "Sir, give me this water 나에게 그 물을 주소서 so that 그리하여 I won't 내가 하지 않도록 get thirsty 목 마르고 and have 가지다 to keep 나아가서 하고자 하는 바는 유지하도록(계속 ~하도록) coming 오는 것을 here 여기에 to draw 나아가 하고자 하는 바는 물을 길는 것 water 물을"

문장이 완성되고, 그 결과를 나타낼 때는 so that절에 조동사를 써서 나타낸다. 여기서는 ~will V~을 써서 그 결과를 나타냈다. 참고로 원인을 나타내고자 하는 경우는 because절을 목적을 나타낼 때는 for절에 조동사를 쓰기도 한다. 그리고 앞으로 나아가서 하고자 하는 바를 to R를 사용한다.

16 He told her, "Go, call your husband and come back." 이르시되 가서 네 남편을 불러

오라

He told 말씀하시길 **her** 그녀에게 "**Go** 가서, **call** 불러오라 **your husband** 네 남편을 **and come back** 다시 오라"

동사 tell은 I.O D.O를 취하는 4형식 동사이다. 가서 아빠를 모셔오라는 go get father, go see 는 가서 보라. 현대영어에서 쓰이는 표현

17 "I have no husband," she replied. 여자가 대답하여 이르되 나는 남편이 없나이다

"**I have no** 나는 없나이다 **husband** 남편이" **she replied** 그녀가 말했다

영어에서 '~이 없다'를 표현하는 데는 명사를 부정하여 부정형 명사를 쓰는 것이 특징임. 부정명사를 사용하여 주어를 쓰던지, 부정명사를 사용하여 목적어를 사용한다는 것이 영어의 특징이다.

18 Jesus said to her, "You are right when you say you have no husband. The fact is, you have had five husbands, and the man you now have is not your husband. What you have just said is quite true." 예수께서 이르시되 네가 남편이 없다 하는 말이 옳도다. 너에게 남편 다섯이 있었고 지금 있는 자도 네 남편이 아니니 네 말이 참되도다

Jesus said 예수께서 말씀하시길 **to her** 그녀에게 "**You are right** 옳도다 **when you say** 네가 말할 때 **you have** 네가 가지고 있다 **no husband** 남편이 아닌 것을, 남편 아닌 남편을 **The fact is** 사실은 이다 **you have** 너는 이미 **had** 가졌었느니라 **five husbands** 5명의 남편을 **and** 그리고 **the man you now have** 남자는 네가 지금 가지고 있는 **is not** 현재 상태로는 아니다 **your husband** 너의 남편이 **What** 것은 **you have** 너가 이미 **just said** 방금 말했다 **is** 상태는 현재이고 이다 **quite** 아주 상당히 **true** 진실하다"

명사+SV 형태이다 the man you now have 당신이 지금 가지고 있는 사람(그러나 항상 순서대 로 해석하는 것이 습관화가 되면, 머릿속에서는 전광석처럼 빛의 속도로 깔끔하게 한국말로 정리가 된 다). What you have just said 네가 지금 방금 한 말. 선행사를 포함하는 관계사 what은 the thing that과 같다.

19 "Sir," the woman said, "I can see that you are a prophet. 여자가 이르되 주여 내가 보

니 선지자로소이다

"Sir," the woman said 여자가 이르되 "I can see 저는 능히 알수 있나니다 구분할 수 있나이다 that절 이하를 that you 당신은 are 현재 상태로 이다 a prophet 선지자

20 Our fathers worshiped on this mountain, but you Jews claim that the place where we must worship is in Jerusalem. 우리 조상들은 이 산에서 예배하였는데 당신들의 말은 예배할 곳이 예루살렘에 있다 하더이다

Our fathers worshiped 우리의 조상들은 경배하기를 on 면으로 접하는 것은 this mountain 이 산 but 하지만 you 당신들 Jews 유대인들이 claim 주장하는 바는 that절 이하인데 that the place 장소 where 그 장소는 장소인데 (where) we must 우리가 해야 하는 worship 경배하는 is 현재 상태로 이다 in 둘러싸는 것은 Jerusalem 예루살렘

영어의 특징은 장소가 나오면 그 장소는 where로 받아서 설명한다. 누구나 알 수 있는 the place를 굳이 쓰지 않아도 되므로 생략한 것임. 그리고 그 장소에서 말하고자 하는 경우는 on which로, 그 장소 안에서는 in which로 바꾸어 쓸 수 있다. 이것을 알면 여러분의 영어는 한층 더 업그레이드가 된다. Dr. Kwak leads a movement to bulid a world in which the majority of Korean can speak freely english through his book처럼 말이다.

21 Jesus declared, "Believe me, woman, a time is coming when the place where we must worship neither on this mountain nor in Jerusalem." 예수께서 이르시되 여자여 내 말을 믿으라 이 산에서도 말고 예루살렘에서도 말고 너희가 아버지께 예배할 때가 이르리라

Jesus declared 예수께서 선언하시길 "Believe me 내 말을 들으라 woman 여자여 a time 때가 is 현재 상태로 이다 coming 오는 중이다 when 때 you will 당신이 하리니 worship 경배 드리다 the Father 아버지에게 neither 아니고 on 면으로 접하는 것은 this mountain 이산 nor ~도 아니다 in 둘러싼 것은 Jerusalem 예루살렘

22 You Samaritans worship what you do not know; we worship what we do know, for salvation is from the Jews. 너희는 알지 못하는 것을 예배하고 우리는 아는 것을 예배하노니 이는 구원이 유대인에게서 남이라

You Samaritans worship 당신 사마리아인들은 경배하니라 what 것을 you 당신들이 do not know 알지 못하는; we worship 우리는 경배하노라 what we do know 우리가 잘 아는 것들을 for 이는 말미암음이니라 salvation 구원이 is 현재 상태는 이다 from 출발지는 the Jews 유대인에서

23 Yet a time is coming and has now come when the true worshipers will worship the Father in spirit and truth, for they are the kind of worshipers the Father seeks. 아버지께 참되게 예배하는 자들은 영과 진리로 예배할 때가 오나니 곧 이때라 아버지께서는 자기에게 이렇게 예배하는 자들을 찾으시느니라

Yet a time is coming 그러나 때가 오고 있고 and has 그리고 이미 now come 이제 왔나니 when the true worshipers will 진실한 예배자가 미래에 할 거야 worship the Father 아버지께 예배드리다 in spirit and truth 영과 진리로 for 왜냐하면 때문이다 they are 그들은 현재 상태는 이다 the kind 이런 종류 of 한정되는 것은 worshipers 경배자들을 the Father seeks. 아버지가 찾으시는

명사(N)+S+V구조는 매우 많이 쓰인다. 명사(명사덩어리)+S+V는 선행사(관계사생략 that, which) S+V구조이다. 매우 중요하다.

24 God is spirit, and his worshipers must worship in spirit and in truth. 하나님은 영이시니 예배하는 자가 영과 진리로 예배할지니라

God is 하나님은 현재 상태로 이시다 spirit 영 and his worshipers must 그러니 예배자들이 해야 한다. worship in 예배드리다 spirit and in truth 신령과 진정(진실, 진리)

25 The woman said, "I know that Messiah" (called Christ) "is coming. When he comes, he will explain everything to us." 여자가 이르되 메시야 곧 그리스도라 하는 이가 오실 줄을 내가 아노니 그가 오시면 모든 것을 우리에게 알려 주시리이다

The woman said 여자가 말하길 "I know 나는 알아요, that이하를 that Messiah" (called Christ) 메시야 불리우는 그리스도라 "is coming 현재 상태는 오실 거야. When he comes 그가 오시면 he will explain 그가 설명해 주리라 everything to us. 모든 것을 대상(to)은 우리에게"

명사가 나오고 그 명사가 분명하지 않을 경우에는 반드시 그 명사를 설명해 주어야 하는 데, 제일 많이 쓰이는 것이 관계사절(80%정도)이고 분사(17%정도)(현재분사, 과거분사)이다. Messiah (which was)called Christ이다.

26 Then Jesus declared, "I who speak to you am he." 예수께서 이르시되 네게 말하는 내가 그라 하시니라

Then Jesus declared 예수께서 이르시실 "I who speak to you 내가 나(who) 말하는 대상 (to)은 너 am he 그이다"

27 Just then his disciples returned and were surprised to find him talking with a woman. But no one asked, "What do you want?" or "Why are you talking with her?" 이때에 제자들이 돌아와서 예수께서 여자와 말씀하시는 것을 이상히 여겼으나 무엇을 구하시나이까 어찌하여 그와 말씀하시나이까 묻는 자가 없더라

Just then 바로 이때에 his disciples returned 제자들이 돌아왔고 and were surprised 그리고 놀라 버렸다 to find 알고는 him talking 그분이 말하는 것을 알고는 with a woman 함께 하는 것이 여자랑 But no one asked 그러나 아무도 묻지 않았다 "What do you want? 무엇을 원하느냐고?" or "Why are you talking with her? 왜 말하느냐, 여자랑?"

28 Then, leaving her water jar, the woman went back to the town and said to the people, 여자가 물동이를 버려 두고 동네로 들어가서 사람들에게 이르되

Then 그리하여 leaving her water jar 남겨두고는 물동이를 the woman went back 여자가 되돌아가서 to the town 마을로 and said 그리고 말했다 to the people 사람들에게

문장이 ~ing로 시작하면 분사구문이고, 주절의 주어의 행위를 나타낸다. 주어는 the woman이다.

29 "Come, see a man who told me everything I ever did. Could this be the Christ?" 내가 행한 모든 일을 내게 말한 사람을 와서 보라 이는 그리스도가 아니냐 하니

"Come 와서 see 보라 사람을 a man who told me 나에게 말한 everything I ever did 내가 한 적이 있는 행했던 Could this be 가능한 이것이 the Christ 그리스도?"

동사가 연이어 사용된다 go see, come see, go get 등. 현대영어에서 자주 사용하는 표현이다. go to see, come to see, go to get의 표현이다. 뜻은 순서대로 해석해야 한다. 즉 go 해서 나아가서 하고자 하는 바는 see하는 것이다. 매우 매우 아주 많이 중요한 개념이다.

30 They came out of the town and made their way toward him. 그들이 동네에서 나와 예수께로 오더라

They came 그들이 왔기를 out 밖으로 of the town 동네 and made their way 그리고 만들기를 그 길을 toward him 향하게 한 것은 그에게로

영어 감각을 느끼기 위해서는 문장이 쓰인 순서대로 읽고 받아들이는 능력을 길러야 한다. 그리고는 문장을 분석하기만 하면 그 문장은 완전히 내 것으로 소화가 되게 된다. 그렇게 되면 문장은 청크별로 자유자재로 구사하게 되는 것이다.

31 Meanwhile his disciples urged him, "Rabbi, eat something." 그 사이에 제자들이 청하여 이르되 랍비여 잡수소서

Meanwhile 그러는 한편에 his disciples urged 제자들이 주장했다 him, "Rabbi, eat something 랍비여 잡수세요"

urge는 5형식 동사임으로 목적어(him)가 주어가 되고, 목적보어 eat를 동사로 해석한다는 개념이 중요하다.

32 But he said to them, "I have food to eat that you know nothing about." 이르시되 내게는 너희가 알지 못하는 먹을 양식이 있느니라

But he said 그러나 그가 말하길 to them 그들에게 "I have food 양식이 있다 to eat 먹을 that you know nothing about 너희가 알지 못하는"

food to R(eat)을 음식이고 나아가서 먹고자 하는 대상은 that절로 봐도 된다. 또 하나는 food that you know nothing about을 관계사절로 봐도 될 것 같으나, 여기서는 문법책이 아니므로 본 저자는 순서적으로 보아 그냥 동사 eat의 명사절로 보는 것이 타당하다고 할 수 있다.

33 Then his disciples said to each other, "Could someone have brought him food?" 제자들이 서로 말하되 누가 잡수실 것을 갖다 드렸는가 하니

Then his disciples said 그때 제자들이 말하길 to each other 대상은 서로에게 "Could someone 가능성은 누가 have brought 이미 가져왔는가? him food 그에게 음식을?"

- ★ could은 정중한 의문문을 나타낸다.
- ★ 동사 bring은 4형식 동사로 간접목적어(사람 I.O)와 직접목적어(사물 D.O)를 취한다. 여기서 중요한 것은 순서를 바꾸면 D.O를 쓰면 뒤에는 to I.O를 쓴다는 것이다.

34 "My food," said Jesus, "is to do the will of him who sent me and to finish his work. 예수께서 이르시되 나의 양식은 나를 보내신 이의 뜻을 행하며 그의 일을 온전히 이루는 이것이니라

"My food 나의 양식은" said Jesus 예수께서 이르시되, is 이다 to do 나아가 하고자 하는 바는 행하는 것 the will 뜻을 of 한정하는 것은 him 그분이고 who 그분은 sent me 나를 보내신 분의 and to finish 그리고 나아가 하고자 하는 바는 완성하는 것 his work 그의 일을

주어+ be 동사+ to R에서 to R은 '~하는 것'이다. to R은 친화력이 좋아서 동사 다음에, 형용사 다음에, 명사 다음에, 문장이 완성되고 나서 to R이 쓰인다. 이 책을 읽으시는 분들은 자연스럽게 해석된다. 뜻은 '앞으로 나아가 하고자 하는 바는 R이다.

35 Do you not say, 'Four months more and then the harvest?' I tell you, open your eyes and look at the fields! They are ripe for harvest. 너희는 넉 달이 지나야 추수할 때가 이르겠다 하지 아니하느냐 그러나 나는 너희에게 이르노니 너희 눈을 들어 밭을 보라 희어져 추수하게 되었도다.

Do you 너희가 했지? not say 말하지 않았다 'Four months more 넉 달이 지나야 and then 그때에 the harvest 추수라고?' I tell you 너의 에게 말하노니 open your eyes 눈을 뜨고 and look at the fields 들판을 보라! They are ripe 곡식이 익었느니라 for 대상은 harvest 추수

36 Even now the reaper draws his wages, even now he harvests the crop for eternal life, so that the sower and the reaper may be glad together. 거두는 자가 이미 삯도 받

고 영생에 이르는 열매를 모으나니 이는 뿌리는 자와 거두는 자가 함께 즐거워하게 하려 함이라

Even now 심지어 지금 the reaper 거두는 자는 draws his wages 임금을 받았고 even now 심지어 지금 he harvests 그는 추수하였으니 the crop 열매를 for eternal life 영생을 위한 so that 그리하여 the sower and the reaper 씨앗 뿌리는 자와 거두는 자가 may be glad 기쁨을 나타내려 함이라 together 함께

완전문장 so that ~may V는 결과적으로 '~~하기 위함이다.' '~하려 함이다.' 문장이 완성되고 나서 부연 설명을 하고자 하는 경우에 목적은 so that절에 조동사를 사용한다는 사실이 중요하다.

37 Thus the saying 'One sows and another reaps' is true. 그런즉 한 사람이 심고 다른 사람이 거둔다 하는 말이 옳도다

Thus(고어, 그런고로) the saying 속담에 이르기를 'One sows 한 사람이 심고 and another 다른 사람이 reaps 거둔다' is true 옳도다

38 I sent you to reap what you have not worked for. Others have done the hard work, and you have reaped the benefits of their labor. 내가 너희로 노력하지 아니한 것을 거두러 보내었노니 다른 사람들은 노력하였고 너희는 그들이 노력한 것에 참여하였느니라

I sent you 내가 보냈느니라 너를 to reap 앞으로 나아가서 하려고 하는 것은 추수인데 what you have 것을 너희가 이미 not worked 일하지 않은 for 위해서 Others have 다른 이들은 이미 done 행하였느니라 the hard work 어려운 일을 and you have 그러면 당신은 이미 reaped 거두었다 the benefits 이익을 of 한정하는 것은 their labor 그들의 노동에

39 Many of the Samaritans from that town believed in him because of the woman's testimony, "He told me everything I ever did." 여자의 말이 내가 행한 모든 것을 그가 내게 말하였다 증언하므로 그 동네 중에 많은 사마리아인이 예수를 믿는지라

Many 많은 사람 of 한정하는 것은 the Samaritans 사마리아의 from 출발지는 that town 그 마을이고 believed 믿은 것은 in him 그의 존재를 믿었다 because of 말미암아 the woman's testimony 여자의 증언으로 "He told 그분은 말했다 me everything 나에게 모든 것을 I ever did 내가 행하였던"

명사 everything가 나왔고, 이를 확장하려 하는데 확장하는 말 안에 주어(내가)가 있으므로 every-thing that I ever did가 자연스럽게 나온다는 것이다.

40 So when the Samaritans came to him, they urged him to stay with them, and he stayed two days. 사마리아인들이 예수께 와서 자기들과 함께 유하시기를 청하니 거기서 이틀을 유하시매

So 그래서 **when the Samaritans came** 사마리아인들이 왔기에 **to him** 그에게 **they urged** 주장하기를 **him to stay** 그가 나아가서 하고자 하는 바는 머물라 **with them** 그들과 함께 **and he stayed** 그리고 그분께서는 머물렀다 **two days** 이틀을

동사 urge는 목적어와 to R(또는 R)을 사용하여 5형식 구문을 취하는 데, 중요한 것은 목적어는 주어 역활을 목적보어는 주격보어의 역할을 한다는 것이다. 동사 stay는 함께하는 대상은 전치사 with를 쓴다는 것이다.

41 And because of his words many more became believers. 예수의 말씀으로 말미암아 믿는 자가 더욱 많아

And because of his words 예수의 말씀으로 인하여 **many more** 더욱 많은 사람들이 **became believers** 되었다 믿음이 있는 자들이

'because of + 명사'는 전치사 명사 구조로서 '전명구' 뜻은 '~ 때문에'로 배웠으나, 우리 그리스도인들은 '~로 말미암아'로 해석하면 좋을 것이다.

42 They said to the woman, "We no longer believe just because of what you said; now we have heard for ourselves, and we know that this man really is the Savior of the world." 여자에게 말하되 이제 우리가 믿는 것은 네 말로 인함이 아니니 이는 우리가 친히 듣고 그가 참으로 세상의 구주신 줄 앎이라 하였더라

They said 그들이 말하길 **to the woman** 그 여자에게 "**We no longer believe** 우리는 더이상 믿지 않기를 **just because of** 단지 말미암음이니라 **what you said** 네가 말한 것으로; **now we have** 이제는 우리가 이미 **heard** 들었다 **for ourselves** 우리 스스로가 **and we know** 그리고 우리가 아노라 **that**절 이하를 **that this man really is** 이 분은 정말로 이니라 **the Savior**

구세주 of 한정되는 것은 **the world** 우리 세상

43 After the two days he left for Galilee. 이틀이 지나매 예수께서 거기를 떠나 갈릴리로 가시며

After 직전에 일어나는 일은 **the two days** 이틀이고 **he left** 그는 떠나셨다 **for Galilee** 방향은 갈릴리

44 (Now Jesus himself had pointed out that a prophet has no honor in his own country.) 친히 증언하시기를 선지자가 고향에서는 높임을 받지 못한다 하시고

(**Now** 이제는 **Jesus himself had** 예수님 자신께서 이미 **pointed out** 지적하셨느니라 **that**절 이하를 **that a prophet has** 선지자는 가졌다 **no honor** 영광없는 것을 **in his own country** 자기 고향에서)

45 When he arrived in Galilee, the Galileans welcomed him. They had seen all that he had done in Jerusalem at the Passover Feast, for they also had been there. 갈릴리에 이르시매 갈릴리인들이 그를 영접하니 이는 자기들도 명절에 갔다가 예수께서 명절중 예루살렘에서 하신 모든 일을 보았음이더라

When he arrived 즈음에 그분께서 도착하셨다 **in Galilee** 갈릴리지방에 **the Galileans** 갈릴리지방 사람들이 **welcomed him** 그분을 영접했다 **They had** 그들이 이미 **seen** 보았었다 **all** 모든 것들을 **that** 그것들은 **he had done** 그가 이미 행하셨던 **in** 둘러싸는 것은 **Jerusalem** 예루살렘에서 **at** 점으로 접하는 것은 **the Passover Feast** 유월절 축제 기간에 **for** 이는 말미암음이라 **they also** 그들도 역시 **had been** 이미 있었더라 **there** 그곳에

46 Once more he visited Cana in Galilee, where he had turned the water into wine. And there was a certain royal official whose son lay sick at Capernaum. 예수께서 다시 갈릴리 가나에 이르시니 전에 물로 포도주를 만드신 곳이라 왕의 신하가 있어 그의 아들이 가버나움에서 병들었더니

Once more 다시 한번 **he visited** 그분께서 방문하시길 **Cana** 가나를, 가나는 **in Galilee** 갈릴릴 지방에 있는데 **where** 그곳은 **he had turned** 그가 이미 바꾸었던 **the water** 물을 변하게 하여 **into wine** 포도주로 **And there was** 그리고 있었다 **a certain royal official** 어떤 왕족이

whose son 그의 아들이 lay sick 병들어 누웠다 at Capernaum 가버나움에서

47 When this man heard that Jesus had arrived in Galilee from Judea, he went to him and begged him to come and heal his son, who was close to death. 그가 예수께서 유대로부터 갈릴리로 오셨다는 것을 듣고 가서 청하되 내려오셔서 내 아들의 병을 고쳐 주소서 하니 그가 거의 죽게 되었음이라

When this man 왕의 신하가 heard 들었다 that절을 that Jesus had 예수께서 이미 arrived in Galilee 도착하셨다, 갈릴리지방에 from Judea 유대지방으로부터 he went 그가 갔다 to him 그분에게 and begged 그리고 요청하여 주장하기를 him to come 예수께서 오시어 and heal his son 아들을 고쳐주라고 who was close to death 죽음에 가까운

문장을 그냥 읽어가면서 순서대로 보면 눈에 팍팍 들어오게 된다. 즉 왕의 신하로부터 시작되는 문장이다. 동사 beg는 목적어가 to + R을 행하도록 요청하고 주장하는 내용이다. 즉 주어가 요청하여 주장하길 목적어가 행위를 하라는 것이다.

48 "Unless you people see miraculous signs and wonders," Jesus told him, "you will never believe." 예수께서 이르시되 너희는 표적과 기사를 보지 못하면 도무지 믿지 아니하리라

"Unless 만일에 ~하지 않으면 you people 너희 사람들은 see miraculous signs and wonders 신비로운 표적과 기적을," Jesus told 예수께서 말씀하시길 him 그에게 "을" "you will 너는 이리라 never believe 결코 믿지 않다"

49 The royal official said, "Sir, come down before my child dies." 신하가 이르되 주여 내 아이가 죽기 전에 내려오소서

The royal official said 신하가 말했다, "Sir," come down 내려오소서 before 바로 직후에 일어나는 일은 my child dies 내 아들이 죽어요

50 Jesus replied, "You may go. Your son will live." The man took Jesus at his word and departed. 예수께서 이르시되 가라 네 아들이 살아 있다 하시니 그 사람이 예수께서 하신 말씀을 믿고 가더니

Jesus replied 응답하시길 "You may go 가라. Your son will live 살아있을 거야." The man took 그 신하는 Jesus 예수님을 잡고 at his word 말로서 and departed 출발했다

51 While he was still on the way, his servants met him with the news that his boy was living. 내려가는 길에서 그 종들이 오다가 만나서 아이가 살아 있다 하거늘

While 동시에 일어나는 일은 he was still 그가 있다, 여전히 on the way 도중에 his servants met him 그의 하인들이 만났다 왕의 신하를 with the news 함께하는 것은 소식이고 that his boy was living 그 뉴스는 아들이 살아있다는 것이다

이 문장에서 his servants met him는 완전문장이다. 신하들이 소식을 갖고 있으니 with the news이고 그 뉴스는 바로 that his boy was living라는 것이다, 즉 news와 that는 동격이다.

52 When he inquired as to the time when his son got better, they said to him, "he fever left him yesterday at the seventh hour." 그 낫기 시작한 때를 물은즉 어제 일곱 시에 열기가 떨어졌나이다 하는지라

When he inquired 때는 그가 요청하였고 as to the time 관련된 것은 시간 when his son got better 아들이 나았던, they said 그들이 말했다 to him 그에게 "The fever left 열이 떨어졌다 him 그에게서 yesterday at the seventh hour 어제 일곱 시경에"

53 Then the father realized that this was the exact time at which Jesus had said to him, "Your son will live." So he and all his household believed. 그의 아버지가 예수께서 네 아들이 살아 있다 말씀하신 그때인 줄 알고 자기와 그 온 집안이 다 믿으니라

Then the father realized 그때 아버지가 깨닫길 that절 이하를 that this was 이것은 이었다 the exact time 정확한 시간이고 at which 그 시간은 Jesus had 예수께서 이미 said to him 말씀하셨던 그에게 "Your son will live 아들이 살아있을 것이라고" So he and all his household 그래서 그와 그의 가족들이 believed 믿었더라

54 This was the second miraculous sign that Jesus performed, having come from Judea to Galilee. 이것은 예수께서 유대에서 갈릴리로 오신 후에 행하신 두 번째 표적이니라

This was 이것은 이었느니 the second miraculous sign that Jesus performed 두 번째 표적이고 이것은 예수께서 행하시었고 having come 이미 오셨고 from Judea to Galilee 유대에서 갈릴리로

The Gospel
according to St. John

요한복음 5장

The Gospel according to St. John

요한복음 5장

01 Come time later, Jesus went up to Jerusalem for a feast of the Jews. 그 후에 유대인의 명절이 되어 예수께서 예루살렘에 올라가시니라

Come 되어왔다 time later 후에 시간이 Jesus went up 예수께서 올라가시다 to 도달하는 곳은 Jerusalem 예루살렘 for 대상은 a feast 명절이고 of 한정되는 것은 the Jews 유대인들이라

★ 동사 go는 방향을 나타내는 up, down 그리고 도달하는 장소는 to를 사용한다.

02 Now there is in Jerusalem near the Sheep Gate a pool, which in Aramaic is called Bethesda and which is surrounded by five covered colonnades. 예루살렘에 있는 양문 곁에 히브리 말로 베데스다라 하는 못이 있는데 거기 행각 다섯이 있고

Now 자 there is 있다(there (are)is, Here is(are)는 유도부사라고 하고 뒤에 주어가 온다) in 둘러싸고 있는 것은 Jerusalem 예루살렘에는 near 근처에는 the Sheep Gate 양들의 문 근처에 a pool, which in Aramaic is called Bethesda 연못 불려지는 베데스타 and which is surrounded 둘러싸여 있고 by five covered colonnades 5개로 치장된 행각

03 Here a great number of disabled people used to lie--the blind, the lame, the paralyzed. 그 안에 많은 병자, 맹인, 다리 저는 사람, 혈기 마른 사람들이 누워 물의 움직임을 기다리니

Here 이곳에 a great number 많은 수의 of 한정되는 것은 disabled people 장애인들이 used to lie 누워 있곤 했는데-the blind, the lame, the paralyzed 맹인, 절름발리, 소아마비

a great number는 많은 수속된 것은(of)이고 장애이이다 a great number used 많은 사람들이 사용했고 to lie는 부정사이므로 하고자 하는 일을 나타낸다. 항상 주장하지만 to + R은 부정사라고 하지 말고 to R이라고 습관화하면 좋다.

04 From time to time, an angel of the Lord would come down and stir up the waters, the first one into the pool (after each disturbance) would be cures of whatever disease he had 이는 천사가 가끔 못에 내려와 물을 움직이게 하는데 움직인 후에 먼저 들어가는 자는 어떤 병에 걸렸든지 낫게 됨이러라

From time to time 가끔 an angel 천사가 of 한정되는 것은 the Lord 주님 would come down 불규칙적으로 내려와서 and stir up 휘젓다 the waters 물을 the first one 첫 번째 사람 into the pool 못 안으로 (after each disturbance 바로 직전에 휘젓음) would be cures 불규칙적으로 치료되었더라 of 한정되는 것은 whatever disease 어떠한 질병이든 he had 그가 가졌던

would V는 과거의 불규칙적 행동을 말한다. cf, 규칙적인 행동은 used to R이다. whatever disease he had는 '명사+ SV 구조'이다.

05 One who was there had been an invalid for thirty-eight years. 거기 서른여덟 해 된 병자가 있더라

One who was there 그곳에 있던 사람 had been an invalid 이미 되었다 병자 for thirty-eight years 기간은 38년

one을 설명해야 한다. 영어는 명사가 나오면 뜻을 분명히 해야 하므로 이를 설명하는 것을 관계사라고 했으니 one이고 관계사는 who를 쓰면 된다. 관계사절에 주어가 없으니 one에 일치된 단수 동사 과거 사용하면 된다. 그래서 One who was there가 된다.

06 When Jesus saw him lying there and learned that he had been in this condition for a long time, he asked him, "Do you want to get well?" 예수께서 그 누운 것을 보시고 병이 벌써 오래된 줄 아시고 이르시되 네가 낫고자 하느냐

When Jesus saw 예수께서 보셨다 him lying there 그가 누워 있는 것을 그곳에 and learned 그리고 아셨기를 that he had been 그가 이미 있었던 in this condition 그런 상태에서 for a long time 오랫동안 he asked him 묻기를 "Do you want 너는 원하느냐? to get well 하고자 하는 일은 낫게 되기를?"

07 "Sir," the invalid replied, "I have no one to help me into the pool when the water is stirred. While I am trying to get in, someone else goes down ahead

of me." 병자가 대답하되 주여 물이 움직일 때에 나를 못에 넣어 주는 사람이 없어 내가 가는 동안에 다른 사람이 먼저 내려가나이다

"Sir," the invalid replied 병자가 대답하되 "I have 나는 가지고 있다 no one 없는 사람 to help me 나를 도와서 into the pool 물안으로 when 동시에 일어나는 때는 the water is stirred 물이 휘저어졌을 때 While I am 동시에 나는 이다 trying 노력하고 to get in 나아가서 하고자 하는 일은 들어가려고 someone else goes 다른 이가 가버린다 down ahead of me 내려와서 그리고 내가 뒤따른다"

08 Then Jesus said to him, "Get up! Pick up your mat and walk." 예수께서 이르시되 일어나 네 자리를 들고 걸어가라 하시니

Then Jesus said 예수께서 말씀하시기를 to him 그에게 "Get up 일어나서! Pick up your mat 방석을 들고 and walk 걸어라"

09 At once the man was cured; he picked up his mat and walked. The day on which this took place was a Sabbath, 그 사람이 곧 나아서 자리를 들고 걸어가니라 이날은 안식일이니

At once 즉시 the man was 그 사람이 상태가 cured 치료되었다; he picked up 그가 들었고 his mat 방석을 and walked 그리고 걸었으니 The day 그날은 on which this took place 이러한 일이 일어난 was a Sabbath 안식일

10 and so the Jews said to the man who had been healed, "It is the Sabbath; the law forbids you to carry your mat." 유대인들이 병 나은 사람에게 이르되 안식일인데 네가 자리를 들고 가는 것이 옳지 아니하니라

and so 그래서 the Jews said 유대인들이 말했다 to 대상은 the man 사람이고 who 그 사람은 had been 이미 되었던 healed 치료가 된 It is the Sabbath 안식일인데; the law forbids 율법은 금하고 있으니 you to carry 당신이 하고자 하는 바는 나르는 것이고 your mat 당신의 매트를

11 But he replied, "The man who made me well said to me, 'Pick up your mat

and walk.'" 대답하되 나를 낫게 한 그가 자리를 들고 걸어가라 하더라 하니

But he replied 그러나 그가 응답하기를 "The man who made me well 그 사람 나를 잘 낫게 만든 said 말했기를 to me 나에게 'Pick up your mat 들어서 너의 방석을 and walk 걸어라'"

12 So they asked him, "Who is this fellow who told you to pick it up and walk?" 그들이 묻되 너에게 자리를 들고 걸어가라 한 사람이 누구냐 하되

So 그리하여 they asked 그들이 물기를 him 그에게 "Who is 누구냐? this fellow who told you 그 사람 말하고 너에게 to pick it up 들고서 and walk 걸으라고?"

동사 ask는 간접목적어 = 직접목적어를 취하는 4형식으로 쓰였다. 영어는 명사가 나오면 이를 구체적으로 설명해 주어야 하니 this follow를 관계시절을 사용하여 설명한 것이다. 동사 told you는 너에게 말했고, 너가 해야 하는 일은 매트를 들고 걸으라는 행위를 요구하니 부정사라고 배운 to + R을 사용한다. 이 얼마나 재미있는가? 같은 who이지만 앞의 who는 의문사이고 뒤의 who는 관계사이다.

13 The man who was healed had no idea who it was, for Jesus had slipped away into the crowd that was there. 고침을 받은 사람은 그가 누구인지 알지 못하니 이는 거기 사람이 많으므로 예수께서 이미 피하셨음이라

The man who was healed 치료받은 사람은 had 가지고 있는 데 no idea 아무 생각이 없는 것을 who it was 그가 누구인지를, for 이는 ~ 때문인지라 Jesus had 예수께서 이미 slipped away 미끄러지듯이 멀리 into 방향은 안쪽으로 the crowd 군중 that 그 군중들은 was there 거기에 있던.

for Jesus had slipped away into the crowd that was there. 이 문장을 보라! 얼마나 재미있는가? 1) 예수께서 이미(had) 미끄러지듯이(slipped) 멀리(away) 안으로(into) 군중. the crowd는 설명을 해주어야 하니 the crowd that(or who) was there

14 Later Jesus found him at the temple and said to him, "See, you are well again. Stop sinning or something worse may happen to you." 그 후에 예수께서 성전에서 그 사람을 만나 이르시되 보라 네가 나았으니 더 심한 것이 생기지 않게 다시는 죄를 범하지 말라 하시니

Later 후에 Jesus found 예수께서 발견하셨고 him at the temple 그는 성전에 있었고 and said 말씀하시기를 to him 그에게 "See, you are well 보라, 너가 잘 나았으니 again. Stop sinning 다시는 멈추라 범죄하는 것을 or something worse 그렇지 않으면 더 나쁜 것이 may happen 발생할 가능성이 있다 to you 너에게"

동사 stop는 명사를 목적어를 받으니까 동사의 명사형태(이를 동명사라고 함)를 사용한다. 명령문 or~ 는 '~해라 그렇지 않으면', 명령문 and~ 는 '~해라 그리하면', ~thing로 끝나는 단어는 상태를 나타내는 형용사는 뒤에서 수식해준다.

15 The man went away and told the Jews that it was Jesus who had made him well. 그 사람이 유대인들에게 가서 자기를 고친 이는 예수라 하니라

he man went away 그 사람이 가서 멀리 and told the Jews 말하길 유대인들에게 that절을 that it was 그 분은 이다 Jesus who had made him well 예수님이시고 그분은 이미 만드셨다 그 사람을 낫게끔

16 So, because Jesus was doing these things on the Sabbath, the Jews persecuted him. 그러므로 안식일에 이러한 일을 행하신다 하여 유대인들이 예수를 박해하게 된지라

So 결과적으로 because 말미암아 Jesus was doing 예수께서 행하셨다 these things 이런 일들을 on the Sabbath 안식일에 the Jews persecuted 유대인들이 박해했다 him 그를

17 Jesus said to them, "My Father is always at his work to this very day, and I, too, am working." 예수께서 그들에게 이르시되 내 아버지께서 이제까지 일하시니 나도 일한다 하시매

Jesus said 예수께서 말씀하시길 to them 그들에게 "My Father is always 내 아버지께서는 항상 at his work 접하고 있는 것은 그의 일 to this very day 도달하는 것은 바로 그 날자에 and I, too, am working 나도 역시 일한다"

동사 said to를 '~에게 말했다'라고 하지 말고, 글이 쓰인 순서대로 말했다 그 대상은(to). A to B는 A가 도달하는 것이 B라는 개념이다. this very day 바로 그날, 안식일을 말한다.

18 For this reason the Jews tried all the harder to kill him; not only was he break-
ing the Sabbath, but he was even calling God his own Father, making himself
equal with God. 유대인들이 이로 말미암아 더욱 예수를 죽이고자 하니 이는 안식일을 범할 뿐만 아
니라 하나님을 자기의 친아버지라 하여 자기를 하나님과 동등으로 삼으심이러라

For this reason 이것 때문에 the Jews tried 유대인들이 시도하기를 all the harder 더욱 더
to kill him 하고자 하는 일은 그를 죽이려고; not only 뿐만 아니라 was he 예수께서 breaking
the Sabbath 깨고 있다. 안식일을 but he was even 심지어는 calling God 부르고 있었으
니 하나님을 his own Father 자기 아버지라고 making himself 만들면서까지 자기 자신을
equal with God 동등하다고 함께하는 것은 하나님

all the harder 더욱더 the Jews tried all the harder to kill him 이 문장에서 try to R은
R 하려고 시도하다라고 해석을 하면 이문장은 어떻게 될까? 그래서 문장은 글이 쓰인 순서대로 시도하
다(try) 더욱더 해서 그리고 나아가서 하고자 하는 일은 to R이니까 죽이려고, 즉 시도하는 것은 죽이려
고 한다는 것이다. 그리고 죽이려고 시도하다와 동일하다고? 전혀 아니다. 그러니 영어는 순서대로 해
석해야 한다. 이것을 이해하여야 한다. 영영식 사고방식이다. not only로 문장을 시작하면 주어 동사
순서가 바뀐다. 동사 call A B : A를 B라고 부르다. 완전한 문장이 끝났을 때, 확장하고 싶다면 동사
~ing를 사용한다. 분사구문이라고 하며 행위의 주체는 주어가 된다. 즉 주어의 행동을 나타낸다.

19 Jesus gave them this answer: I tell you the truth, the Son can do nothing by
himself; he can do only what he sees his Father doing, because whatever the
Father does the Son also does. 그러므로 예수께서 그들에게 이르시되 내가 진실로 진실로 너
희에게 이르노니 아들이 아버지께서 하시는 일을 보지 않고는 아무것도 스스로 할 수 없나니 아버지께서
행하시는 그것을 아들도 그와 같이 행하느니라

Jesus gave 예수께서 주셨다 them this answer 그들에게 답을: I tell 내가 말하노니 you the
truth 너희에게 진실을 the Son can 아들이 능히 do nothing 한다 전혀없는 것 by himself 홀
로; he can 그가 가능한 것은 do only 한다 단지 what he sees 것, 그가 하는 것을 his Father
doing 아버지께서 하시는 일을 because 말미암음이니라 whatever 무슨 일이든지 the Father
does 아버지께서 하시는 the Son also does 아들도 역시 한다

do nothing 아무 일도 못하다. by himself 홀로, 혼자서는. what he sees his Father
doing 아버지께서 하시고 계신 것. whatever the Father does 아버지께서 하시는 것은 모두.

20 For the Father loves the Son and shows him all he does. Yes, to your amazement he will show him even greater things than these. 아버지께서 아들을 사랑하사 자기가 행하시는 것을 다 아들에게 보이시고 또 그보다 더 큰일을 보이사 너희로 놀랍게 여기게 하시리라

For 이는 ~로 말미암음이니라 the Father loves 아버지께서 사랑하사 the Son 아들을 and shows 그리고는 보이사 him all he does 아들에게 그가 행하는 모든 것을 Yes, to your amazement 그렇다 놀라웁게도 he will 그분은 하실 거다 show him 보이시길 아들에게 even greater things 더욱더 큰일을 than these 이것들 보다도

동사의 쓰임에 신경 쓰면 된다. love, show는 4형식으로 쓴다. all he does는 명사 SV형태이다. even greater things than these. 심지어는 이들보다도 더 큰 것들. 명사덩어리(청크)

21 For just as the Father raises the dead and gives them life, even so the Son gives life to whom he is pleased to give it. 아버지께서 죽은 자들을 일으켜 살리심 같이 아들도 자기가 원하는 자들을 살리느니라

For 이는 ~로 말미암음이니라 just as ~처럼, ~같이 the Father raises 아버지가 일으키사 the dead 죽은 자를 and gives them 그들에게 주시고 life 생명을 even 심지어는 so the Son gives 그래서 아들도 준다 life 생명을 to whom he is pleased 대상은 그들에게 그가 기쁨을 받는 to give it 나아가서 하고자 하는 것은 주시려고 그것을

just as S + V는 ~처럼, ~같이. (those) whom he is pleased 그가 기쁨을 받게 하는 자들 to give it. 그것을 주시고자

22 Moreover, the Father judges no one, but has entrusted all judgment to the Son, 아버지께서 아무도 심판하지 아니하시고 심판을 다 아들에게 맡기셨으니

Moreover 게다가 the Father judges 아버지께서는 심판하신다 no one 사람이 없다 but has entrusted 하지만 이미 맡기셨으니 all judgment 모든 심판을 to the Son 아들에게

have P.P 해석은 이미 P.P했다. 동사 entrust는 일을 맡기고 그 대상은 to를 사용한다. 전치사 to 다음에 명사가 쓰이면 도달의 뜻을 나타내고, 동사가 쓰이면 to R로서 앞으로 나아가 하고자 하는 바는 R임을 나타낸다.

23 that all may honor the Son just as they honor the Father. He who does not honor the Son does not honor the Father, who sent him. 이는 모든 사람으로 아버지를 공경하는 것 같이 아들을 공경하게 하려 하심이라 아들을 공경하지 아니하는 자는 그를 보내신 아버지도 공경하지 아니하느니라

that 그 결과로, 이는 all may 모든 사람들로 하려 함이다 honor the Son 공경하다 아들을 just as 마치 ~처럼 they honor 그들이 공경한다 the Father 아버지를 He who does not honor the Son 그는 그인데 그는 하지 않는 공경하는 아들을 does not honor 않는다 공경한다 the Father 아버지를 who sent him 그분은 보내셨다 그를

that ~may honor ~이는 공경하게 하려 함이라.(성경적 표현) He who does not honor the Son은 He를 설명해야 하니 나오는 명사덩어리가 된다. 또 the Father who sent me는 the Father를 설명하는 명사덩어리가 된다. 중요한 것은 감탄문이든 기원문이든 독자적으로 쓰이는 것보다는 명사덩어리가 되어 타동사의 목적어로 쓰인다는 점이 매우 중요하다.

24 I tell you the truth, whoever hears my word and believes him who sent me has eternal life and will not be condemned; he has crossed over from death to life. 내가 진실로 진실로 너희에게 이르노니 내 말을 듣고 또 나 보내신 이를 믿는 자는 영생을 얻었고 심판에 이르지 아니하나니 사망에서 생명으로 옮겼느니라

I tell 내가 말하노니 you the truth 너희에게 진실을 whoever hears 누구든지 듣는다 my word 내 말을 and believes 그리고 믿는다 him who sent me 나를 보내신 그를 has eternal life 갖는다 영생을 and will not 그리고 않으리니 be condemned 정죄받게 되다 ; he has 그는 이미 crossed over 옮겼느니라 from death to life 사망에서 생명으로

will not be condemned 정죄받지 않으리니, 영어에서는 주어의 행동과 상태를 분명히 나타내야 한다. 주어가 정죄를 받으니 수동태를 써야 한다.

25 I tell you the truth, a time is coming and has now come when the dead will hear the voice of the Son of God and those who hear will live. 진실로 진실로 너희에게 이르노니 죽은 자들이 하나님의 아들의 음성을 들을 때가 오나니 곧 이때라 듣는 자는 살아나리라

I tell 내가 말하노니 you the truth 너희에게 진실을 a time 때는 is coming 오고 있으니 and has now 그리고 이미 지금은 come 왔느니라 when the dead 그때는 죽은 자들이 will 하고자 하는 일은 hear 듣는다 the voice 음성을 of the Son 아들의 of God 하나님의 and those who hear 그리고 사람들은 사람들인데 듣는 will live 하고자 하는 일은 살아난다

those who hear will live. 듣는 자들(아들의 음성을 듣는)은 살게 될 것이다.

26 For as the Father has life in himself, so he has granted the Son to have life in himself. 아버지께서 자기 속에 생명이 있음 같이 아들에게도 생명을 주어 그 속에 있게 하셨고

For 이는 말미암음이니라 as the Father has처럼 아버지께서 가지신 life 생명을 in 둘러싸고 있는 것은 himself 자기 자신을 so he has 그래서 그도 이미 granted the Son 인정하셨느니라 아들에게 to have life 나아가서 하고 하는 일은 생명을 갖게 in himself 아들 안에

27 And he has given him authority to judge because he is the Son of Man. 또 인자됨으로 말미암아 심판하는 권한을 주셨느니라

And he has 그리고 그분께서는 이미 given 주셨느니라 him authority 아들에게 권한을 to judge 나아가서 하고자 하는 일은 심판하게 because 말미암아 he is the Son of Man 그는 인자이시니

28 Do not be amazed at this, for a time is coming when all who are in their graves will hear his voice 이를 놀랍게 여기지 말라 무덤 속에 있는 자가 다 그의 음성을 들을 때가 오나니

Do not 하지 마라 be amazed 놀라게 되다 at this 접하는 것은 이것으로 for 이는 말미암음이니라 a time is 때의 상태는 coming 오고 있다는 것이고 when 그때는 all who are 모든 이들은 모든 이들인데 있는 in their gravess 무덤 안에 will hear 들을 거야 his voice 그분의 음성을

a time이 나왔으니 설명해야 하고 when으로 받는다. all who are in their graves 무덤 안에 있는 모든 이들이란 뜻이 되고, the Son of Man 인자를 나타낸다.

29 and come out--those who have done good will rise to live, and those who have done evil will rise to be condemned. 선한 일을 행한 자는 생명의 부활로, 악한 일을

행한 자는 심판의 부활로 나오리라

and come out 그리고 나온다-those who 사람들 사람들인데 have done good 이미 행한 것은 선한 일을 will rise 일어날 거다 to live, 하고자 하는 일은 사는 것 and those who have 사람들 이미 done evil 행한 것은 악 will rise 일어날 것인데 to be condemned 나아가서 하고 자 하는 일은 심판받으려고

those who have done good(evil) 선(악)을 행한 사람들, 만들어보자 those를 설명해야 하니 who를 이미 행하였으니 have done 선한 일 good, rise to be condemned 일어나서 심판 받으려고, 순서대로 해석하면 원문이 보인다. 또 동사 다음에 to R을 쓴다는 점이 매우 중요하다.

30 By myself I can do nothing; I judge only as I hear, and my judgment is just, for I seek not to please myself but him who sent me. 내가 아무것도 스스로 할 수 없노라 듣는 대로 심판하노니 나는 나의 뜻대로 하려 하지 않고 나를 보내신 이의 뜻대로 하려 하므로 내 심판은 의로우니라

By myself 홀로는 I can 나는 능히 do nothing 하다 없는 것을; I judge 나는 심판하노니 only as I hear 단지 내가 듣는 대로 and my judgment 그리고 내 심판은 is just 공평하니라 for I seek 이는 말미암음이니라 내가 추구하기에 not to please myself 아니고 나아가서 하고자 하는 일을 나를 기쁘게 하려는 but him who sent me 바로 그분 그분은 보내셨고 나를

do nothing 아무 일도 못하다. 부정사(to + 동사원형)의 부정은 not to R의 형태를 취한다. not to please~, to R의 부정은 to R앞에 not을 붙인다.

31 If I testify about myself, my testimony is not valid. 내가 만일 나를 위하여 증언하면 내 증언은 참되지 아니하되

If I testify 만일에 내가 증언한다면 about myself 관련된 것은 내 자신을 my testimony is 내 증언은 이다 not valid 유효하지 않다

32 There is another who testifies in my favor, and I know that his testimony about me is valid. 나를 위하여 증언하시는 이가 따로 있으니 나를 위하여 증언하시는 그 증언이 참 인 줄 아노라

There is 있다 another 다른 사람을 who 그 사람은 testifies 증언하나니 in my favor 내 호의로 and I know 나는 안다 that절을 that his testimony about me 그의 증언 관련된 것은 나 is valid 유효하다

33 "You have sent to John and he has testified to the truth." 너희가 요한에게 사람을 보내매 요한이 진리에 대하여 증언하였느니라

You have 너희가 이미 sent 보냈으니 to John 요한에게 and he has 그리고 그는 이미 testified 증언했다 to the truth 그 대상은 진리

34 Not that I accept human testimony; but I mention it that you may be saved. 그러나 나는 사람에게서 증언을 취하지 아니하노라 다만 이 말을 하는 것은 너희로 구원을 받게 하려 함이니라

Not 아니라 that I accept 나는 받아드리나니 human testimony 인간에게서 증언을; but I mention 그러나 나는 언급하노라 it 그것을 that you may be saved 이는 너희가 구원을 받게 하려 함이니라

I mention it that you may be saved. 완전한 문장에 that을 연결하여 결과를 설명하고 that 절 속에 may는 ~하려 함이니라 목적을 나타낸다. human testimony 인간 증거, 즉 인간에게서 온 증거 testimony from human 즉, 증거는 출발지가 하늘이라는 뜻이다.

35 John was a lamp that burned and gave light, and you chose for a time to enjoy his light. 요한은 켜서 비추이는 등불이라 너희가 한때 그 빛에 즐거이 있기를 원하였거니와

John was 요한은 상태는 과거로 이었다 a lamp 등불은 that 그 등불은 burned 타서 and gave 준다 light 빛을 and you chose 그리고 너희는 선택하기를 for a time 잠시동안 to enjoy 나아가 하고자 하는 것은 즐기는 것 his light 그 빛을

a lamp that burned and gave light 켜서 비추는 등불, a lamp가 나왔으니 뜻을 분명히 하기 위해서는 설명을 해야 하는데, 관계사절을 이용해 설명했다. 이미 마스터하셨으니!

you chose to enjoy his light 해석을 어떻게 해야 하나? 두려워하지 말고 순서대로 하면 된다.

이것이 영어가 쉽다는 이유이니까! 너희는 선택했고, 선택한 이유를 to R로 표현하는 것이 영영식 사고 방식이고 영영식 표현방식이다. 예) you try to R

36 "I have testimony weightier than that of John. For the very work that the Fatherhas given me to finish, and which I am doing, testifies that the Father has sent me." 내게는 요한의 증거보다 더 큰 증거가 있으니 아버지께서 내게 주사 이루게 하시는 역사 곧 내가 하는 그 역사가 아버지께서 나를 보내신 것을 나를 위하여 증언하는 것이요.

I have 나는 가지고 있으니 testimony weightier 더 중한 증거를 than that 그것보다 of John 요한 For 이는 말미암음이니라 the very work 바로 그 일은 that 그 일은 the Father 아버지께서 has given 이미 주었다 me 나에게 to finish 나아가서 하고자 하는 일은 완성하라고 and which I am doing 그리고 그 일은 내가 지금 하고 있는 testifies 증거하는 것이다 that절 이하를 that the Father has sent me 아버지께서 나를 보내셨다는 것을

weightier than that of John 요한의 증거보다 더 중한 testimony of John , the very work이 나왔으니 관계사절로 설명한다. that 주어가 있으니 the Father 이미 주셨고 나에게 has given me, to finish 부정사라는 이것의 해석은 앞의 것은 to R하라고 하려는 것, and which I am doing은 선행사 the very work이고, testifies that the Father has sent me 동사구의 주어이다.

37 And the Father who sent me has himself testified concerning me. You have never heard his voice nor seen his form, 또한 나를 보내신 아버지께서 친히 나를 위하여 증언하셨느니라 너희는 아무 때에도 그 음성을 듣지 못하였고 그 형상을 보지 못하였으며

And the Father who sent me 그리고 아버지는 아버지이신데 보내셨지 나를 has himself 이미 자신께서 testified 증언하셨다 concerning me 관련한 것은 나 You have 너희들은 이미 never heard 듣지 않았고 his voice 그의 음성을 nor seen 보지도 않았다 his form 그분의 형상을

the Father가 나왔으니 관계사절로 설명하니 the Father who sent me가 되고 동사 has himself testified를 받는다. concerning me 나에 관하여 concerning은 about 관련해서는 me 나를 you 너희는 have never heard 이제까지 듣지 못했다. his voice 그의 음성을 nor seen 보지 못했다. his form 그의 형상을

38 nor does his word dwell in you, for you do not believe the one he sent 그 말씀
이 너희 속에 거하지 아니하니 이는 그가 보내신 이를 믿지 아니함이라

nor does 아니다 his word 말씀이 dwell in you 거주하다 안에 있는 것은 당신 for you do
not 이는 말미암음이니라 너희들이 않기에 believe 믿지 the one he sent 사람을 그가 보내신

the one he sent 하나님께서 보내신 아들 cf, 그를 보내신 분은 영어로 어떻게 표현할까? the one
who sent hm이다.

39 You diligently study the Scriptures because you think that by them you pos-
sess eternal life. These are the Scriptures that testify about me, 너희가 성경에서
영생을 얻는 줄 생각하고 성경을 연구하거니와 이 성경이 곧 내게 대하여 증언하는 것이니라

You diligently study 너희들은 열심히 연구하나니 the Scriptures 성경을 because you
think 그 이유는 너희들이 생각하고 that절을 that by them 성경들에 의해서 you possess 너
희들이 소유한다 eternal life 영생을 These are 이것들은 이다 the Scriptures that testify
성경은 성경인데 증언하는 about me 관련된 것은 나

40 yet you refuse to come to me to have life. 그러나 너희가 영생을 얻기 위하여 내게 오기를
원하지 아니하는도다

yet 그러나 you refuse 너희들은 거절하나니 to come 나아가서 하고자 하는 것은 오는 것이고 to
me 그 대상은 나인데 to have life 나아가서 하고자 하는 일은 생명을 갖는 것

41 "I do not accept praise from men," 나는 사람에게서 영광을 취하지 아니하노라

I do not 나는 않나니 accept praise 받는다. 칭찬을 from men 출발지는 사람

42 but I know you. I know that you do not have the love of God in your hearts. 다
만 하나님을 사랑하는 것이 너희 속에 없음을 알았노라

but I know you 그러나 나는 아노니 너희를 I know 나는 안다 that절을 that you do not 너
희가 없다 have the love 사랑을 of 한정하는 것은 God 하나님 in 둘러싸고 있는 것은 your

hearts 너희들

43 I have come in my Father's name, and you do not accept me; but if someone else comes in his own name, you will accept him. 나는 내 아버지의 이름으로 왔으매 너희가 영접하지 아니하나 만일 다른 사람이 자기 이름으로 오면 영접하리라

I have come 나는 이미 왔노라 in my Father's name 둘러싼 것은 아버지 이름 and you do not 그리고 너희들은 않는구나 accept me 받아들이지 나를; but if someone else 그러나 만일 다른 사람들이 comes in his own name 온다면 둘러싼 것은 그의 이름 you will 너희들은 ~ 하리라 accept him 받아들인다 그를

44 How can you believe if you accept praise from one another, yet make no effort to obtain the praise that comes from the only God? 너희가 서로 영광을 취하고 유일하신 하나님께로부터 오는 영광은 구하지 아니하니 어찌 나를 믿을 수 있느냐

How can you believe 어찌 가능한가 너희가 믿는 것이 if you accept 만일 너희들이 받아들이다 praise from one another 칭찬을 출발지는 서로에게서, yet make no effort 그러나 노력하지 않는다 to obtain 나아가서 하고자 하는 바는 얻는 것이고 the praise that comes 칭찬은 칭찬인데 오는 것이고 from the only God 출발지는 유일하신 하나님?

45 "But do not think I will accuse you before the Father. Your accuser is Moses, on whom your hopes are set." 내가 너희를 아버지께 고발할까 생각하지 말라 너희를 고발하는 이가 있으니 곧 너희가 바라는 자 모세니라

But do not 그러나 하지 마라 think 생각하다 that절을 I will 내가 할 거라고 accuse 내가 고소한다 you 너희를 before 뒤에 계시는 the Father 아버지 Your accuser is 고발자는 이다 Moses, on whom your hopes are set 모세이고 모세에게는 너희들이 희망이 고정되어 있느니라

Moses, on whom your hopes are set. Moses를 설명해야 하니 관계시절을 사용하는 것이고 모세를 구체적으로 설명해야 하니까. on whom 안에 주어가 있으므로 your hopes가 된다.

46 If you believed Moses, you would believe me, for he wrote about me. 모세를 믿

었더라면 또 나를 믿었으리니 이는 그가 내게 대하여 기록하였음이라

If you believed 만일 너희들이 믿었다 Moses 모세를 you would 너희들은 했으리니 believe me 믿었고 나를 for 이는 말미암음이니라 he wrote 그가 기록하였다 about me 관련된 것은 나

If you believed Moses, you would believe me 가정법 과거문장이다. if 과거동사, 주절 would 동사.

47 But since you do not believe what he wrote, how are you going to believe what I say? 그러나 그의 글도 믿지 아니하거든 어찌 내 말을 믿겠느냐 하시니라

But since you do not 그러나 심지어는 너희들이 않는데 believe what he wrote 믿지를 그가 기록한 것 how are you going 어찌 하려는가? to believe what I say? 나아가서 하는 일은 믿는다는 것이고 그것은 바로 내가 한 말을(이렇게 살을 붙여 재미를 붙이는 습관을 들리면 학습효과는 훨씬 좋다. 생각의 유연성을 가지고, 이렇게 학습하는 것은 저자가 하는 학습법이다. 모두 명사덩어리이다. 이를 위하여 약간은 재미있도록 살을 붙였으니 참조하시면 된다.) **Be born again !**

what he wrote 그가 기록한 것, 기록된 것은? what have been written이고, what I say 내가 말한 것, 내가 들었던 것은? what I have been heard이다.

The Gospel according to St. John

요한복음 6장

The Gospel according to St. John

요한복음 6장

01 Some time after this, Jesus crossed to the far shore of the Sea of Galilee (that is, the Sea of Tiberias), 그 후에 예수께서 디베랴의 갈릴리 바다 건너편으로 가시매

Some time 약간의 시간 after 직전에 일어난 일은 this 이것 Jesus crossed 예수께서 건너 가시사 to 도달한 장소는 the far shore 먼 해안으로 of 한정된 것은 the Sea 바다이고 of 한정된 것은 Galilee 갈릴리 (that is즉, the Sea of Tiberias 티베랴)

the far shore는 the Sea of Galilee 갈릴리 바다로 한정으로 한정을 하니까 전치사 of를 쓴다.

02 and a great crowd of people followed him because they saw the miraculous signs he had performed on the sick. 큰 무리가 따르니 이는 병자들에게 행하시는 표적을 보았음이러라

and 그래서 a great crowd 큰 무리가 of 한정되는 것은 people 사람들이고 followed 따랐다 him 그를 because 이유는 they saw 그들이 보았음이라 the miraculous signs 기적 같은 표적들을 he 그가 had performed 그가 이미 행하였던 on 면으로 접하는 것은 the sick 그 병자들

03 Then Jesus went up on a mountainside and sat down with his disciples. 예수께서 산에 오르사 제자들과 함께 거기 앉으시니

Then Jesus 그때 예수께서 went up 올라가사 on 면으로 접하는 것은 a mountainside 산기슭 and sat down 그리고는 앉으셨다 아래로 with his disciples 함께 하는 것은 제자들

동사 go up하여 on이니까 산기슭이 나온다. 동사 sat down은 함께 하시는 분이 계시니 전치사 with를 쓴다.

04 The Jewish Passover Feast was near. 마침 유대인의 명절인 유월절이 가까운지라

The Jewish 유대인들의 Passover Feast 유월절 명절이 was 상태는 과거 이었다 near 가까이

05 When Jesus looked up and saw a great crowd coming toward him, he said to Philip, "Where shall we buy bread for these people to eat?" 예수께서 눈을 들어 큰 무리가 자기에게로 오는 것을 보시고 빌립에게 이르시되 우리가 어디서 떡을 사서 이 사람들을 먹이겠느냐 하시니

When Jesus 때는 예수께서 looked 보시었고 up 위로 and saw 그리고 보셨기에 a great crowd coming 큰 무리가 오고 있는 것을 toward him 방향은 그쪽으로, he said 예수께서 말씀하시길 to 대상은 Philip 빌립이고, "Where shall we 어디서 할까? buy bread 빵을 for these people 이 사람들이 to eat 나아가서 하는 바는 먹을?"

동사 looked 쳐다보다 up, 동사 saw는 5형식을 이룬다. 목적어가 행위를 한다 그 행위는 목적 보어이다. a great crowd coming toward him

06 He asked this only to test him, for he already had in mind what he was going to do. 이렇게 말씀하심은 친히 어떻게 하실지를 아시고 빌립을 시험하고자 하심이라

He asked 그가 말씀하심은 this 이것을 only to test him 단지 나아가서 하고자 하는 일은 그를 시험하기 함이라 for 이는 말미암음이니라 he already had 그가 이미 가졌다 in mind 마음으로는 what he was going to do 어떻게 하려는지

He asked this only to test him 이 문장을 어떻게 해석하는가이다. 정답은 내림차순으로 그냥 해석하는 것이다. 예수께서 말씀하심은 이것을 단지 하시고자 하는 것은(to R) 시험하는 데 그 사람

07 Philip answered him, "Eight months' wages would not buy enough bread for each one to have a bite!." 빌립이 대답하되 각 사람으로 조금씩 받게 할지라도 이백 데나리온의 떡이 부족하리이다

Philip answered 빌립이 대답하되 him 예수님께 "Eight months' wages would not 8개월의 임금이라도 하지 않으리라 buy enough bread 구입하다 충분한 빵을 for each one 각 사람이 to have a bite 나아가서 하고자 하는 일은 한 입씩 먹게!"

08 Another of his disciples, Andrew, Simon Peter's brother, spoke up, 제자 중 하나 곧 시몬 베드로의 형제 안드레가 예수께 여짜오되

Another of his disciples 한명 제자 중의 Andrew, Simon Peter's brother 안드레, 시몬 베드로의 형제 spoke up 말씀 올리사, 말했다 방향은 위로

09 "Here is a boy with five small barley loaves and two small fish, but how far will they go among so many?" 여기 한 아이가 있어 보리떡 다섯 개와 물고기 두 마리를 가지고 있나이다 그러나 그것이 이 많은 사람에게 얼마나 되겠사옵나이까.

a boy with five small barley loaves and two small fish 소년이 가지고 있는 with를 동반한다. how far will they go 얼마나 견디겠습니까? among so many 중에서 그렇게?

10 Jesus said, "Have the people sit down." There was plenty of grass in that place, and the men sat down, about five thousand of them. 예수께서 이르시되 이 사람들로 앉게 하라 하시니 그곳에 잔디가 많은지라 사람들이 앉으니 수가 오천 명쯤 되더라

Jesus said 예수께서 말씀하시되 "Have 해라 the people sit down 사람들이 앉게 해라." There was plenty of grass 많은 잔디가 있다 in that place 그 장소에는 and the men sat down 그리고 그 사람들이 앉으니 about five thousand of them 약 5천 명이다 관련된 것은 그 사람

11 Jesus then took the loaves, gave thanks, and distributed to those who were seated as much as they wanted. He did the same with the fish. 예수께서 떡을 가져 축사하신 후에 앉아 있는 자들에게 나눠 주시고 물고기도 그렇게 그들의 원대로 주시니라

Jesus then took 예수께서 그때 취하시길 the loaves 떡을 gave thanks 감사 축사하시고 and distributed 나누어주셨다 to those 대상은 그 사람들이고 who were seated 그 사람은 앉았는데 as much as they wanted 그들이 원했던 만큼 He did 그분께서는 했다 the same 같은 방법으로 with the fish 함께하는 것은 고기

to those who were seated 앉은 사람들에게. as much as they wanted 그들이 원하는 만큼.

12 When they had all had enough to eat, he said to his disciples, "Gather the pieces that are left over. Let nothing be wasted." 그들이 배부른 후에 예수께서 제자들

에게 이르시되 남은 조각을 거두고 버리는 것이 없게 하라 하시므로

When they 때 그들이 had all had 이미 모두 가졌다 enough 충분한 양을 to eat 나아가서 하고자 하는 바는 먹으려고 he said 말씀하시길 to his disciples 제자들에게 "Gather the pieces 모아라 조각들을 that are left over 조각들이 남아 있는 Let nothing 해라 아무것도 be wasted 낭비되게."

13 So they gathered them and filled twelve baskets with the pieces of the five barley loaves left over by those who had eaten. 이에 거두니 보리 떡 다섯 개로 먹고 남은 조각이 열두 바구니에 찼더라

So they gathered 그래서 그들이 모았더니 them 남은 것들을 and filled 채웠다 twelve baskets 열두 광주리를 with the pieces 조각들로서 of the five barley loaves 5개의 보리빵 left over 남아있는 by those who had eaten 사람들이 그들이 이미 먹었던

동사 filled는 목적어를 채우는데, 그 수단은 전치사 with를 동반한다. the pieces of the five barley loaves이라는 명사가 나왔으니까, 이를 설명해주어야 한다. 여기서는 P.P를 사용했다. (which were) left over by those who had eaten.

14 After the people saw the miraculous sign that Jesus did, they began to say, "Surely this is the Prophet who is to come into the world." 그 사람들이 예수께서 행하신 이 표적을 보고 말하되 이는 참으로 세상에 오실 그 선지자라 하더라

After 직전에 일어난 일은 the people saw 사람들이 보셨고는 the miraculous sign that Jesus did 표적은 그것은 예수께서 행하셨고 they began 그들이 시작했다 to say 나아가서 하고자 하는 것은, "Surely this is 확실하게 이분은 입니다 the Prophet who is 선지자 그분은 이다 to come 나아가서 하고자 하는 것은 into the world 세상 안으로"

the miraculous sign that Jesus did 예수께서 행하신 기적, they began to say 그들이 시작했다. 그리고 말하기를(이렇게 순서적으로 해석)

15 Jesus, knowing that they intended to come and make him king by force, withdrew again to a mountain by himself. 그러므로 예수께서 그들이 와서 자기를 억지로

붙들어 임금으로 삼으려는 줄 아시고 다시 혼자 산으로 떠나 가시니라

Jesus, knowing 예수께서 아시고 **that**절 이하를 **that they intended** 그들이 의도했다 **to come** 앞으로 하고자 하는 일이 와서는 **and make him** 자신을 **king by force** 왕으로 강제로 **withdrew again** 물러 나시사 다시 **to a mountain** 산으로 **by himself** 홀로

Jesus, knowing that they intended to come and make him king by force, 분사 구문이다. 문장은 순서대로 해석하는 습관을 들여야 영어에 능통할 수 있다. withdrew again to a mountain by himself의 주어는 Jesus이다.

16 **When evening came, his disciples went down to the lake,** 저물매 제자들이 바다에 내려가서

When evening came 때는 저녁이 왔고, **his disciples went down** 제자들이 갔고 아래쪽으로 **to the lake** 도착한 곳은 호수

동사 go 방향은 down이고 도착한 장소는 to이다. 재미있는 영어표현이다.

17 **where they got into a boat and set off across the lake for Capernaum. By now it was dark, and Jesus had not yet joined them.** 배를 타고 바다를 건너 가버나움으로 가는데 이미 어두웠고 예수는 아직 그들에게 오시지 아니하셨더니

where they got 그곳에서(호수) 그들은 얻었다 **into a boat** 안으로 보트 **and set off** 출발했다 **across the lake** 바다를 건너 **for Capernaum** 향한 곳은 가버나움 **By now** 이미 **it was dark** 날은 어두웠고 **and Jesus had** 그리고 예수께서는 이미 **not yet joined them** 아니다 아직 합류하시지를 그들과

they got into a boat and set off across the lake for Capernaum 동사 get는 주어가 노력을 하여 성취하는 것을 말한다. 그러니 hey got into a boat는 배를 타시고, set off across the lake for Capernaum 에서 set는 정착했고 off는 떨어지니까 출발하다의 뜻이 된다.

18 **A strong wind was blowing and the waters grew rough.** 큰 바람이 불어 파도가 일어나더라

A strong wind 강한 바람이 was blowing 불고 있었고 and the waters grew 파도는 자라서 거칠어졌다 rough

19 When they had rowed three or three and a half miles, they saw Jesus approaching the boat, walking on the water; and they were terrified. 제자들이 노를 저어 십여 리쯤 가다가 예수께서 바다 위로 걸어 배에 가까이 오심을 보고 두려워하거늘

When they had 때는 제자들이 이니 rowed 노를 저었고 three or three and a half miles 3 내지 3.5마일을 they saw 제자들이 보았으니 Jesus approaching the boat 예수께서 다가 오시는 것을 보트로 walking on the water 걸어서 접하는 면은 물; and they were terrified 그리고 그들이 깜짝 놀라니

동사 see는 5형식 동사로 쓰인다 they saw Jesus approaching the boat, walking on the water 분사구문이므로 주어는 예수님이다.

20 But he said to them, "It is I; don't be afraid." 이르시되 내니 두려워하지 말라 하신대

But he said 그러나 그분께서 말씀하시길 to them 대상은 그들에게 "It is I 그것은 나야; don't be afraid 마라 두려워하다"

21 Then they were willing to take him into the boat, and immediately the boat reached the shore where they were heading. 이에 기뻐서 배로 영접하니 배는 곧 그들이 가려던 땅에 이르렀더라

Then they were willing 그때 그들이 하고 있었다 기꺼이 to take him 나아가서 하고자 하는 일은 모시는 것이고 into the boat 배 안으로 and immediately the boat reached 그리고 즉시 그 배는 도달했다 the shore where they were heading 해안이고 그 해안은 그들이 향하는 곳

they were willing to take him into the boat 해석은 그들이 기꺼이 배 안으로 모시니, the shore where they were heading 문장에서 명사 the shore를 설명해 보자 장소니까 where 그들이 they 향하고 있었던 were heading

22 The next day the crowd that had stayed on the opposite shore of the lake realized that only one boat had been there, and that Jesus had not entered it with his disciples, but that they had gone away alone. 이튿날 바다 건너편에 서 있던 무리가 배 한 척 외에 다른 배가 거기 없는 것과 또 어제 예수께서 제자들과 함께 그 배에 오르지 아니하시고 제자들만 가는 것을 보았더니

The next day 다음 날에 the crowd that had stayed 군중들은 군중인데 이미 머물렀던 on the opposite shore of the lake 접하는 면은 반대편이고 대상은 바다의 realized 깨닫기를 that절을 that only one boat had 단지 하나의 배가 이미 been there 있었다 거기에 and that Jesus had 그리고 예수께서 이미 not entered 들어가지 않으셨다 it 그곳에 with his disciples 함께 하는 것은 그 제자들이다 but that they had 그러나 제자들이 이미 gone away alone 갔다 멀리 홀로

23 Then some boats from Tiberias landed near the place where the people had eaten the bread after the Lord had given thanks. 그러나 디베랴에서 배들이 주께서 축사하신 후 여럿이 떡 먹던 그곳에 가까이 왔더라.

Then some boats 배 몇 척이 from Tiberias 출발한 곳은 디베랴이고 landed 도착하기를 near the place 근처 장소인데 where the people had 그 장소는 사람들이 이미 eaten the bread 먹었던 빵을 after 바로 직전에 일어난 일은 the Lord had 그들은 이미 given thanks. 축사를 드렸다

24 Once the crowd realized that neither Jesus nor his disciples were there, they got into the boats and went to Capernaum in search of Jesus. 무리가 거기에 예수도 안 계시고 제자들도 없음을 보고 곧 배들을 타고 예수를 찾으러 가버나움으로 가서

Once 한때는 the crowd realized 군중이 깨달았다 that절을 that neither Jesus nor his disciples 아니고 예수님도 아니고 제자들도 were there 있다, 그곳에 they got 그들이 노력해서 into the boats 배 안으로 and went 갔다 to Capernaum 가버나움으로 in search of Jesus 찾는 대상은 예수님

25 When they found him on the other side of the lake, they asked him, "Rabbi, when did you get here?" 바다 건너편에서 만나 랍비여 언제 여기 오셨나이까 하니

When they found 때는 그들이 발견했기를 him 그를 on 면으로 접하는 것은 the other side 다른 쪽이고 of 한정하는 것은 the lake 바닷가 they asked 묻기를 him 예수께 "Rabbi, when did you 선생님, 언제 했어요 get here 여기에 도착?"

26 Jesus answered, "I tell you the truth, you are looking for me, not because you saw miraculous signs but because you ate the loaves and had your fill." 예수 께서 대답하여 이르시되 내가 진실로 진실로 너희에게 이르노니 너희가 나를 찾는 것은 표적을 본 까닭이 아니요 떡을 먹고 배부른 까닭이로다 또는 이적

Jesus answered 예수께서 대답하시길 I tell you the truth 진실을 말하노니 you are looking 너희들이 바라 보는구나 for me 위하는 것은 나 not because 때문이 아니고 you saw 너희가 보았고 miraculous signs 기적을 but because 때문이다 you ate 너희가 먹었고 the loaves 빵을 and had your fill 배를 채웠기에

27 Do not work for food that spoils, but for food that endures to eternal life, which the Son of Man will give you. On him God the Father has placed his seal approval. 썩을 양식을 위하여 일하지 말고 영생하도록 있는 양식을 위하여 하라 이 양식은 인 자가 너희에게 주리니 인자는 아버지 하나님께서 인치신 자니라

Do not work 일하지 마라 for food 대상은 음식 that spoils 그것은 썩는다 but for food 그 러나 음식을 위해서 that endures 그것은 지속하니라 to eternal life 도달하는 것은 영생 which 그것은 the Son of Man will 인자가 일 거야 give you 주는 너희에게 On him 그분에게는 God the Father has placed 하나님 아버지께서 두셨느니라 his seal approval. 그의 인을 인증"

for food that spoils, 썩을 음식을 위하여, for food that endures to eternal life 영생까지 지속하는 음식 which the Son of Man will give you. 이러한 음식들은 인자가 너희에게 줄 거다.

28 Then they asked him, "What must we do to do the works God requires?" 그들 이 묻되 우리가 어떻게 하여야 하나님의 일을 하오리이까

Then they asked 그때 그들이 묻기를 him 예수님께 "What must we 무엇을 해야 하나 우리 가 do 하다 to do 나아가서 하고자 하는 일은 하는 것인데 the works God requires 그 일은 하 나님으로서 요구하신다?"

What must we do? 우리는 무엇을 해야 하는가? to do the works God requires. 하나님께서 요구하시는 일을 하려면

29 Jesus answered, "The work of God is this: to believe in the one he has sent."
예수께서 대답하여 이르시되 하나님께서 보내신 이를 믿는 것이 하나님의 일이니라 하시니

Jesus answered 예수께서 가라사대 "The work of God 일 그 대상은 하나님 is this 이것이다: to believe in 나아가서 하고자 하는 바는 믿는 것 the one he has sent 그분은 그분께서 보내신 자"

to believe in the one he has sent 하나님께서 보내신 자를 믿는 것, the one은 누구인지를 설명해야 한다. 이를 관계사절로 설명하는 데 목적격은 생략이 가능하니 하나님을 주어로 해서 이미 보내주신 had sent가 된다.

30 So they asked him, "What miraculous sign then will you give that we may see it and believe you? What will you do? 그들이 묻되 그러면 우리가 보고 당신을 믿도록 행하시는 표적이 무엇이나이까, 하시는 일이 무엇이나이까

So they asked 그래서 그들이 묻기를 him 그에게 "What miraculous sign then 무슨 표적을 will you give 당신은 줄 것인가 that we may 우리가 하도록 see it 보고 그것을 and believe you 믿게 하려면? What will you do 무엇을 하실 것인가?

What miraculous sign then will you give? 어떤 기적을 보여주시겠습니까?

31 Our forefathers ate the manna in the desert; as it is written: 'He gave them bread from heaven to eat. 기록된 바 하늘에서 그들에게 떡을 주어 먹게 하였다 함과 같이 우리 조상들은 광야에서 만나를 먹었나이다

Our forefathers ate 우리의 조상들은 먹었다 the manna 만나를 in the desert 광야에서; as it is written처럼 그것이 기록된 것: 'He gave 그가 주사 them bread 그들에게 빵을 from heaven 출발지는 하늘 to eat 나아가서 하도록 한 바는 먹게끔.'

32 Jesus said to them, "I tell you the truth, it is not Moses who has given you the

bread from heaven, but it is my Father who gives you the true bread from heaven. 예수께서 이르시되 내가 진실로 진실로 너희에게 이르노니 모세가 너희에게 하늘로부터 떡을 준 것이 아니라 내 아버지께서 너희에게 하늘로부터 참 떡을 주시나니

Jesus said 예수께서 말씀하시길 to them 대상은 그들에게 I tell you the truth 너희에게 말하노니 it is not Moses 모세가 아니고 who has 그분은 이미 given 주셨으니 you the bread 너희에게 빵을 from heaven 출발지는 하늘이고 but it is my Father 내 아버지 who gives 그분이 주셨느니라 you the true bread 너희에게 빵을 from heaven 출발지는 하늘

33 For the bread of God is he who comes down from heaven and gives life to the world. 하나님의 떡은 하늘에서 내려 세상에 생명을 주는 것이니라

For 이는 ~로 말미암음이니라 the bread of God 떡은 하나님의 is he 그분이시다 who 그분은 comes down 내려오시다 from heaven 출발지는 하늘이고 and gives life 그리고 생명을 주시는 데 to the world 그 대상은 세상이다

he who comes down from heaven and gives life to the world. 하늘에서 내려오시어 세상에 생명을 주시는 그분, 그분은 그분인데, 그분은 오신다 아래로 출발지는 하늘이고 그리고는 주신다 생명을. 대상은 세상이다.

34 "Sir," they said, "from now on give us this bread." 그들이 이르되 주여 이 떡을 항상 우리에게 주소서

"Sir," they said 그들이 말하길 "from now on 지금부터 give us this bread. 주세요 우리에게 빵을"

35 Then Jesus declared, "I am the bread of life. He who comes to me will never go hungry, and he who believes in me will never be thirsty." 예수께서 이르시되 나는 생명의 떡이니 내게 오는 자는 결코 주리지 아니할 터이요 나를 믿는 자는 영원히 목마르지 아니하리라

Then Jesus declared 예수께서 선언하시길 I am 나는 이다 the bread of life 빵 관련된 것은 생명의 He 그는 who comes to me 그분은 그분인데 그분께서 온다 내게로 will never go hungry, 배고프게 되지 않고 and he 그는 who believes in me 그인데 믿는 나를 will never

be thirsty. 갈증 나지 않을 것이니라

He who comes to me 내게로 오는 자, he who believes in me 나의 존재를 믿는 자, 이런 문장을 자유자재로 만들 수 있어야 한다. He를 설명하려니 관계사절을 만들고 주어가 없으니 동사를 쓴다. 이때 선행사에 따른 수, 시제일치를 해주는 것이 핵심이다.

36 But as I told you, you have seen me and still you do not believe. 그러나 내가 너희에게 이르기를 너희는 나를 보고도 믿지 아니하는도다 하였느니라

But as 그러나 ~처럼 I told 내가 말하길 you 너희들에게 you have 너희는 이미 seen me 보았고 나를 and still 그리고 여전히 you do not 너희는 않는도다 believe 믿지를

37 All that the Father gives me will come to me, and whoever comes to me I will never drive away. 아버지께서 내게 주시는 자는 다 내게로 올 것이요 내게 오는 자는 내가 결코 내쫓지 아니하리라

All 모든 사람들은 that the Father gives me 사람들인데 아버지께서 나에게 주시는 will come 올 것이다 to me 대상은 나 and whoever comes to me 누구든지 오는 대상은 나에게 I will never 나는 결코 ~하지 않을 것이다. drive away 쫓아버리다

All that the Father gives me 아버지께서 내게 주신 모든 사람들, whoever comes to me 나에게 오는 누구든지

38 For I have come down from heaven not to do my will but to do the will of him who sent me. 내가 하늘에서 내려온 것은 내 뜻을 행하려 함이 아니요 나를 보내신 이의 뜻을 행하려 함이니라

For 이는 말미암음이니라 I have 나는 이미 come down 내려왔기를 from heaven 출발지는 하늘이고 not to do 하고자 하는 일은 일이 아니고 my will 내 뜻을 but to do 하고자 하는 일은 the will of him who sent me 뜻을 관련된 것은 그분이고 그분은 나를 보내신 분

부정사의 부정은 not to R이다. to do the will of him who sent me 나를 보내신 분의 뜻을 행하다. R은 행하는 것이고 do이고 목적어는 the will 의지 한정하는 것은 그분이니 of him이고 him

을 설명하니 who sent me가 된다.

39 And this is the will of him who sent me, that I shall lose none of all that he has given me, but raise them up at the last day. 나를 보내신 이의 뜻은 내게 주신 자 중에 내가 하나도 잃어버리지 아니하고 마지막 날에 다시 살리는 이것이니라

And this is 그리고 이것은 이다 the will 의지이고 of 한정되는 것은 him 그분이고 who 그분은 sent me 보내셨다 나를. 나를 보내신 분의 뜻 that I shall lose 나는 잃어 버리게 될 것이다 none 아무도 of 한정되는 것은 all 모든 사람들이고 that 그들은 he 그분께서 has given 이미 주셨으니 me 나에게 but raise 살리신다 them up 그들을 위로 at the last day 마지막 날에는

the will of him who sent me 나를 보내신 분의 뜻(의지), none of all that he has given me 그분께서 내게 주신 자들 중 한 사람도 없이.

40 For my Father's will is that everyone who looks to the Son and believes in him shall have eternal life, and I will raise him up at the last day. 내 아버지의 뜻은 아들을 보고 믿는 자마다 영생을 얻는 이것이니 마지막 날에 내가 이를 다시 살리리라 하시니라

For 이는 말미암음이니라 my Father's will is 내 아버지의 뜻은 that절이다 that everyone who looks 모든 사람은 그 사람은 보다 to the Son 그 대상은 아들이고 and 그리고 believes in 존재를 믿는다 him 그를 shall have 가질 것이다 eternal life 영생을 and I will raise him up 그리고 나는 다시 살리리라 at the last day 마지막 날에

41 At this the Jews began to grumble about him because he said, "I am the bread that came down from heaven." 자기가 하늘에서 내려온 떡이라 하시므로 유대인들이 예수에 대하여 수군거려

At this 이때 the Jews began 유대인들이 시작했다 to grumble 나아가서 하고자 하는 바는 중얼거리다 about him 관련된 것은 예수님 because he said 그 이유는 그가 말하길 "I am the bread 나는 이다 빵 that came down 그 빵은 내려온다
from heave 출발지는 하늘"

the bread that came down from heaven 하늘에서 내려온 빵. 빵은 빵인데 그 빵은 내려온

다. 방향은 아래이고 출발지는 하늘이다.

42 They said, "Is this not Jesus, the son of Joseph, whose father and mother we know? How can he now say, 'I came down from heaven?'" 이르되 이는 요셉의 아들 예수가 아니냐 그 부모를 우리가 아는데 자기가 지금 어찌하여 하늘에서 내려왔다 하느냐

They said 그들이 말하되 "Is this 인가? not Jesus 예수가 아닌 the son of Joseph, 아들 이고 관련된 것은 요셉의 whose father and mother we know 그의 아버지와 어머니 우리가 안다? How can he 어떻게 가능한가? now say 지금 말하는 'I came down 내가 내려왔다고 from heaven 하늘에서 '"

43 "Stop grumbling among yourselves," Jesus answered. 예수께서 대답하여 이르시되 너희는 서로 수군거리지 말라

"Stop grumbling 멈추라 중얼거림을 among yourselves 중에서 너희들" Jesus answered.

44 "No one can come to me unless the Father who sent me draws him, and I will raise him up at the last day. 나를 보내신 아버지께서 이끌지 아니하시면 아무도 내게 올 수 없으니 오는 그를 내가 마지막 날에 다시 살리리라

"No one can 아무도 가능하지 않다 come to me 오다 대상은 나에게로 unless the Father who sent me 만일 않는다면 아버지 그분이 보내신 나를 draws him 이끄신다 그를 and I will 그리고 나는 할 것이다 raise him up 그를 일으키며 세우다 at the last day 마지막 날에

unless the Father who sent me draws him 만일에 나를 보내신 아버지께서 그를 이끌지 않는다면, if ~not이니까, 아버지는 아버지인데 그 아버지는 보내셨다 나를 이끌지 않는다면 그분을

45 It is written in the Prophets: 'They will all be taught by God.' Everyone who listens to the Father and learns from him comes to me. 선지자의 글에 그들이 다 하나님의 가르치심을 받으리라 기록되었은 즉 아버지께 듣고 배운 사람마다 내게로 오느니라

It is written 씌어 있다 in the Prophets 선지자들 글에: 'They will all 그들 모두는 be taught 가르침을 받을 것이다 by God 하나님에 의해서 .' Everyone who listens 모든 사람은 사람인데 듣고 to the Father 그 대상은 아버지 and learns 배우는 from him 출발지는 그분에 게서 comes to me 내게 오나니

46 No one has seen the Father except the one who is from God; only he has seen the Father. 이는 아버지를 본 자가 있다는 것이 아니니라 오직 하나님에게서 온 자만 아버지 를 보았느니라

No one has 아무도 없다 이미 seen the Father 보았다 아버지를 except the one 제외하고 는 그분을 who is 그분은 이다 from God 출발지는 하늘; only he has 단지 그분만 이미 seen the Father 보았다 아버지를

except the one 만 있다면 뜻이 부정확하므로 the one을 설명해 주어야 한다. 하나님에게서 온 사람이므로 the one이고 who 주어가 없으므로 is forme God가 된다.

47 I tell you the truth, he who believes has everlasting life. 진실로 진실로 너희에게 이르 노니 믿는 자는 영생을 가졌나니

I tell 나는 말하노니 you the truth 너희에게 진실을 he who believes 믿는 자는 has everlasting life 영생을 가졌나니

he who believes 영어에서 he는 구체적으로 설명해야 하니 who가 되고 믿는다 동사이므로 he who belives가 된다. (참고) 성경 원문에 believes 목적어가 없음

48 I am the bread of life. 내가 곧 생명의 떡이니라

the bread of life 의미는 life가 the bread를 포함하는 개념이다.

49 Your forefathers ate the manna in the desert, yet they died. 너희 조상들은 광야에 서 만나를 먹었어도 죽었거니와

Your forefathers ate 너희의 조상들은 먹었나니 the manna in the desert 만나를 광야에서 yet they died 그러나 그들이 죽었다

50 But here is the bread that comes down from heaven, which a man may eat and not die. 이는 하늘에서 내려오는 떡이니 사람으로 하여금 먹고 죽지 아니하게 하는 것이니라

But here is 그러나 여기에 있다 the bread 빵은 that 빵인데 그 빵은 comes 온다 down 아래로 from 출발지는 heaven 하늘에서 which a man may 이는 사람이 위함이다 eat and not die 먹어도 죽지 아니하게 함

the bread that comes down from heaven 하늘에서 내려온 빵. 중요한 것은 the bread라는 명사가 나오면 뒤에서 설명을 해주어야 하는 데, 영어에서는 관계사절을 사용하는 빈도수가 제일 많다.

51 I am the living bread that came down from heaven. If anyone eats of this bread, he will live forever. This bread is my flesh, which I will give for the life of the world. 나는 하늘에서 내려온 살아 있는 떡이니 사람이 이 떡을 먹으면 영생하리라 내가 줄 떡은 곧 세상의 생명을 위한 내 살이니라 하시니라

I am 나는 이다 the living bread 살아있는 빵 that came down from heaven 그것은 내려왔다 출발지는 하늘에서 If anyone eats 만일 누군가 먹으면 of this bread 관련된 것은 빵 he will live forever 그는 영원히 살 것이다 This bread is 이 빵은 이다 my flesh 내 살이고 which I will give 그것은 내가 줄 것이다 for the life of the world 그 대상은 생명을 위한 것이다. 관련된 것은 세상이고.

the living bread that came down from heaven 하늘에서 내려온 산 빵, 살아있는 빵은 빵인데 그 빵은 내려온다. 방향은 아래이고 출발지는 하늘이다.

52 Then the Jews began to argue sharply among themselves, "How can this man give us his flesh to eat?" 그러므로 유대인들이 서로 다투어 이르되 이 사람이 어찌 능히 자기 살을 우리에게 주어 먹게 하겠느냐

Then the Jews began 그때 유대인들이 시작했다 to argue sharply 나아가서 하고자 하는 바는 날카롭게 among themselves 그들 사이에서 "How can 어찌하여 가능하겠는가? this man 이 사람이 give us his flesh 주어서 우리에게 자기의 살을 to eat 먹게 하느냐?"

53 Jesus said to them, "I tell you the truth, unless you eat the flesh of the Son of

Man and drink his blood, you have no life in you. 예수께서 이르시되 내가 진실로 진실로 너희에게 이르노니 인자의 살을 먹지 아니하고 인자의 피를 마시지 아니하면 너희 속에 생명이 없느니라

Jesus said 예수께서 말씀하시길 to them 대상은 그들에게 "I tell 내가 말하노니 you the truth 너희에게 진실을 unless you eat 만일에 하지 않는다면 너희가 먹지 the flesh of the Son of Man 살을 관련된 것은 인자 and drink 마시다 his blood 자기의 피 you have 너희들은 가진다 no life 생명없는 것을 in you 너희 안에

54 Whoever eats my flesh and drinks my blood has eternal life, and I will raise him up at the last day. 내 살을 먹고 내 피를 마시는 자는 영생을 가졌고 마지막 날에 내가 그를 다시 살리리니

Whoever eats 누구든지 먹는다 my flesh 내 살을 and drinks 그리고 마신다 my blood 내 피를 has eternal life 영생을 가진다 and I will 그리고 내가 하리니 raise him up 일으키니 그를 위로 at the last day 접하는 것은 마지막 날

Whoever eats my flesh and drinks my blood 내 살을 먹고 내 피를 마시는 사람. 동사 raise는 방향을 나타내는 up을 사용한다. at the last day. 지정된 날짜에는 on을 쓴다. at은 지정된 시각을 나타낸다.

55 For my flesh is real food and my blood is real drink. 내 살은 참된 양식이요 내 피는 참된 음료로다

For 이는 말미암음이니라 my flesh is 내 살은 이다 real food 참된 음식 and my blood is 내 피는 이다 real drink 참된 음료

for SV는 단정된 문장(54절) 뒤에 연결되어, 원인과 이유를 나타낼 때 사용한다.

56 Whoever eats my flesh and drinks my blood remains in me, and I in 내 살을 먹고 내 피를 마시는 자는 내 안에 거하고 나도 그의 안에 거하나니

Whoever eats 누구든지 먹는다 my flesh 내 살을 and drinks my blood 마신다 내 피를 remains 남아 있다 in me 그 대상은 나 and I in him 그리고 나는 대상은 그

Whoever eats my flesh and drinks my blood 내 살을 먹고, 내 피를 마시는 자(누구든지) whoever는 선행사를 포함하고 있다. 단수취급을 하니 동사는 remains이다.

57 Just as the living Father sent me and I live because of the Father, so the one who feeds on me will live because of me. 살아 계신 아버지께서 나를 보내시매 내가 아버지로 말미암아 사는 것 같이 나를 먹는 그 사람도 나로 말미암아 살리라

Just as처럼 the living Father sent 살아계신 아버지가 보내셨으니 me 나를 and I live 그리고 내가 산다 because of the Father 말미암아 아버지로 so the one 그래서 사람은 who feeds on me 그는 먹는다 내 살을 will live 살리라 because of me 말미암아 나

Just as SV~ , so SV~ 앞절처럼~, 뒤절같이 결과를 나타낸다.

58 This is the bread that came down from heaven. Your forefathers ate manna and died, but he who feeds on this bread will live forever. 이것은 하늘에서 내려온 떡이니 조상들이 먹고도 죽은 그것과 같지 아니하여 이 떡을 먹는 자는 영원히 살리라

This is 이것은 the bread that came down 빵이고 그 빵은 내려왔나니 from heaven 출발지는 하늘 Your forefathers ate 너의 조상들은 먹었다 manna 만나를 and died 그리고 죽었다 but he 그러나 그는 who feeds on this bread 그 사람인데 먹는다 이 빵을 will live 살리라 forever 영원히

the bread that came down from heaven 하늘에서 내려온 빵, he who feeds on this bread 이 빵을 먹는 사람.

59 He said this while teaching in the synagogue in Capernaum. 이 말씀은 예수께서 가버나움 회당에서 가르치실 때에 하셨느니라

He said 그분께서 말씀하시길 this 이것을 while teaching 동시에 일어나는 일은 가르치시면서 in the synagogue 둘러싸는 것은 회당 in Capernaum 둘러싸는 것은 가버나움

He said this while teaching 순서대로 해석해야 뜻이 분명해진다. 분사구문이다. 주어 동사가 명백할 때, 즉 주절의 주어와 종속절의 주어가 같을 때 주어 동사를 생략한다.

60 On hearing it, many of his disciples said, "This is a hard teaching. Who can accept it?" 제자 중 여럿이 듣고 말하되 이 말씀은 어렵도다 누가 들을 수 있느냐 한대

On hearing 접하는 것은 들었을 때 it 그것을 many 많은 사람들 of his disciples 관련된 것은 그의 제자들 said 말하기를 "This is 이것은 이다 a hard teaching 어려운 교훈 Who can accept it? 누가 능히 받을까 그것을"

On hearing it, many of his disciples said 분사구문은 주절의 주어의 행동을 나타낸다. 즉 제자들이 그것을 들었을 때, 분사구문은 접속사+동사~ing, 전치사+동사~ing, ~ing, (being) 동사~ed형태이다.

61 Aware that his disciples were grumbling about this, Jesus said to them, "Does this offend you?" 예수께서 스스로 제자들이 이 말씀에 대하여 수군거리는 줄 아시고 이르시되 이 말이 너희에게 걸림이 되느냐

Aware 인지하시다 that절을 that his disciples were 제자들이 했다 grumbling 중얼거리고 about this 관련된 것은 이것 Jesus said 예수께서 말하기를 to them 대상은 그들 "Does this 이것이 offend you 괴롭히나 너희를?"

62 What if you see the Son of Man ascend to where he was before! 그러면 너희는 인자가 이전에 있던 곳으로 올라가는 것을 본다면 어떻게 하겠느냐!

What if 어찌하노 you see 너희들이 본다 the Son of Man ascend 인자가 올라간다 to 도달하는 장소는 where he was before 그가 있었던 전에!

What if 절은 가정을 나타낸다. 만일 ~한다면, 동사see는 5형식을 나타낸다. 중요한 것은 목적어는 사람을, 목적보어는 동사 또는 동사~ing(the ing form of verb)가 많이 쓰인다. 목적어는 행위자를 나타내고, 목적보어는 행위자의 동작을 나타낸다. you see the Son of Man ascend to where he was before!

63 The Spirit gives life; the flesh counts for nothing. The words I have spoken to you are spirit and they are life. 살리는 것은 영이니 육은 무익하니라. 내가 너희에게 이른 말은 영이요 생명이니

The Spirit gives 영은 주시나니 life 생명을; the flesh counts 육은 수를 센다 for nothing 그 대상은 없는 것을 The words 말씀들은 I have 내가 이미 spoken 말했다 to you 대상은 너희들 are spirit 영이다 and they are life 그리고 그 말씀은 생명이다

64 Yet there are some of you who do not believe. For Jesus had known from the beginning which of them did not believe and who would betray him. 그러나 너희 중에 믿지 아니하는 자들이 있느니라 하시니 이는 예수께서 믿지 아니하는 자들이 누구며 자기를 팔 자가 누구인지 처음부터 아심이러라

Yet there are 그러나 있나니 some of you 너희들 중에 몇 명이 who do not believe. 몇 명은 믿지 않는다 For 이는 ~로 말미암음이니라 Jesus 예수께서는 had known 이미 아셨다 from 출발한 곳은 the beginning 처음 which of them 누가 대상은 그들 중에 did not believe 알았고 믿지 and who would 누가 할 것인가 betray him 배반하다 그를

which of them did not believe and who would betray him 그 둘 중에 누가 믿지 않으며 누가 배신할 것인지를.

65 He went on to say, "This is why I told you that no one can come to me unless the Father has enabled him." 또 이르시되 그러므로 전에 너희에게 말하기를 내 아버지께서 오게 하여 주지 아니하시면 누구든지 내게 올 수 없다 하였노라 하시니라

He went on 예수께서 계속하시기를 to say 나아가서 하고자 하는 바는 말씀하시는 바 "This is why 이것이 결과적으로 ~이니라 I told 내가 말했다 you 너희들에게 that 절을 that no one can 아무도 능히 못한다 come 온다 to me 대상은 나 unless 만일에 ~않는다면 the Father has 아버지께서 이미 enabled 가능하게 하셨다 him. 그를"

동사 go는 전치사 on을 동반하여 지속됨을 나타낸다. to + R(부정사)는 앞의 행위를 하는 주된 이유를 설명할 때 사용한다. 그러니 영어문장은 순서대로 해석해야 한다 he went on to say 계속해서 말씀하시다. This is why SV은 결과를 말하고자 할 때 사용한다. 이유나 원인을 나타낼 때는 this is because 절을 사용한다. 동사 tell을 4형식 '사람목적어(I.O) + 사물목적어(D.O)' 형태를 취한다. I told you that 절이다.

66 From this time many of his disciples turned back and no longer followed him.

이때부터 그의 제자 중에서 많은 사람이 떠나가고 다시 그와 함께 다니지 아니하더라

From this time 출발점은 이때 **many of his disciples turned** 많은 대상은 제자들이 돌아섰고 **back** 뒤로 **and no longer** 그리고 다시는 ~않더라 **followed** 따랐다 **him** 그를

동사 turn은 전치사 back을 사용하여 방향을 나타낸다. 뒤돌아서서 '떠나가다'의 뜻.

67 **"You do not want to leave too, do you?" Jesus asked the Twelve.** 예수께서 열두 제자에게 이르시되 너희도 가려느냐

"You do not want 너희들도 않는다 원한다 **to leave** 나아가서 하고자 하는 바는 떠나다 **too** 역시 **do you** 그렇지?**" Jesus asked** 예수께서 물으셨다 **the Twelve** 12제자들에게

You do not want to leave too, do you? 부가의문문이다. 앞 문장이 긍정문이면, 뒤에는 부정. 앞 문장이 부정문이면, 뒤는 긍정이다. 중요한 것은 일반동사는 do로 받고, 명령문은 shall로 받는다. 조동사는 조동사로 받는다. 그러나 현재완료는 have로 받아 you have P.P~, have you?

68 **Simon Peter answered him, "Lord, to whom shall we go? You have the words of eternal life.** 시몬 베드로가 대답하되 주여 영생의 말씀이 주께 있사오니 우리가 누구에게로 가오리이까

Simon Peter answered 시몬 베드로가 대답하기를 **him** 예수께 **"Lord,** 주여 **to whom** 대상은 누구 **shall we go** 가능 우리가 가다? **You have** 당신은 가지고 계시나니 **the words of eternal life** 한정된 것은

to whom 누구에게로, 전치사 to는 도달하는 목적지를 나타낸다. a key to the door 하면 열쇠가 문에 도달하니 열쇠를 꽂다의 뜻이 된다. you can transfer to the No. 2 Line(Green Line) 바꿔 탈 수 있다. 2호선으로

69 **We believe and know that you are the Holy One of God.** 우리가 주는 하나님의 거룩하신 자이신 줄 믿고 알았사옵나이다

We believe and know 우리는 믿고 알고 있어요 **that**절을 **that you are** 당신은 이다 **the**

Holy One of God. 거룩하신 분 관련된 것은 하나님

70 Then Jesus replied, "Have I not chosen you, the Twelve? Yet one of you is a devil!." 예수께서 대답하시되 내가 너희 열둘을 택하지 아니하였느냐 그러나 너희 중의 한 사람은 마귀니라 하시니

Then Jesus replied 그때 예수께서 응답하시길 "Have I 이미 내가 not chosen 선택하지 않았다 you 너희들을 the Twelve 12명? Yet 그러나 one of you 한명 관련된 것은 너희들 중에 is a devil 마귀이다!

71 (He meant Judas, the son of Simon Iscariot, who, though one of the Twelve, was later to betray him.) 이 말씀은 가룟 시몬의 아들 유다를 가리키심이라 그는 열둘 중의 하나로 예수를 팔 자러라

(He meant 예수께서 언급하셨다 Judas 유다 the son 아들 of 한정되는 것은 Simon Iscariot 관련된 것은 시몬 가룟 who 그는 though one 비록~이지만 하나 of the Twelve 관련된 것은 12명 was later 있었다. 후에는 to betray him 나아가서 하는 바는 속이다 그를)

The Gospel
according to St. John

요한복음 7장

The Gospel according to St. John

요한복음 7장

01 After this, Jesus went around in Galilee, purposely staying away from Judea because the Jews there were waiting to take his life. 그 후에 예수께서 갈릴리에서 다니시고 유대에서 다니려 아니하심은 유대인들이 죽이려 함이러라

After this 그 후에 **Jesus went** 예수께서 가셨다 **around** 주위를 **in Galilee** 둘러싼 것은 갈릴리 **purposely staying** 의도적으로 머무시면서 **away** 멀리 **from Judea** 출발지는 유대이고 **because** 그 이유는 **the Jews there** 유대인들이 그곳에서는 **were waiting** 기다리고 있었는데 **to take** 나아가서 하고자 하는 바는 죽이려고 하기에 **his life** 그의 생각을

동사 go는 전치사 around를 동반하여 '배회하다'의 뜻을 나타낸다. 동사 stay는 전치사 away를 동반하여 '멀리 떨어져 머물다'를 나타내니 출발한 곳에서 멀리 떨어져 머물다.

02 But when the Jewish Feast of Tabernacles was near, 유대인의 명절인 초막절이 가까운지라

But when 그러나 때는 **the Jewish Feast** 유대인의 명절 **of Tabernacles** 관련된 것은 초막절 **was near** 있었다 가까이

03 Jesus' brothers said to him, "You ought to leave here and go to Judea, o that your disciples may see the miracles you do. 그 형제들이 예수께 이르되 당신이 행하는 일을 제자들도 보게 여기를 떠나 유대로 가소서.

Jesus' brothers said 예수님의 형제들이 말했다 **to him** 그에게 **You ought to** 당신은 하셔야 합니다 **leave here** 떠나다 여기서 **and go** 가셔야 합니다 **to Judea** 도달 장소는 유대 땅 **so that** 그리하여 **your disciples** 제자들이 **may see** 보게 하려 함이다 **the miracles you do** 기적들을 예수께서 행하시는

so that your disciples may see the miracles you do 그래서 결과를 나타낸다.

04 No one who wants to become a public figure acts in secret. Since you are doing these things, show yourself to the world. 스스로 나타나기를 구하면서 묻혀서 일하는 사람이 없나니 이 일을 행하려 하거든 자신을 세상에 나타내소서 하니

No one 아무도 없다 who wants 그는 원하나니 to become 나아가서 하고자 하는 바는 되는 것 a public figure acts 대중적인 인물 in secret 비밀리에 Since you are 이유는 당신은 doing these things 하고 있어요. 이러한 일들을 show yourself 보여주세요. 당신 자신을 to the world 도달하는 것은 세상에

05 For even his own brothers did not believe in him. 이는 그 형제들까지도 예수를 믿지 아니함이러라

For 이는 ~로 말미암음이니라 even 심지어는 his own brothers 그의 형제들도 did not believe in 존재를 믿지 않았다 him 그를

06 Therefore Jesus told them, "The right time for me has not yet come; for you any time is right." 예수께서 이르시되 내 때는 아직 이르지 아니하였거니와 너희 때는 늘 준비되어 있느니라

Therefore Jesus told 그런고로 예수께서 말씀하시길 them 그들에게 The right time for me 올바른 때 그 대상은 나 has not 이미 아니다 yet come 아직 왔다; for 이유는 you any time 당신은 항상 is right 올바르다

07 The world can not hate you, but it hates me because I testify that what it does is evil. 세상이 너희를 미워하지 아니하되 나를 미워하나니 이는 내가 세상의 일들을 악하다고 증언함이라

The world can not 세상은 가능하지 않다 hate you 미워하다 너희를 but it hates 그러나 세상이 미워하나니 me 나를 because I testify 그 이유는 내가 증언하나니 that절을 that what it does 그것이 하는 것 is evil 악이다

what it does is evil 세상이 하는 일. what = the thing that이다.

08 You go to the Feast. I am not yet going up to this Feast, because for me the right time has not yet come. 너희는 명절에 올라가라 내 때가 아직 차지 못하였으니 나는 이 명절에 아직 올라가지 아니하노라

You go 너희들은 가라 to the Feast 도달하는 곳은 축제장 I am not 나는 아니다 yet going up 아직 올라가리니 to this Feast 도달하는 곳은 축제장 because 그 이유는 for me 위하는 대상은 나를 the right time has not 올바른 때가 이미 아니다 yet come 아직 왔다

동사 go는 '가다'의 뜻이니까 목적지를 나타낼 때는 to + 목적지를 나타낸다. 또한 방향으로 나타낼 때는 for + 장소를, go up~ 올라 가다. go down~ 내려 가다.

09 Having said this, he stayed in Galilee. 이 말씀을 하시고 갈릴리에 머물러 계시니라

Having 이미 said 말씀하셨다 this 이것을 he stayed 그는 머물렀다 in Galilee 둘러싼 것은 갈릴리지방

~ing로 시작하는 문장을 분사구문이라 하는데, 주절 주어의 행동을 나타낸다. have P.P는 현재 분사이고 해석은 '이미 ~~했다'이므로 having said가 된 것이다.

10 However, after his brothers had left for the Feast, he went also, not publicly, but in secret. 그 형제들이 명절에 올라간 후에 자기도 올라가시되 나타내지 않고 은밀히 가시니라

However 그러나 after his brothers had 그의 제자들이 이미 left 떠났다 for the Feast 대상은 축제 he went also 예수께서 가셨다 역시 not publicly 아닌 공개적으로 but 은밀히 가셨다 in secret.

11 Now at the Feast the Jews were watching for him and asking, "Where is that man?" 명절 중에 유대인들이 예수를 찾으면서 그가 어디 있느냐 하고

Now 이제는 at 점으로 접하는 것은 the Feast 명절이고 the Jews 유대인들은 were watching 찾고 있었다 for 대상은 him 그분 and asking 그리고 묻기를 "Where is that man? 그 사람 어디 있느냐?"

12 Among the crowds there was widespread whispering about him. Some said, "He is a good man." 예수에 대하여 무리 중에서 수군거림이 많아 어떤 사람은 좋은 사람이라 하며 어떤 사람은 아니라 무리를 미혹한다 하나

Among the crowds 사이에서 군중들 there was widespread 널리퍼진 소문 whispering about him 속삭이고 있는 대상은 그분 Some said 어떤 사람은 He is 그는 이다 a good man 좋은신 분

13 Others replied, "No, he deceives the people." But no one would say anything publicly about him for fear of the Jews. 그러나 유대인들을 두려워하므로 드러나게 그에 대하여 말하는 자가 없더라

Others replied 다른 사람들이 응답했다 "No 아니다, he deceives 그는 속이고 있다 the people 사람들을." But no one would 그러나 아무도 say anything publicly 말하다 어느 것도 공개적으로 about him 대상은 그분 for fear 두려움 of the Jews 관련된 것은 유대인

14 Not until halfway through the Feast did Jesus go up to the temple courts and begin to teach. 이미 명절의 중간이 되어 예수께서 성전에 올라가사 가르치시니

Not until halfway 멈추지 않았다 중간 through the Feast 통과하는 것은 축제 did Jesus go up 예수께서 올라가셨다 to the temple courts 도착 장소는 성전 and begin 그리고 시작했다 to teach 나아가서 하고자 하는 바는 가르치다

begin to teach는 '가르치기 시작했다' 이지만 영영식 사고방식은 '시작한다 하고자 하는 바는 to R' 이다. 모든 영어 문장은 순서대로 시작해야 한다는 것이다.

15 The Jews were amazed and asked, "How did this man get such learning without having studied?" 유대인들이 놀랍게 여겨 이르되 이 사람은 배우지 아니하였거늘 어떻게 글을 아느냐 하니

The Jews were 예수께서는 amazed 놀랐다 and asked 그리고 묻기를 "How did this man 어떻게 하여 이 사람이 했느냐? get such learning 얻었는가 그러한 교훈을 without having studied 없이 이미 공부한 적이?"

The Jews were amazed 유대인들이 놀라게 되는 거니까, 수동형인 be + PP를 쓴다.

16 Jesus answered, "My teaching is not my own. It comes from him who sent me." 예수께서 대답하여 이르시되 내 교훈은 내 것이 아니요 나를 보내신 이의 것이니라

Jesus answered 예수께서 왈, "My teaching is not 내 교훈은 아니다 my own 나의 것 It comes 이것은 오느니라 from him who sent 출발지는 그분이고 그분은 보내셨으니 me 나를

17 If anyone chooses to do God's will, he will find out whether my teaching comes from God or whether I speak on my own. 사람이 하나님의 뜻을 행하려 하면 이 교훈이 하나님께로부터 왔는지 내가 <u>스스로</u> 말함인지 알리라

If anyone chooses 만일에 누군가 선택한다면 to do 나아가서 하고자 하는 바를 행하는 것 God's will 하나님 뜻을 he will 그는 하리라 find out 찾다 바깥으로 whether 인지 아닌지 my teaching comes 내 교훈이 온다 from God 출발지는 하나님 or 아니면 whether 인지 아닌지 I speak 내가 말하는 on my own 접하는 면은 내 스스로

If anyone chooses to do God's will 만일에 누구든지 선택한다. 나아가서 하고자 하는 바는 행하는 것이고 하나님의 뜻 : 영어문장은 순서대로 쓴다. 이것이 영영식 사고방식, 즉 원어민들의 생각이다.

18 He who speaks on his own does so to gain honor for himself, but he who works for the honor of the one who sent him is a man of truth; there is nothing false about him 스스로 말하는 자는 자기 영광만 구하되 보내신 이의 영광을 구하는 자는 참되니 그 속에 불의가 없느니라

He who speaks 사람은 그 사람이고(who) 말한다 on his own 접하는 면은 그의 것 does so 한다 그것을 to gain honor 나아가서 하고자 하는 바(to + R) 행한다 for himself 대상은 자기 자신 but he who works 그러나 그는 그 사람은(who) 일한다 for the honor 관련된 것은 영광이고 of the one 소속은 그분이고 who sent him 그분은 그를 보냈다 그를 is 이다 a man of truth 사람의 진리; there is nothing false 거짓이 없다 about him 관련된 것은 그분

19 Has not Moses given you the law? Yet not one of you keeps the law. Why are

you trying to kill me? 모세가 너희에게 율법을 주지 아니하였느냐 너희 중에 율법을 지키는 자가 없도다. 너희가 어찌하여 나를 죽이려 하느냐

Has not 이미 않았는가? Moses 모세가 given 주었다 you the law 너희에게 율법을? Yet 그러나 not one 아무도 없다 of you 관련된 것은 keeps the law 지키는데 율법을 Why are you 왜 당신은 trying 노력하느냐 to kill me 나아가서 하자고 하는 바(to + R)는 죽이다 나를?

부정을 말할 때, 한국말은 동사를 부정한다. 영어는 동사의 부정을 사용하고, 부정명사(no one, not 명사, no money 등)를 사용한다.

20 "You are demon-possessed," the crowd answered. "Who is trying to kill you?" 무리가 대답하되 당신은 귀신이 들렸도다 누가 당신을 죽이려 하나이까

"You are demon-possessed 귀신들렸다" the crowd answered 군중이 대답하되 "Who is trying 누가 시도하는가? to kill you 나아가서 하고자 하는 바는 죽이려고 너를?"

21 Jesus said to them, "I did one miracle, and you are all astonished. 예수께서 대답하여 이르시되 내가 한 가지 일을 행하매 너희가 다 이로 말미암아 이상히 여기는도다

Jesus said 예수께서 말씀하시길 to them 그들에게 "I did 내가 행하였느니라 one miracle 하나의 기적을 and you are 그리고 당신은 이다 all astonished 모두 놀랐다

22 Yet, because Moses gave you circumcision (though actually it did not come from Moses, but from the patriarchs), you circumcise a child on the Sabbath. 모세가 너희에게 할례를 행했으니 (그러나 할례는 모세에게서 난 것이 아니요 조상들에게서 난 것이라) 그러므로 너희가 안식일에도 사람에게 할례를 행하느니라

Yet, because Moses gave 그러나 이유는 모세가 주었다 you circumcision 너희에게 할례를 (though actually 비록 아니라도 실제로는 it did not 그것은 않았다 come from Moses 오다 출발지는 모세 but 그러나 출발지는 from the patriarchs 조상들) you circumcise 너희들은 할례를 하느니라 a child 아이들에게도 on the Sabbath 정해신 날은 안식일

circumcise 할례하다 circum-은 '둘레'라는 뜻이고 -cise는 '자르다'의 뜻이니 둘이 합치면 둘레를

자르다의 뜻이 나온다.

23 Now if a child can be circumcised on the Sabbath so that the law of Moses may not be broken, why are you angry with me for healing the whole man on the Sabbath? 모세의 율법을 범하지 아니하려고 사람이 안식일에도 할례를 받는 일이 있거든 내가 안식일에 사람의 전신을 건전하게 한 것으로 너희가 내게 노여워하느냐?

Now if 이제 만일에 a child 아이가 can be circumcised 능히 할례를 받게 된다 on 면으로 접하는 것은 the Sabbath 안식일에 so that 그리하여 the law of Moses 모세의 율법인 may not be broken 깨짐을 위함이 아니라면 why are you angry 왜 너희들은 화를 내는가? with me 동반하는 것은 나 for healing the whole man 관련된 대상은 치료하다 온전한 사람 on the Sabbath 안식일에?

24 Stop judging by mere appearances, and make a right judgment. 외모로 판단하지 말고 공의롭게 판단하라 하시니라

Stop judging 멈추라 판단하는 것을 by mere appearances 수단은 단순히 외모에 의해 and make a right judgment 그리고 올바른 심판을 하라

25 At that point some of the people of Jerusalem began to ask, "Isn't this the man they are trying to kill?" 예루살렘 사람 중에서 어떤 사람이 말하되 이는 그들이 죽이고자 하는 그 사람이 아니냐

At that point 그 점에서 some of the people 몇몇 사람들 중에서 of Jerusalem 소속은 예루살렘 began 시작했다 to ask 묻기를, "Isn't this 아니냐? the man 이 사람이 they are trying 그들이 시도하려는 to kill 나아가서 하고자 하는 바(to + R) 죽이려고?

26 Here he is, speaking publicly, and they are not saying a word to him. Have the authorities really concluded that he is the Christ? 보라. 드러나게 말하되 그들이 아무 말도 아니하는도다 당국자들은 이 사람을 참으로 그리스도인 줄 알았는가

Here he is 여기 그는 이다 speaking publicly 말하고 있는 공개적으로, 드러내놓고 and they are not 그리고 그들이 않는다 saying a word 말하려는 것은 한 마디를 to him 그에게 Have the authorities really 이미 당국자들은 정말로 concluded that 결론 내렸다 that절을 he is 그는 이다 the Christ 그리스도인?

27 But we know where this man is from; when the Christ comes, no one will know where he is from. 그러나 우리는 이 사람이 어디서 왔는지 아노라 그리스도께서 오실 때에는 어디서 오시는지 아는 자가 없으리라 하는지라

But we know 그러나 우리는 아노라 where this man 어디서 이 사람이 is from 왔는지를; when the Christ 때는 그리스도께서 comes 오시는 no one will 아무도 아닐 거다 know 알지를 where he is 어디에서 그분께서 from 출발한 곳을

where is this man from? 의문문이 타동사의 목적어가 되면 평서문으로 되니 we know where this man is from이 된다.

28 Then Jesus, still teaching in the temple courts, cried out, "Yes, you know me, and you know where I am from. I am not here on my own, but he who sent me is true. You do not know him, 예수께서 성전에서 가르치시며 외쳐 이르시되 너희가 나를 알고 내가 어디서 온 것도 알거니와 내가 스스로 온 것이 아니니라 나를 보내신 이는 참되시니 너희는 그를 알지 못하나

Then Jesus 그때 예수께서는 still teaching 여전히 in the temple courts 안에 있고 둘러싸인 것은 성전 cried out 외치기를 "Yes 그렇도다 you know me 너희는 나를 알고 and you know 그리고 너희는 아는도다 where I am from 어디에서 내가 왔는지를 I am not 나는 아니다 here 여기에 on my own 접하는 면의 나 자신의 but he 그러나 그분 who sent me 그분은 보내신 나를 is true 참되시나니 You do not 너희들은 하지 않는다 know him 알지 그분을

동시에 일어나는 일을 설명할 때 주어, still ~ing형태를 사용한다. 분사구문.

29 but I know him because I am from him and he sent me. 나는 아노니 이는 내가 그에게서 났고 그가 나를 보내셨음이라 하시니

but I know him 그러나 나는 아노니 그분을 because 이유인즉 I am 나는 이다 from him 출발지는 그분이고 and he sent 그리고 그분은 보냈다 me 나를

30 At this they tried to seize him, but no one laid a hand on him, because his time had not yet come. 그들이 예수를 잡고자 하나 손을 대는 자가 없으니 이는 그의 때가 아직 이르지 아니하였음이러라

At this 때 they tried 그들이 노력했다 to seize him 하고자 하는 바는 그를 잡으려고 but no one laid 그러나 아무도 놓지 않았다 a hand 한 손을 on him 접하는 것은 그분 because 이는 말미암음이니라 his time had 그분의 시간이 이미 not yet come 아니다. 아직 왔다

31 Still, many in the crowd put their faith in him. They said, "When the Christ comes, will he do more miraculous signs than this man?" 무리 중의 많은 사람이 예수를 믿고 말하되 그리스도께서 오실지라도 그 행하실 표적이 이 사람이 행한 것보다 더 많으랴 하니

Still 여전히 many 많은 사람들 in the crowd 둘러싼 것은 무리 put 놓았다 their faith 그들의 신념을 in him 둘러싼 것은 그분 They said 그들이 말하길 "When the Christ comes 때 그리스도께서 오실 때 will he do 그분께서 행하실 것인가? more miraculous signs 더 많은 기적을 than this man 이 사람보다도?"

32 The Pharisees heard the crowd whispering such things about him. Then the chief priests and the Pharisees sent temple guards to arrest him. 예수에 대하여 무리가 수군거리는 것이 바리새인들에게 들린지라 대제사장들과 바리새인들이 그를 잡으려고 아랫사람들을 보내니

The Pharisees heard 바리새인들이 들었다 the crowd whispering 무리들이 속삭이는 것을 such things 그런 것들을 about him 관련된 것은 그분 Then the chief priests 그때 대제사장들 and the Pharisees 그리고 바리새인들이 sent temple guards 보냈다 성전호위병들을 to arrest him 나아가서 하고자 하는 바는 그분을 체포하라고

동사 heard는 5형식으로 쓰일 때, 목적어와 목적 보어의 역할이 중요하다.
The Pharisees heard the crowd whispering such things about him 바리새인들은 들었고 군중들이 속삭인다. 그런 일들에 관련된 것은 him

33 Jesus said, "I am with you for only a short time, and then I go to the one who sent me." 예수께서 이르시되 내가 너희와 함께 조금 더 있다가 나를 보내신 이에게로 돌아가겠노라

Jesus said 예수께서 말씀하시되 "I am 나는 이다 with you 함께하는 것은 너희들 for only a short time 대상은 단지 짧은 시간이다 and then 그리고 그때 I go 나는 가리니 to the one who sent me 목적지는 그분이고, 그분은 보냈다 나를

I go to the one who sent me 나는 가련다. 가서 도달하는 목적지를 전치사 to를 사용해서 to + 장소를 표시한다.

34 You will look for me, but you will not find me; and where I am, you cannot come. 너희가 나를 찾아도 만나지 못할 터이요 나 있는 곳에 오지도 못하리라 하시니

You will 너희들은 일 것이다 look for me 본다 관련된 것은 나를 but you will not 그러나 너희들을 ~아닐 것이다 find me 찾는다 나를 ; and where I am 그리고 그곳은 내가 있다 you cannot 너희들은 가능하지 않다 come 오다

35 The Jews said to one another, "Where does this man intend to go that we cannot find him? Will he go where our people live scattered among the Greeks, and teach the Greeks?" 이에 유대인들이 서로 묻되 이 사람이 어디로 가기에 우리가 그를 만나지 못하리요 헬라인 중에 흩어져 사는 자들에게로 가서 헬라인을 가르칠 터인가

The Jews said 유대인들이 말했다 to one another 대상은 서로 서로에게 Where does this man 어디로 이 사람이 intend 의도하여 to go 나아가서 하는 바는 가다 that절을 that we cannot 우리가 능히 할 수 없는 find him 찾다 그를? Will he go 일 것이다 그가 가다 where our people live 그곳은 우리 사람들이 사는 scattered 흩어져서 among the Greeks 셋 이상의 헬라인들 and teach 그리고 가르친다 the Greeks 헬라인들을?

동사 intend는 to + R을 목적어로 취한다. 해석은 '~할 의도를 갖다'이나 영영식 표현방식에 적응하기 위해서는 '가지는 것은 의도인데, 나아가서 하고자 하는 바(to + R)는 R하려고' 해야 한다는 점이 매우 중요하다.

36 What did he mean when he said, "'You will look for me, but you will not find me', and 'Where I am, you cannot come?'" 나를 찾아도 만나지 못할 터이요. 나 있는 곳에 오지도 못하리라 한 이 말이 무슨 말이냐 하니라

What did he 무엇을 했느냐 그가 mean 의미하다 when he said 때는 그가 말했다 'You will 너희들이 일 것이다 look for me 보다 향해서 나를 but you will not 그러나 너희들은 아닐거다 find me 찾는 것은 나를' and 'Where I am 그리고 내가 있는 곳에 you cannot 너희들은 가능 하지 않다 come 오는 것이?'"

37 On the last and greatest day of the Feast, Jesus stood and said in a loud voice, "If anyone is thirsty, let him come to me and drink. 명절 끝날 큰 날에 예수께 서 서서 외쳐 이르시되 누구든지 목마르거든 내게로 와서 마시라

On the last 접하는 면은 끝날에 and greatest day 가장 위대한 날 of the Feast 한정되는 것 은 축제 때 Jesus stood 예수께서 서서 and said 그리고 말씀하셨다 in a loud voice 둘러싸 고 있는 것은 If anyone 만일에 누구나 is thirsty 현재 상태는 갈증난 let him 하도록 해라 그사람 을 come 오도록 to me 대상은 나에게 and drink 그리고 마시라

38 Whoever believes in me, as the Scripture has said, streams of living water will flow from within him. 나를 믿는 자는 성경에 이름과 같이 그 배에서 생수의 강이 흘러나오리라 하 시니

Whoever 어느 누구든지 believes in 존재를 믿다 me 나를 as 처럼 the Scripture 성경이 has said 이미 말했다 streams 물줄기가 of 한정된 것은 living water 살아있는 물 will flow 흐르리라 from 출발지는 within 함께하는 것은 안에 있고 him 그 사람

39 By this he meant the Spirit, whom those who believed in him were later to receive. Up to that time the Spirit had not been given, since Jesus had not yet been glorified. 이는 그를 믿는 자들이 받을 성령을 가리켜 말씀하신 것이라(예수께서 아직 영광을 받지 않으셨으므로 성령이 아직 그들에게 계시지 아니하시더라)

By this 이것으로 he meant 그분은 이미하심이니라 the Spirit 성령을 whom 그 성령은 those who believed 사람들은 사람인데 믿었던 in him 둘러싼 것은 그분 were later 이었다 후에 to receive 나아가서 받고자 하는 바는 받는 거 Up to that time 위로 도달하는 곳은 그 시간 the Spirit had 성령께서는 이미 not been given 아니다 받지 않았다 since Jesus had 이는 말 미암음이니라 이미 not yet been glorified 아직 영광을 받지 않으심

40 On hearing his words, some of the people said, "Surely this man is the Prophet. 이 말씀을 들은 무리 중에서 어떤 사람은 이 사람이 참으로 그 선지자라 하며

On hearing 면으로 접하는 것은 들을 때 his words 그분의 말씀 some 몇 사람은 of the people 한정된 것은 그 사람들이 said 말했다 "Surely this man is the Prophet." 확실한 것은 이 사람이야말로 선지자이다.

On hearing his words, some of the people said 분사구문이다. 뜻을 분명하게 전달하기 위하여 전치사를 사용한다. 여기서는 on, while 등이 쓰인다.

41 Others said, "He is the Christ." 어떤 사람은 그리스도라 하며

Others said 다른 사람들은 말하길 "He is the Christ 그는 그리스도라"

42 Still others asked, "How can the Christ come from Galilee? Does not the Scripture say that the Christ will come from David's family and from Bethlehem, the town where David lived?" 어떤 이들은 그리스도가 어찌 갈릴리에서 나오겠느냐 성경에 이르기를 그리스도는 다윗의 씨로 또 다윗이 살던 마을 베들레헴에서 나오리라 하지 아니하였느냐 하며

Still others asked 여전히 다른 사람들이 묻기를 "How can the Christ 어찌하여 가능한가? 그리스도께서 come 오시다 from Galilee 출발지는 갈릴리지방? Does not 않는가? the Scripture say 성경이 말하실 that절을 that the Christ will come 그리스도께서 오실 것이라고 from David's family 출발지는 다윗가문 and from Bethlehem 출발지는 베들레헴, the town 동네이고 where David lived 그곳은 다윗이 살았던?"

43 Thus the people were divided because of Jesus. 예수로 말미암아 무리 중에서 쟁론이 되니

Thus 그런고로 the people were divided 사람들이 나누어지게 되었으니 because of Jesus 말미암음은 예수이니라

44 Some wanted to seize him, but no one laid a hand on him. 그 중에는 그를 잡고자 하는 자들도 있으나 손을 대는 자가 없었더라

Some wanted 몇 사람은 원했거니와 to seize him 나아가서 하고자 하는 바는 잡고자 그분을 but no one laid 그러나 아무도 대지 않았다 a hand on him 한 손을 접하는 면은 그분

45 Finally the temple guards went back to the chief priests and Pharisees, who asked them, "Why didn't you bring him in?" 아랫사람들이 대제사장들과 바리새인들에게로 오니 그들이 묻되 어찌하여 잡아오지 아니하였느냐

Finally 마침내 the temple guards went back 성전 근위병들이 갔다 다시 to the chief priests and Pharisees 대상은 대제사장들과 바리새인들 who asked them 그들은 물었다 호위 무사들에게 "Why didn't you 왜 하지 않았는가? 너희들은 bring him in 데리고 그를 안으로?"

46 "No one ever spoke the way this man does," the guards declared. 아랫사람들이 대답하되 그 사람이 말하는 것처럼 말한 사람은 이때까지 없었나이다 하니

"No one ever spoke 어떤 사람도 없었다 이제껏 말한 the way 이런 방식 this man does, 이 사람이 행한" the guards declared 호위병들이 선언했다

the way this man does 이 사람이 행한 방법, '명사 SV'형식이다.

47 "You mean he has deceived you also?" the Pharisees retorted. 바리새인들이 대답하되 너희도 미혹되었느냐?

"You mean 너희가 의미하는 바는 he has 그가 이미 deceived you 미혹하였다 너를 also 역시 ?" the Pharisees retorted 바리새인들이

48 Has any of the rulers or of the Pharisees believed in him? 당국자들이나 바리새인 중에 그를 믿는 자가 있느냐?

Has any 이미 누군가 of the rulers 한정되는 것은 통치자들이나 or of the Pharisees 또는 바

리새인들 중에서 **believed in him** 믿느냐? 그를

49 No! But this mob that knows nothing of the law-there is a curse on them. 율법을 알지 못하는 이 무리는 저주를 받은 자로다.

No! 아니지 **But** 그러나 **this mob** 이 무리는 **that knows nothing** 그 무리인데 안다 없음을 **of the law** 한정되는 것은 율법-**there is a curse** 저주 **on them** 면으로 접하는 것은 그들

50 Nicodemus, who had gone to Jesus earlier and who was one of their own number, asked, 그 중의 한 사람 곧 전에 예수께 왔던 니고데모가 그들에게 말하되

Nicodemus 니고데모가 **who had gone** 그는 이미 갔었던 **to Jesus** 대상은 예수님께 **earlier** 초기에 **and who was** 그리고 그는 상태는 과거로 이었다 **one of their own number** 하나인 한정되는 것은 그들 자신의 멤버의 **asked** 묻기를

51 "Does our law condemn anyone without first hearing him to find out what he is doing?" 우리 율법은 사람의 말을 듣고 그 행한 것을 알기 전에 심판하느냐?

"Does our law 하느냐? 우리 율법이 **condemn anyone** 정죄하다 사람을 **without first hearing him** ~함도 없이 처음 듣는다 그를 **to find out** 나아가서 하고자 하는 바는 안다 **what he is doing** 그가 말하는 것을?"

to find out what he is doing 이 문장에서 두 가지가 중요하다. 하나는 to＋R의 쓰임이고, 또 하나는 what he is doing이다. to＋R은 앞으로 하고자 하는 일을 나타낸다. What절은 선행사를 포함하는 관계사절로 the thing that절과 같다.

52 They replied, "Are you from Galilee, too? Look into it, and you will find that a prophet does not come out of Galilee." 그들이 대답하여 이르되 너도 갈릴리에서 왔느냐 찾아 보라 갈릴리에서는 선지자가 나지 못하느니라 하였더라

They replied 그들이 말하기 **Are you** 이냐 너는 **from Galilee** 출발지는 갈릴리 **too** 역시? **Look** 보라 **into it** 안으로 그것을 **and you will find** 그러면 너는 알리라 **that**절을 **that a prophet does not** 어떤 선지자는 아니다 **come out of Galilee** 와서 밖으로 한정된 것은 갈릴리 땅

53 Then each went to his own home. 다 각각 집으로 돌아가고

Then 그때 each went 각각 갔다 to 도달하는 곳은 his own home 목적지는 그 자신의 집

The Gospel
according to St. John

요한복음 8장

The Gospel according to St. John

01 But Jesus went to the Mount of Olives. 예수는 감람 산으로 가시니라

But Jesus went 그러나 예수께서 가셨다 **to** 도달한 곳은 **the Mount** 산이고 **of** 한정되는 것은 **Olives** 올리브(감람)

02 At dawn he appeared again in the temple courts, where all the people gathered around him, and he sat down to teach them. 아침에 다시 성전으로 들어오시니 백성이 다 나아오는지라 앉으사 그들을 가르치시더니

At dawn 동이 틀 무렵에 **he appeared again** 나타나셨다 다시 **in the temple courts** 둘러싼 것은 성전이고 **where** 그곳은 그곳인데 **all the people gathered** 모든 사람 들이 모였다 **around him** 둘러싼 것은 그분 **and he sat down** 그리고 그분께서는 앉으셨느니라 **to teach them** 나아가서 하고자 하는 바는 가르치시려고

03 The teachers of the law and the Pharisees brought in a woman caught in adultery. They made her stand before the group, 서기관들과 바리새인들이 음행중에 잡힌 여자를 끌고 와서 가운데 세우고

The teachers 선생들 **of the law** 한정된 것은 율법 **and the Pharisees** 바라새인들이 **brought in** 데려왔다 안으로 **a woman caught** 여자 잡힌 **in adultery** 둘러싼 것은 간음 **They made** 그들은 만들었다 **her stand** 그녀가 서 있도록 **before the group** 그 뒤로는 그룹(서기관 들과 바리새인들)

the teachers of the law 율법 선생들(서기관), 동사 bring은 동사의 방향을 나타내도록 전치사 in을 동반했다.

04 and said to Jesus, "Teacher, this woman was caught in the act of adultery. 예수께 말하되 선생이여 이 여자가 간음하다가 현장에서 잡혔나이다.

and said 말했다 to 대상은 Jesus 예수님 "Teacher 선생님, this woman was caught 이 여인이 상태는 잡혔다 in the act 둘러싼 것은 행동으로 of adultery 한정된 것은 간음으로

05 In the Law Moses commanded us to stone such women. Now what do you say? 모세는 율법에 이러한 여자를 돌로 치라 명하였거니와 선생은 어떻게 말하겠나이까

In the Law Moses 둘러싸고 있는 것은 모세의 율법 commanded us 우리에게 명령하였다 to stone 나아가 하고자 하는 바는 돌로 치라고 such women 그런 여자를 Now what do you 이 제 무엇을 선생께서는 say 말하겠나이까?

06 They were using this question as a trap, in order to have a basis for accusing him. 그들이 이렇게 말함은 고발할 조건을 얻고자 하여 예수를 시험함이러라

They were using 그들이 사용하고 있었던 this question 이 질문을 as a trap 자격은 함정으로, in order to have a basis 나아가서 하고자 하는 바는 잡으려고 기초를 for accusing him 그 새상은 고소할 그분을

this question as a trap 이들 질문을 자격 갖추는 함정으로, a basis for accusing him 기 초 대상은 그를 고소하는 것.

07 But Jesus bent down and started to write on the ground with his finger. When they kept on questioning him, he straightened up and said to them, "If any one of you is without sin, let him be the first to throw a stone at her." 예수께서 몸을 굽히사 손가락으로 땅에 쓰시니 그들이 묻기를 마지 아니하는지라 이에 일어나 이르시되 너희 중에 죄 없는 자가 먼저 돌로 치라 하시고

But Jesus bent down 그러나 예수께서는 굽히시고 아래로 and started 그리고 시작하셨기를 to write 나아가 하시고자 하는 바는 쓰다 on the ground 면으로 접하는 것은 땅바닥 with his finger 함께하는 것은 손가락 When they kept on 때는 그들이 계속하여 questioning him 예 수께 질문하니라 he straightened up 예수께서는 몸을 똑바로 세우시고는 위로 and said 그리 고 말씀하셨다 to them 대상은 예수님 "If any one 만일 누구라도 of you 한정된 것은 너희 is without sin 없다면 죄 let him 하라 그가 be the first 되라 첫 번째 to throw 나아가 하고자 하는 바는 던지라 a stone 하나의 돌멩이를 at her 점으로 접하는 면은 그녀"

동사 Keep은 전치사 on을 동반하여 행위의 지속을 나타낸다. 예, keep on running! 동사 straighten은 up을 동반하여 똑바로 세우다. 몸을 일러켜 세우다.

08 Again he stooped down and wrote on the ground. 다시 몸을 굽혀 손가락으로 땅에 쓰시니

Again 다시 he stooped 몸을 굽히시고 down 아래 방향으로 and wrote 그리고 쓰셨다 on the ground 면으로 접하는 것은 바닥

09 At this, those who heard began to go away one at a time, the older ones first, until only Jesus was left, with the woman still standing there. 그들이 이 말씀을 듣고 양심에 가책을 느껴 어른으로 시작하여 젊은이까지 하나씩 하나씩 나가고 오직 예수와 그 가운데 섰는 여자만 남았더라

At this 이때 those who heard 사람들이 그들은 들었던 began 시작했다 to go 나아가 하고자 하는 바는 가려고 away 멀리 one at a time 하나씩 점으로 접하는 것은 한 번 the older ones first 어른 먼저 until 종료가 된 것은 only Jesus 단지 예수님만 was left 남으셨다 with the woman 함께한 것은 여인 still standing there 여전히 쓰고 계셨다 그곳에

those who heard 들었던 사람들. 하나의 명사덩어리, began to go away 흩어지기 시작했다 ==>시작했다 흩어지려구 멀리, one at a time 한 번에 하나 점으로 접하는 한순간, only Jesus with the woman 해석을 해야 하는가? 아직도! only Jeses who had been with the waman에서 (who has been)은 생략해도 뜻이 통하므로 생략. the woman still standing there 여자(the woman)는 사람이니까(who) 여전히 서 있으니 is still standing 그곳에서(there) who is는 생략가능.

10 Jesus straightened up and asked her, "Woman, where are they? Has no one condemned you?" 예수께서 일어나사 여자 외에 아무도 없는 것을 보시고 이르시되 여자여 너를 고발하던 그들이 어디 있느냐 너를 정죄한 자가 없느냐

Jesus straightened 예수께서 몸을 똑바로 세우시고 up 위로 and asked her 그리고 물으시길 여자에게 "Woman, where are they 여자야 어디에 있느냐? 그들이 Has no one 이미 아무도 condemned you 정죄했다 너를?"

동사 straightened는 방향을 나타내는 전치사 up을 동행했다. No one has condemned you를 의문문으로 만들면 Has No one condemned you?

11 "No one, sir," she said. "Then neither do I condemn you," Jesus declared. "Go now and leave your life of sin." 대답하되 주여 없나이다. 예수께서 이르시되 나도 너를 정죄하지 아니하노니 가서 다시는 죄를 범하지 말라 하시니라

"No one 없사옵니다, sir 주여" she said 그녀가 말하였다 "Then neither 그때는 아니하나니 do I 나도 condemn you 정죄한다. 너를" Jesus declared 예수께서 선언하시길 "Go now 가라 이제는 and leave your life 그러면 떠나라 너의 생명 of sin 한정된 것은 죄"

Then neither do I condemn you은 Then I condemn you 문장에서 동사 condemn을 강조하니 동사 앞에 do를 삽입하였고, 부정어 neither를 넣어 do neither sondemn you가 되었으나, 더욱 강조하기 위하여 부정어 Neither를 문장 앞으로 가져오니 주어 동사 순서가 바뀐 것이다. 'Neither do I V~' '나도 ~V하지 않는다'고 하나의 청크(명사덩어리)로 외우자.

12 When Jesus spoke again to the people, he said, "I am the light of the world. Whoever follows me will never walk in darkness, but will have the light of life." 예수께서 또 말씀하여 이르시되 나는 세상의 빛이니 나를 따르는 자는 어둠에 다니지 아니하고 생명의 빛을 얻으리라

When Jesus spoke again 때는 예수께서 말씀하셨다 다시 to the people 대상은 사람들에게 he said 말씀하시길 "I am 나는 현재 상태로 이다 the light 빛 of the world 한정되는 것은 세상 Whoever follows me 누구든지 따르는 나를 will 일 거야 never walk 않는다 걷지 in darkness 둘러싼 것은 어둠 but will 그러나 일 거다 have the light 갖는다 빛을 of life 한정된 것은 생명"

13 The Pharisees challenged him, "Here you are, appearing as your own witness; your testimony is not valid." 바리새인들이 이르되 네가 너를 위하여 증언하니 네 증언은 참되지 아니하도다

The Pharisees challenged 바라새인들이 도전했기를 him 예수께 "Here you are 여기 있다 appearing 나타나 있으면서 as your own witness wkwurwk로서 너 자신의 증언자;

your testimony 당신의 증언은 is not valid 유효하지 않다(타당성이 없다)"

14 Jesus answered, "Even if I testify on my own behalf, my testimony is valid, for I know where I came from and where I am going. But you have no idea where I come from or where I am going. 예수께서 대답하여 이르시되 내가 나를 위하여 증언하여도 내 증언이 참되니 나는 내가 어디서 오며 어디로 가는 것을 알거니와 너희는 내가 어디서 오며 어디로 가는 것을 알지 못하느니라

Jesus answered 예수께서 대답하시길 "Even if 비록 만일 ~한다 할지라도 I testify 내가 증언한다 on my own behalf 면으로 접하는 것은 나 자신의 행동 my testimony is 내 증언은 이다 valid 유효한 for 이는 ~로 말미암음이니라 I know 나는 알고 where 어디서 I came 내가 왔다 from 출발지는 and where 그리고 어디 I am going 나는 가고 있는지를 But you have no idea 그러나 너희들은 가진다 아무 생각없는 것을 where 어디서 I come 내가 왔는지를 from 출발지는 or where I am going 또는 어디로 내가 가고 있는지

15 You judge by human standards; I pass judgment on no one. 너희는 육체를 따라 판단하나 나는 아무도 판단하지 아니하노라

You judge 너희는 판단하나니 by human standards 수단으로 삼는 것은 인간의 표준; I pass 나는 지나친다 judgment 판단을 on no one 면으로 접하는 것은 아무도

16 But if I do judge, my decisions are right, because I am not alone. I stand with the Father, who sent me. 만일 내가 판단하여도 내 판단이 참되니 이는 내가 혼자 있는 것이 아니요 나를 보내신 이가 나와 함께 계심이라

But if 그러나 만일에 I do judge 내가 판단하여도 my decisions are 내 결정들은 right 옳게 되나니 because 그 이유는 I am not 나는 아니라 alone 홀로 I stand 나는 있느니라 with the Father 함께하는 것은 내 아버지 who sent me. 그분은 보내셨다 나를

17 In your own Law it is written that the testimony of two men is valid. 너희 율법에도 두 사람의 증언이 참되다 기록되었으니

In your own Law 둘러싼 것은 너의 자신의 율법 it is written 기록되었다 that 절이 that the testimony 증거는 of two men 한정되는 것은 두 사람 is valid 타당성 있다

18 I am one who testifies for myself; my other witness is the Father, who sent me. 내가 나를 위하여 증언하는 자가 되고 나를 보내신 아버지도 나를 위하여 증언하시느니라

I am 나는 이다 one who testifies 사람 그는 증언하는 for myself 스스로를; my other witness 나의 다른 목격자는 is the Father 이다 내 아버지 who sent me 그분은 보내셨다. 나를

19 Then they asked him, "Where is your father?" 이에 그들이 묻되 네 아버지가 어디 있느냐.

Then they asked 그때 그들이 묻기를 him 예수님께 "Where is your father 네 아버지가 어디에 있느냐?"

20 "You do not know me or my Father," Jesus replied. "If you knew me, you would know my Father also." He spoke these words while teaching in the temple area near the place where the offerings were put. Yet no one seized him, because his time had not yet come. 예수께서 대답하시되 너희는 나를 알지 못하고 내 아버지도 알지 못하는도다 나를 알았더라면 내 아버지도 알았으리라 이 말씀은 성전에서 가르치실 때에 헌금함 앞에서 하셨으나 잡는 사람이 없으니 이는 그의 때가 아직 이르지 아니하였음 이러라.

"You do not know me 너희들은 알지 못한다. 나를 or my Father 그리고 내 아버지를" Jesus replied 예수께서 대답하시되 "If you knew me 만일에 너희들이 알았더라면 나를 you would 너희들이 이었을 것이다 know my Father also 알았다 내 아버지도 역시" He spoke 말씀하시길 these words 이 말씀들을 while teaching 함께하는 것은 가르치시면서 in the temple area 둘러싼 것은 성전에서 near the place 근처의 장소에서 where the offerings were put 그곳은 헌금함이 놓여졌고 Yet no one 그러나 아무도 없다 seized him 잡는다. 그를 because his time had 이유는 그의 시간이 이미 not yet come 아직 오지 않았다

가정법 과거는 현재 사실의 반대를 나타낸다 if 과거동사, 주절 would(should, could, might) + V 이다. 가정법 과거완료는 요1:33절을 보라!

21 Once more Jesus said to them, "I am going away, and you will look for me,

and you will die in your sin. Where I go, you can not come." 다시 이르시되 내가 가리니 너희가 나를 찾다가 너희 죄 가운데서 죽겠고 내가 가는 곳에는 너희가 오지 못하리라

Once more Jesus said 다시 한 번 더 예수께서 말씀하시길 to them 대상은 그들에게 "I am going 나는 갈 것이니 away 멀리 and you wil 그리고 너희들은 일 것이다 I look for me 보다 그 대상은 나를 and you will die 그리고 너희들은 죽을 것이다 in your sin 둘러싼 것은 너희들의 죄 Where I go 곳은 내가 가는 you can not come 너희들은 불가능하다 오는 것이"

22 This made the Jews ask, "Will he kill himself? Is that why he says, 'Where I go, you cannot come?'" 유대인들이 이르되 그가 말하기를 내가 가는 곳에는 너희가 오지 못하리라 하니 그가 자결하려는가

This made 이것은 만들었다 the Jews ask 유대인들이 묻기를 "Will he 하려는가 그가? kill himself 죽이다 자신을? Is that 인가 이것은? why he says 애 그가 말한 'Where I go 그곳 내가 가는 you cannot come 너희들은 불가능해 오는 거?'"

23 But he continued, "You are from below; I am from above. You are of this world; I am not of this world." 예수께서 이르시되 너희는 아래에서 났고 나는 위에서 났으며 너희는 이 세상에 속하였고 나는 이 세상에 속하지 아니하였느니라

But he continued 그러나 그는 계속하시길 You are 너희들은 이다 from below 출발지는 아래에서; I am 나는 있다 from above 출발지는 위로 You are 너희들은 of this world 소속이 이 세상이고; I am not 나는 아니다 of this world 소속은 이 세상

be동사+ 전치사의 용법이 중요하다. 결론은 주어의 상태이다. be동사는 주어와 동격일 경우에는 '이다'이고, 주어의 상태일 때는 '있다'이다.

24 I told you that you would die in your sins; if you do not believe that I am the one I claim to be, you will indeed die in your sins. 그러므로 내가 너희에게 말하기를 너희가 너희 죄 가운데서 죽으리라 하였노라 너희가 만일 내가 그인 줄 믿지 아니하면 너희 죄 가운데서 죽으리라

I told 내가 말하노니 you 너희에게 that절을 that you would 너희는 ~하리라 die in your

sins 죽는다. 둘러싼 것은 너희 죄; **if you do not** 만일에 너희들이 ~않으면 **believe** 믿는다 **that** 절을 **that I am** 나는 이다 **the one** 사람이다 **I claim** 내가 주장하는 **to be** 내가 되려고 하는 **you will** 너희들을 일 거다 **indeed** 정말로 **die** 죽을 거다 **in your sins** 둘러싼 것은 너희 죄들로

25 "Who are you?" they asked. 그들이 말하되 네가 누구냐?

26 "Just what I have been claiming all along," Jesus replied. "I have much to say in judgment of you. But he who sent me is reliable, and what I have heard from him I tell the world." 예수께서 이르시되 나는 처음부터 너희에게 말하여 온 자니라 내가 너희들에게 대하여 말하고 판단할 것이 많으나 나를 보내신 이가 참되시매 내가 그에게 들은 그것을 세상에 말하노라 하시되

"Just 단지 **what I have been** 것이다, 내가 이미 있어온 **claiming** 주장해온 **all along** 계속해서" **Jesus replied** 예수께서 응답하셨다 "**I have much** 나는 가지고 있다 많은 것을 **to say** 나아가서 하고자 하는 바는 말하려는 **in judgment** 둘러싼 것은 판단 **of you** 한정되는 것은 당신 **But he who sent me** 그러나 그분은 그분인데 보내신 나를 **is reliable** 믿음직스러우며 **and what I have heard** 그리고 것은 내가 이미 들어왔던 것 **from him** 출발지는 그분 **I tell the world** 내가 말하노라 세상에"

what I have heard from him I tell the world. 명사덩어리(what I have heard from him)은 tell의 목적어이다. ( )속의 동사 heard의 목적어는 what인데 실은 the thing that으로서 the thing이다.

27 They did not understand that he was telling them about his Father. 그들은 아버지를 가리켜 말씀하신 줄을 깨닫지 못하더라

They 그들은 **did not understand** 알지 못하더라 **that**절을 **that he** 그가 **was telling** 상태는 과거 있었다 말을 하고 있었다 **them** 그들에게 **about** 관련된 것은 **his Father** 자기의 아버지에 대하여

28 So Jesus said, "When you have lifted up the Son of Man, then you willk know that I am the one I claim to be and that I do nothing on my own but speak just what the Father has taught me. 이에 예수께서 이르시되 너희가 인자를 든 후에 내가 그인 줄

을 알고 또 내가 스스로 아무것도 하지 아니하고 오직 아버지께서 가르치신 대로 이런 것을 말하는 줄도 알리라

So Jesus said 그래서 예수께서 말씀하시길 **When** 때는 **you have** 너희들이 이미 **lifted up** 들어서 올렸다 **the Son of Man** 인자를 **then you will know** 그때 너희들은 알 것이다 **that**절 이하를 **that I am the one** 나는 이다 사람이다 **I claim** 내가 주장하는 **to be** 나아가서 하는 바는 되려고 **and that I do nothing on my own** 그리고 **that**절은 나는 아무 일도 않는다 내 임의로 **but speak** 말한다 **just** 단지 **what the Father has** 내 아버지께서 이미 **taught me** 가르치셨다. 나를

I am the one I claim to be 이 문장에서 the one은 to be의 보어인 목적격 관계사가 생략된 것이다. 그래서 이것을 명사+ 주어동사 구조. 저자는 이것을 'NSV'구조라고 부른다. 영어에서 굉장히 많이 쓰인다. 예를 들어 the country we love, the problem we face 등이다.

29 The one who sent me is with me; he has not left me alone, for I always do what pleases him. 나를 보내신 이가 나와 함께 하시도다 나는 항상 그가 기뻐하시는 일을 행하므로 나를 혼자 두지 아니하셨느니라

The one 그분 **who** 그분께서는 **sent me** 그분은 보내셨고 나를 **is with me** 이다 함께하는 것은 나; **he has** 그분은 이미 **not left** 남겨두시지 않는다 **me alone** 나를 혼자 **for I always** 이유는 나는 항상 **do what pleases him** 행하노니 기쁘게 하는 것을 그를

30 Even as he spoke, many put their faith in him. 이 말씀을 하시매 많은 사람이 믿더라.

Even 심지어 **as he spoke** 그가 말할 때 **many put** 많은 사람들이 두었다 **their faith in him** 그들의 신념을 그에게

31 To the Jews who had believed him, Jesus said, "If you hold to my teaching, you are really my disciples." 그러므로 예수께서 자기를 믿은 유대인들에게 이르시되 너희가 내 말에 거하면 참으로 내 제자가 되고

To the Jews 대상은 유대인들이고 **who had** 그들 유대인들이 이미 **believed him** 믿었다 그를, **Jesus said** 예수께서 말했다 **If you hold** 만일에 너희들이 잡는다면 **to my teaching** 대상은

내 교훈을 **you are** 너희들이 이다 **really my disciples** 정말로 내 제자들

32 Then you will know the truth, and the truth will set you free. 진리를 알지니 진리가 너희를 자유롭게 하리라.

Then you will know 그때 너희들은 알 것이다 **the truth** 진리를 **and the truth will** 그리고 진리가 할 거다 **set you free** 고정한다 너희를 자유롭게

33 They answered him, "We are Abraham's descendants and have never been slaves of anyone. How can you say that we shall be set free?" 그들이 대답하되 우리가 아브라함의 자손이라 남의 종이 된 적이 없거늘 어찌하여 우리가 자유롭게 되리라 하느냐.

They answered 그들이 대답했다 **him** 그분에게 "**We are** 우리는 이다 **Abraham's descendants** 아브라함의 자손들 **and have** 그리고 이미 **never been slaves** 결코없다 있었던 노예 **of anyone** 한정되는 것은 어느누구의 **How can you** 어떻게 능히 네가 **say that** 말할 수 있는가 **that**절을 **we shall** 우리가 ~리라 **be set** 고정된다 **free** 자유롭게?"

set free 자유롭게 하다. we shall be set free 우리는 자유롭게 되리라. we는 자유롭게 되니 be + P.P로 쓰였다.

34 Jesus replied, "I tell you the truth, everyone who sins is a slave to sin." 예수께서 대답하시되 진실로 진실로 너희에게 이르노니 죄를 범하는 자마다 죄의 종이라

Jesus replied 예수께서 응답하셨다 "**I tell** 내가 말하노리 **you the truth** 너희에게 진실을 **everyone who** 모든 사람은 그 사람은 **sins** 죄를 범하는 **is** 이다 **a slave** 노예 **to sin** 대상의 죄에 대하여"

everyone who sins 죄를 범하는 모든 사람들, 명사덩어리로 기억을 하라. 숙달시키는 비법을 공개하자면 명사 관계사 동사 순서이니 '모든 사람들은(everryone) 그들은(who) 죄를 범한다(sins)

35 Now a slave has no permanent place in the family, but a son belongs to it forever. 종은 영원히 집에 거하지 못하되 아들은 영원히 거하나니

Now 이제는 **a slave has** 종은 갖는다 **no permanent place** 영원한 장소가 없는 것을 **in the family** 둘러싸고 있는 것은 가족 **but a son belongs** 그러나 아들은 속한다 **to it** 대상은 그것에 **forever** 영원토록

36 So if the Son sets you free, you will be free indeed. 그러므로 아들이 너희를 자유롭게 하면 너희가 참으로 자유로우리라

So if the Son 그래서 만일 아들이 **sets you free** 놓는다 너를 자유스럽게 **you will** 너희들은 일 거야 **be free** 자유스럽게 **indeed** 정말로

37 I know you are Abraham's descendants. Yet you are ready to kill me, because you have no room for my word. 나도 너희가 아브라함의 자손인 줄 아노라 그러나 내 말이 너희 안에 있을 곳이 없으므로 나를 죽이려 하는도다

I know 나는 아노라 **you are Abraham's descendants** 너희가 이다 아브라함의 자손 **Yet you are ready** 그러나 너희들은 준비가 되어 있다 **to kill me** 나아가서 하는 바는 죽이려고 나를 **because** 이는 ~로 말미암음이니라 **you have** 너희들이 가지고 있다 **no room** 여유가 없음을 **for my word** 그 대상은 내 말

38 I am telling you what I have seen in the Father's presence, and you do what you have heard from your father. 나는 내 아버지에게서 본 것을 말하고 너희는 너희 아비에게서 들은 것을 행하느니라

I am telling 나는 현재~이다 말하고 **you** 너희들에게 **what**이하를 **what I have** 것들 내가 이미 **seen** 보았던 **in the Father's presence,** 둘러싼 것은 아버지의 존재 **and you do** 그리고 너희들은 행한다 **what you have** 것들을 너희가 이미 **heard** 들었던 **from your father.** 출발한 곳은 너희들의 아버지

what I have seen 내가 이미 보아왔던 것(청크, 명사덩어리가 된다. 한 단어라고 외운다). what you have heard from your father(what=the thing that) 너희들의 아버지에게서 너희들이 들어왔던 것. 영어에서는 SV ~~를 "블라블라"라고 하는데 이 목적어를 앞으로 보내면 what이 된다. 그래서 what SV구조가 된다. 해석은 ~~한 것으로 보면 된다. 중요한 것은 the thing that을 what으로 보면 되는데 이것을 우리는 복합관계대명사로 배웠다.

한글 성경처럼 한국말로 해석하고 이 문장을 기억하면 영어감각을 익히는 거와는 거리가 멀다. 이제는 숙달되었겠지만, 순서대로 익히면 된다. what이 나오면 what은 그 대상을 취하는 동사나 전치사가 뒤에 나온다는 것을 염두에 두고 읽으면 된다. what은 seen의 목적어. 아래 문장에서 what은 heard의 목적어이다.

39 "Abraham is our father," they answered. "If you were Abraham's children," said Jesus, "then you would." 대답하여 이르되 우리 아버지는 아브라함이라 하니 예수께서 이르시되 너희가 아브라함의 자손이면 아브라함이 행한 일들을 할 것이거늘

Abraham is 아브라함은 이다 our father 우리들의 아버지 they answered 그들이 대답하기를 "If you were 만일에 너희들이 이었다면 Abraham's children 아브라함의 후손들" said Jesus 말씀하시길 예수께서 then you would 그러면 너희들은 이었으리라

40 do the things Abraham did. As it is, you are determined to kill me, a man who has told you the truth that I heard from God. Abraham did not do such things. 지금 하나님께 들은 진리를 너희에게 말한 사람인 나를 죽이려 하는도다 아브라함은 이렇게 하지 아니하였느니라

do 행하다 the things Abraham did 일들을 아브라함이 행하였던 As it is 처럼 이것은 이다, 있는 그대로 you are determined 너희들이 이다 마음먹었다 to kill me 나아가서 하는 바는 죽이려고 나를 a man 사람이 who has told 그 사람이 이미 말했다 you the truth 너희들에게 진리를 그 진리는 that I heard 내가 들었던 from God 출발한 곳은 아버지 Abraham did not 아브라함은 않았다 do such things 행하다 그 일을

me, a man은 동격으로 예수님 자신을 가르킨다. the things Abraham did 아브라함이 행한 일들. 명사＋SV구조. the things that Abraham did에서 that이 생략된 것. 목적격 관계대명사는 생략가능하다. 단순히 'N(명사)＋SV(주어 동사)'구조라고 숙달시키자. 영어에서 너무 많이 쓰이니까!

41 "You are doing the things your own father does." "We are not illegitimate children," they protested. "The only Father we have is God himself." 너희는 너희 아비가 행한 일들을 하는도다. 대답하되 우리가 음란한 데서 나지 아니하였고 아버지는 한 분뿐이시니 곧 하나님이시로다

You are doing 너희들은 현재 상태는 행하고 있구나 the things your own father does 것들을 너희들 아버지가 행한 We are not 우리는 아니다 illegitimate children 서출 자식들 they protested 그들이 저항하기를 "The only Father we have 유일하신 아버지 우리가 가진 is God himself 이다 하나님 자신"

the things your own father does 너희 아버지가 행하는 것들. The only Father we have 우리가 가진 유일한 아버지. N + SV구조가 연달아 쓰이고 있다.

42 Jesus said to them, "If God were your Father, you would love me, for I came from God and now am here. I have not come on my own; but he sent me." 예수께서 이르시되 하나님이 너희 아버지였으면 너희가 나를 사랑하였으리니 이는 내가 하나님께로부터 나와서 왔음이라 나는 스스로 온 것이 아니요 아버지께서 나를 보내신 것이니라.

Jesus said 예수께서 말씀하시길 to them 대상은 그들 If God were 만일에 하나님이 이었다면 your Father 너희들 아버지 you would 너희들은 하였나니 love me 사랑하다 나를 for 이는 ~로 말미암음이라 I came 나는 왔다 from God 출발지는 하나님 and now 그리고 지금 am here 현재 상태로 있다 여기에 I have 나는 이미 not come 오지 않았다 on my own 관련된 것은 나의 존재; but he sent 하지만 그분께서 보냈다 me 나를

If God were your Father, you would love me 가정법 과거 문장으로 현재 사실의 반대를 나타낸다. if절에 동사 were를 씀에 주의하자. 그 이유는 be동사의 과거이기 때문에!(참조 가정법 과거완료는 요한복음 1장 33절을 보라)

43 Why is my language not clear to you? Because you are unable to hear what I say. 어찌하여 내 말을 깨닫지 못하느냐 이는 내 말을 들을 줄 알지 못함이로다

Why is 어찌하여 인가? my language 내 말이 not clear 명쾌하지 않다 to you 대상은 너희들에게? Because you are 그 이유는 너희들이 이다 unable 가능하지 않다 to hear 나아가서 하고자 하는 바는 듣는 것 what I say 내가 말한 것(것(what = the thing that), 내가 말하는)

44 You belong to your father, the devil, and you want to carry out your father's desire. He was a murderer from the beginning, not holding to the truth, for there is no truth in him. When he lies, he speaks his native language, for he is

a liar and the father of lies. 너희는 너희 아비 마귀에게서 났으니 너희 아비의 욕심대로 너희도 행하고자 하느니라 그는 처음부터 살인한 자요 진리가 그 속에 없으므로 진리에 서지 못하고 거짓을 말할 때마다 제 것으로 말하나니 이는 그가 거짓말쟁이요 거짓의 아비가 되었음이라

You belong 너희들은 속한다 to your father 속하는 대상은 너희들 아버지 the devil 악마 and you want 그래서 너희들이 원한다 to carry out 나아가서 하고자 하는 바를 행하는 your father's desire 너희들 아버지의 욕망을 He was 그는 이었다 a murderer 살인자 from the beginning 처음부터 not holding 가지지 못한 to the truth 대상은 진리 for 이는 말미암음이니라 there is 거기에는 있다 no truth 진리가 없는 in him 둘러싼 것은 그 When he lies 때 그가 거짓말하다 he speaks 그는 말한다 his native language 그의 본국어 말을 for 이것은 ~ 때문이다 he is 그는 이다 a liar 거짓말쟁이 and the father 그리고 아버지 of lies 한정하는 것은 거짓말

45 Yet because I tell the truth, you do not believe me! 내가 진리를 말하므로 너희가 나를 믿지 아니하는도다

Yet 그러나 because I tell 이유는 내가 말하므로 the truth 진리를 you do not 너희들이 않는구나 believe me 믿는다 나를!

46 Can any of you prove me guilty of sin? If I am telling the truth, why don't you believe me? 너희 중에 누가 나를 죄로 책잡겠느냐 내가 진리를 말하는데도 어찌하여 나를 믿지 아니하느냐?

Can any of you 능히 누가 너희들 중에 prove me 증명하다 나를 guilty 범죄자 of sin 죄? If I 가령 내가 am telling 현재 상태는 이다. 말을 하고 있는 the truth 진리를 why don't you 어찌하여 않느냐? 너희들은 believe me 믿는다 나를?

47 He who belongs to God hears what God says. The reason you do not hear is that you do not belong to God. 하나님께 속한 자는 하나님의 말씀을 듣나니 너희가 듣지 아니함은 하나님께 속하지 아니하였음이로다

He who belongs 사람은 사람인데 그는 속한다 to God 대상은 하나님 hears 듣는다 what God says 것 하나님께서 하시는 The reason 그 이유은 you do not 너희들이 않는 hear 듣는다 is 이다 that 질이하를 that you do not belong 너희들이 속하지 않는다 to God 대상은 하나님.

48 The Jews answered him "Aren't we right in saying that you are a Samaritan and demon-possessed?" 유대인들이 대답하여 이르되 우리가 너를 사마리아 사람이라 또는 귀신이 들렸다 하는 말이 옳지 아니하냐?

The Jews answered 유대인들이 대답하기를 him 예수님께 "Aren't we 않느냐? 우리가 right 옳은 in saying 둘러싸고 있는 것은 말한다 that절 이하를 that you are 너는 이다 a Samaritan 사마리아인 and demon-possessed 그리고 귀신 들린 사람?"

a demon-possessed 귀신들린 사람. a demon possessed me = I wan possessed by a demon.

49 "I am not possessed by a demon," said Jesus, "but I honor my Father and you dishonor me." 예수께서 대답하시되 나는 귀신 들린 것이 아니라 오직 내 아버지를 공경함이거늘 너희가 나를 무시하는도다

I am not 나는 아이나 possessed 귀신 들림 받은 by a demon 그 수단은 악마 said Jesus 말씀하셨다. 예수께서 but I honor 하지만 나는 공경한다 my Father 내 아버지를 and you 그리고 너희들은 dishonor me 무시한다 나를

50 I am not seeking glory for myself; but there is one who seeks it, and he is the judge. 나는 내 영광을 구하지 아니하나 구하고 판단하시는 이가 계시니라

I am not 나는 현재 상태로는 않는다 seeking glory 추구한다 영광을 for myself 대상은 나 자신: but there is 그러나 거기에는 계신다 one who seeks 한 분인데 그분은 추구하신다 it 그것을 and he is 그리고 그분은 현재 상태로 이다 the judge 재판관

51 I tell you the truth, if anyone keeps my word, he will never see death. 진실로 진실로 너희에게 이르노니 사람이 내 말을 지키면 영원히 죽음을 보지 아니하리라

I tell 내가 말하노니 you the truth 너희들에게 진리를 if anyone keeps 만일 누구든지 지킨다면 my word 내 말을 he will 그는 일 거다 never see death 전혀 보다 죽음을

52 At this the Jews exclaimed, "Now we know that you are demon -possessed!

Abraham died and so did the prophets, yet you say that if anyone keeps your word, he will never taste death. 유대인들이 이르되 지금 네가 귀신 들린 줄을 아노라 아브라함과 선지자들도 죽었거늘 네 말은 사람이 내 말을 지키면 영원히 죽음을 맛보지 아니하리라 하니

At this 이때 the Jews exclaimed 유대인들이 외치기를 Now we know 이제 우리는 알았노라 that절 이하를 that you are 너는 ~이구나 demon-possessed 귀신 들린 사람! Abraham died 아브라함은 죽었다 and so did 그리고 그렇게 했다 the prophets 선지자들도 yet you say 그럼에도 너는 말하는구나 that절 이하를 that if anyone keeps 만일에 누군가가 지킨다면 your word 네 말을 he will 그는 일 거야 never taste 절대로 않는다고 맛본다 death 죽음을

so did the prophets 선지자들로 죽었다. did는 앞문장의 did를 말한다.

53 Are you greater than our father Abraham? He died, and so did the prophets. Who do you think you are? 너는 이미 죽은 우리 조상 아브라함보다 크냐 또 선지자들도 죽었거늘 너는 너를 누구라 하느냐

Are you 인가? 너는 greater than 더 크다 ~보다도 our father Abraham 우리 조상 아브라함? He died 그는 죽었고 and so did the prophets 그리고 그렇게 죽었다 우리 선지자들도 Who 누구 do you think 너는 생각하니 you are 너는 이다?

Who do you think you are? who are you에 애 do you think가 삽입되었다고 생각하라. Do you think who you are?

54 Jesus replied, If I glorify myself, my glory means nothing. My Father, whom you claim as your God, is the one who glorifies me. 예수께서 대답하시되 내가 내게 영광을 돌리면 내 영광이 아무것도 아니거니와 내게 영광을 돌리시는 이는 내 아버지시니 곧 너희가 너희 하나님이라 칭하는 그이시라

Jesus replied 예수께서 응답하시길 If I glorify 만일에 내가 영광을 올리다 myself 내 자신을 my glory means 매 영광은 의미하나니 nothing 아무것도 아님을 My Father 내 아버지 whom 그분은 you claim 너희들이 주장한다 as your God 자격은 너희 하나님 is 이니라 the one 그분 who 그분은 glorifies 영광 올린다 me 나를

55 Though you do not know him, I know him. If I said I did not, I would be a liar like you, but I do know him and keep his word. 너희는 그를 알지 못하되 나는 아노니 만일 내가 알지 못한다 하면 나도 너희 같이 거짓말쟁이가 되리라 나는 그를 알고 또 그의 말씀을 지키노라

though 비록 ~일지라도 **you do not** 너희들이 ~않는다 **know him** 안다고 그분을 **I know** 나는 아노니 **him** 그분을. **If I said** 내가 만일에 말했다 **I did not** 내가 않았다 **I would** 나는 ~이리라 **be a liar** 이다 거짓말쟁이 **like you**처럼 너희 **but I do** 그러나 나는 강조하는 **do know him** 안다 그를 **and keep his word** 그리고 지키노라 그분의 말씀을

I know him. If I said I did not, I would be a liar like you. if절 이하는 가정법과거 문장이다. 내가 몰랐다고 말했다면, 나는 너희들처럼 거짓말쟁이가 되었을 것이다. 그러나 사실은 안다고 말했다. 알고 있으니까!

56 Your father Abraham rejoiced at the thought of seeing my day; he saw it and was glad. 너희 조상 아브라함은 나의 때 볼 것을 즐거워하다가 보고 기뻐하였느니라

Your father Abraham rejoiced 너희 조상 아브라함은 기뻐하였나니 **at the thought** 점으로 접하는 것은 생각 **of seeing my day** 그 대상은 보는 것이고 나의 날; **he saw** 그는 보았다 **it** 그것을 **and was glad.** 그리고 상태는 이었다 기쁜

동사 rejoice는 전치사 at을 동반하였다. 구체적으로 점으로 접하여 정확하게 나타내려 할 때 전치사 at을 사용한다. 예, 정확한 시간 the exact time at which~도 같은 개념이다. cf) the day on which~

57 "You are not yet fifty years old," the Jews said to him, "and you have seen Abraham!" 유대인들이 이르되 네가 아직 오십 세도 못되었는데 아브라함을 보았느냐

"You are not 너는 아니다 **yet fifty years old** 아직 50세" **the Jews said** 유대인들이 말하길 **to him** 예수님께 "**and you have** 그리고 너는 이미 **seen** 보았다고 **Abraham** 아브라함을!"

58 "I tell you the truth," Jesus answered, "before Abraham was born, I am!" 예수께서 이르시되 진실로 진실로 너희에게 이르노니 아브라함이 나기 전부터 내가 있느니라 하시니

I tell 내가 말하노니 you the truth 너희들에게 진실을 Jesus answered 예수께서 말씀하시길 "before Abraham 직후에 일어난 일이 아브라함이 was born 태어났느니라 I am!"

before 절 : '~기 전에'로 기억하면 안 된다. 그 이유는 거꾸로, 즉 문장 뒤에서 해석할 때의 개념이기 때문이다. 문장을 순서대로 앞에서 해석해 갈 때는 앞 문장이 일어나고 before절은 그 뒤에 일어난다는 것이다. 이 개념을 정확하게 숙지하기 위해서는 외울 필요도 없이 문장은 쓰인 순서대로 읽어내려가는 연습을 해야 영어방송이 들리는 것이다. 고정관념을 버려라!

59 At this, they picked up stones to stone him, but Jesus hid himself, slipping away from the temple grounds. 그들이 돌을 들어 치려 하거늘 예수께서 숨어 성전에서 나가시니라

At this 이때 they picked up 그들이 집어들었다 stones 돌을 to stone 나아가서 하고자 하는 바는 던지려고 him 그에게 but Jesus hid 그러나 예수께서는 숨었다 himself 자신을 slipping away 미끄러지시면서 멀리 from the temple grounds 출발한 곳은 성전 홍위무사들

동사 pick을 '줍다'이니까 방향전치사 up을 동반하니 '집어들다'의 뜻이 된다.

The Gospel
according to St. John

요한복음 9장

The Gospel according to St. John

요한복음 9장

01 As he went along, he saw a man blind from birth. 예수께서 길을 가실 때에 날 때부터 맹인 된 사람을 보신지라

As 때는 he went 예수께서 가시니 along 쪽 따라서 he saw 예수께서 보았다 a man blind 한 사람 맹인 from birth 출발한 곳은 출생

02 His disciples asked him, "Rabbi, who sinned, this man or his parents, that he was born blind?" 제자들이 물어 이르되 랍비여 이 사람이 맹인으로 난 것이 누구의 죄로 인함이나이까 자기니이까 그의 부모니이까

His disciples asked 그의 제자들이 묻기를 him 예수님께 "Rabbi 랍비여, who sinned 누가 죄를 범한 것인가요? this man or his parents 이 사람인가 아니면 그의 부모인가요? that he was 그가 인 것이 born blind 태어난 맹인?"

03 "Neither this man nor his parents sinned," said Jesus, "but this happened so that the work of God might be displayed in his life. 예수께서 대답하시되 이 사람이나 그 부모의 죄로 인한 것이 아니라 그에게서 하나님이 하시는 일을 나타내고자 하심이라

"Neither this man 아니고 이 사람 nor his parents 아니고 그의 부모도 sinned 죄를 짓다" said Jesus 말씀하셨다 예수께서 "but this happened 하지만 이 일은 일어났느니라 so that ~하기 위해서 the work of God might 일은 한정된 것은 하나님 가능하게 하기 위해 be displayed 나타나게 되도록 in his life 둘러싼 것은 그의 인생

04 As long as it is day, we must do the work of him who sent me. Night is coming, when no one can work. 때가 아직 낮이매 나를 보내신 이의 일을 우리가 하여야 하리라 밤이 오리니 그때는 아무도 일할 수 없느니라

As long as ~한 it is day 때는 낮이라 we must 우리는 해야 하니라 do the work 행하다 일을 of him who 한정된 것은 그분, 그분께서 sent me 보내셨다 나를 Night is 밤은 현재 상태로

이다 coming 오는 중이다 when 밤인 때 no one 아무도 없다 can work 능히 일하다

★ Night is coming, when no one can work. 이 문장을 Night when no one can work is soming로 보면 뜻이 분명해진다. 즉 Night가 나오면 이를 분명하게 그 뜻을 나타내기 위해서는 관계사절을 사용하면 된다. 밤(Night)는 시간 명사이므로 관계사는 when을 쓰고, 아무도 없다(no one) 능히(can) 일한다(work) 오고 있다(is coming)가 된다.

05 While I am in the world, I am the light of the world. 내가 세상에 있는 동안에는 세상의 빛이로라

While 동시에 일어나는 일은 I am 내가 현재 상태로 존재한다 in the world 둘러싼 것은 세상 I am 나는 현재 상태로 이다 the light 빛 of the world 한정된 것은 이 세상

06 Having said this, he spit on the ground, made some mud with the saliva, and put it on the man's eyes. 이 말씀을 하시고 땅에 침을 뱉어 진흙을 이겨 그의 눈에 바르시고

Having 이미 said this 말씀하시길 이것을 he spit 예수께서 침을 뱉으시고 on the ground 침이 접속하는 면은 바닥이다 made some mud 만드셨다 진흙을 with the saliva 함께하는 것은 침 and put it 그리고는 두었다 그것을 on the man's eyes 면으로 접하는 것은 그 사람의 눈

동사 spit는 침을 뱉으면 침이 떨어져 땅바닥에 붙으니, 면으로 접하는 전치사 on을 쓰고 그 대상인 바닥 the ground를 쓰는 것이다. 이 얼마나 재미있는 표현인가?

동사 put은 여러 가지 뜻이 있으나, 목적어를 목적지에 두게 되니 목적어 다음에 on을 쓰고 다시 on의 목적어인 the man's eyes이 오는 것이다. 이것이 바로 영어의 원리이고 영영식 사고방식이다.

07 "Go," he told him, "wash in the Pool of Siloam" (this word means Sent). So the man went and washed, and came home seeing. 이르시되 실로암 못에 가서 씻으라 하시니 (실로암은 번역하면 보냄을 받았다는 뜻이라) 이에 가서 씻고 밝은 눈으로 왔더라

"Go 가라" he told 예수께서 말씀하시길 him 그에게 "를" wash 씻어라 in the Pool 둘러싼 것은 연못이고 of Siloam 한정된 것은 실로암 (this word means 이 말은 의미하니 Sent 보냈다) So the man went 그래서 이 사람이 갔고 and washed 그리고 씻었다 and came 그리고 갔다

home 집에 **seeing** 보면서

＊ So the man went and washed, and came home seeing. 여기서 마지막 **seeing**는 분사구문이다. 접속사와 주어 동사가 생략되었으니, **as he saw.**

08 His neighbors and those who had formerly seen him begging asked, "Isn't this the same man who used to sit and beg?" 이웃 사람들과 전에 그가 걸인인 것을 보았던 사람들이 이르되 이는 앉아서 구걸하던 자가 아니냐.

His neighbors and those 이웃 사람들과 사람들 who had 그들은 이미 formerly seen 확실하게 보았던 him begging 그가 구걸하는 것을 asked 묻기를 "Isn't this 아니냐? 이는 the same man 같은 사람 who used 그 사람은 했었던 to sit 나아가서 하는 일은 앉아서 and beg 구걸하는?"

＊ the same man 같은 사람이니까, 구체적 설명이 필요하니 명사는 선행사가 되고, 사람이니까 who를 쓰고 동사가 나오니, 규칙적으로 했던 used to R을 사용한다

09 Some claimed that he was. Others said, "No, he only looks like him." But he himself insisted, "I am the man." 어떤 사람은 그 사람이라 하며 어떤 사람은 아니라 그와 비슷하다 하거늘 자기 말은 내가 그라 하니

Some claimed 어떤 이들이 주장하는 바는 that절 이하 that he was 그는 이었다 Others said 다른 이들은 말하길 "No 아니다 he only 그는 단지~뿐이다 looks 보인다 like him처럼 이 사람" But he himself 그러나 그는 그 자신이 insisted 주장하기를 "I am 내가 이다 the man 그사람"

10 How then were your eyes opened?" they demanded. 그들이 묻되 그러면 네 눈이 어떻게 떠졌느냐.

How 어떻게 then 그때 were 상태는 과거이었는가? your eyes 너의 눈들이 opened 떠졌다?" they demanded 그들이 따져 물었다

11 He replied, "The man they call Jesus made some mud and put it on my eyes.

He told me to go to Siloam and wash. So I went and washed, and then I could see." 대답하되 예수라 하는 그 사람이 진흙을 이겨 내 눈에 바르고 나더러 실로암에 가서 씻으라 하기에 가서 씻었더니 보게 되었노라

He replied 그가 대답하길 "The man 그분 they call Jesus 그들이 부른다 예수라고 made some mud 만들었다 약간의 진흙을 and put it 그리고 그것을 붙혔다 on my eyes 면으로 접하는 것은 내 눈들에 He told me 그분께서 말씀하시기를 나에게 to go 나아가서 하는 바는 가라 to Siloam 그 대상은 실로암이고 and wash 그리고는 씻어라 So I went 그래서 나는 갔지요 and washed 그리고는 씻었다 and then 그리고 그때 I could 나는 가능했다. 능히 see 보다"

12 "Where is this man?" they asked him. "I don't know," he said. 그들이 이르되 그가 어디 있느냐 이르되 알지 못하노라 하니라

"Where 어디에 is this man 있노 이 사람?" they asked 그들이 묻기를 him 그에게 "I don't know 나는 모르오" he said 그가 말했다

13 They brought to the Pharisees the man who had been blind. 그들이 전에 맹인이었던 사람을 데리고 바리새인들에게 갔더라

They brought 그들이 데려갔다 to the Pharisees 대상인 바리새인들에게 the man 그 사람 who 그 사람은 had 이미 been blind 됐었던 맹인

14 Now the day on which Jesus had made the mud and opened the man's eyes was a Sabbath. 예수께서 진흙을 이겨 눈을 뜨게 하신 날은 안식일이라

Now 자! the day 그날은 on which 면으로 접하는 그날은 Jesus had 예수께서 이미 made the mud 만드셨던 진흙 and opened 열었던 the man's eyes 그 사람의 눈들을 was a Sabbath 이었다 안식일

15 Therefore the Pharisees also asked him how he had received his sight. "He put mud on my eyes," the man replied, "and I washed, and now I see." 그러므로 바리새인들도 그가 어떻게 보게 되었는지를 물으니 이르되 그 사람이 진흙을 내 눈에 바르매 내가 씻고 보나이다 하니

Therefore 그런고로 the Pharisees also asked 바리새인들이 역시 묻기를 him 그에게 how 절을 how 어떻게 he had 그가 이미 received 받았다 his sight 그의 시야를 "He put 그분께서는 두셨다 mud 진흙을 on my eyes 접하는 면은 내 눈에," the man replied 그 남자가 말했다 "and I washed 그리고는 내가 씻었어요 and now 그리고는 이제 I see 나는 보나이다"

동사 put는 목적어를 접하는 면 on으로 두니 '붙히다'의 뜻이 된다. 영어에서는 전치사를 동반하여 방향이나 목적을 나타내니 반드시 전치사를 익혀야 한다.

16 Some of the Pharisees said, "This man is not from God, for he does not keep the Sabbath." But others asked, "How can a sinner do such miraculous signs?" So they were divided. 바리새인 중에 어떤 사람은 말하되 이 사람이 안식일을 지키지 아니하니 하나님께로부터 온 자가 아니라 하며 어떤 사람은 말하되 죄인으로서 어떻게 이러한 표적을 행하겠느냐 하여 그들 중에 분쟁이 있었더니

Some 몇 명이 of the Pharisees 한정되는 것은 바리새인들 중 said 말했다 "This man is not 이 사람은 아니다 from God 출발지는 하나님 for 이유는 ~함이라 he does not 그가 않았다 keep the Sabbath 지키다 안식일을." But others asked 그러나 다른 사람들을 묻기를 "How can 어떻게 능히 a sinner 죄인이 do such miraculous signs 행위를 하느냐? 그런 기적같은 표적을?" So 그리하여 they were 그들의 상대는 이었다 divided 양분되었다

17 Finally they turned again to the blind man, "What have you to say about him? It was your eyes he opened." The man replied, "He is a prophet." 이에 맹인되었던 자에게 다시 묻되 그 사람이 네 눈을 뜨게 하였으니 너는 그를 어떠한 사람이라 하느냐 대답하되 선지자니이다 하니

Finally 끝으로 they turned 그들이 돌아서서 again 다시 to the blind man 대상은 맹인 "What have you 무엇을 가지고 너를 to say 나아가서 하고자 하는 바는 about him 관련된 대상은 그 사람(예수님)? It was 그것은 이었다 your eyes he opened 너의 눈 그가 뜨게 한." The man replied 그 사람이 대답하길 "He is 그분은 이다 a prophet 선지자"

18 The Jews still did not believe that he had been blind and had received his sight until they sent for the man's parents. 유대인들이 그가 맹인으로 있다가 보게 된 것을 믿지 아니하고 그 부모를 불러 묻되

The Jews still did not 유대인들은 여전히 않았다 believe 믿지를 that절을 that he had been 그가 이미 있었던 상태는 blind 맹인 and had 그리고 이미 received his sight 받았다 그의 시야를 until 그것이 끝난 것은 they sent 그들은 보냈다 for the man's parents 대상은 그 남자의 부모를

the man had been blind and had received 그 사람은 맹인이었고 그리고는 시야를 얻었다. 맹인은 되어서 태어났으니 수통 be P.P형태로 쓰이고, 그는 눈을 떴으니 능동태로 쓰인다는 점에 주의 하자.

19 "Is this your son?" they asked. "Is this the one you say was born blind? How is it that now he can see?" 이는 너희 말에 맹인으로 났다 하는 너희 아들이냐 그러면 지금은 어떻게 해서 보느냐.

"Is this your son 이냐? 이 사람이 너의 아들" they asked 그들이 묻기를 "Is this the one 인가? 이 사람이 you say 너희가 말하는 was born blind 맹인으로 태어난? How is 어떻게 현재 상태이다 it that 그것이 now 지금은 he can 그가 능히 see 보는가?"

Is this the one you say was born blind? 이 문장은 Is this (that) the one (whom) you say was born blind? 문장이다. 접속사 that과 관계대명사 whom이 생략된 문장이다.

20 "We know he is our son," the parents answered, "and we know he was born blind. 그 부모가 대답하여 이르되 이 사람이 우리 아들인 것과 맹인으로 난 것을 아나이다.

"We know 우리가 아노니 he is our son 그는 우리의 아들이다" the parents answered 그 부모가 답변했다 "and we know 그리고 우리가 아는 것은 he was 그는 상태가 이었다 born blind 태어났다 맹인으로

21 But how he can see now, or who opened his eyes, we don't know. Ask him. He is of age; he will speak for himself. 그러나 지금 어떻게 해서 보는지 또는 누가 그 눈을 뜨게 하였는지 우리는 알지 못하나이다 그에게 물어 보소서 그가 장성하였으니 자기 일을 말하리이다.

But how 그러나 어떻게 he can 그가 능히 see now 보는지 지금 or who 누가 opened 뜨게 만들었는지 his eyes 그의 눈을 we don't know 우리는 모른다 Ask him 그에게 물어보라 He is 그는 현재 상태는 이다 of age 나이가 든; he will 그는 일 거다 speak 말한다 for himself 대상은 자신

22 His parents said this because they were afraid of the Jews, for already the Jews had decided that anyone who acknowledged that Jesus was the Christ would be put out of the synagogue. 그 부모가 이렇게 말한 것은 이미 유대인들이 누구든지 예수를 그리스도로 시인하는 자는 출교하기로 결의하였으므로 그들을 무서워함이더라.

His parents said 그의 부모가 말했다 this 이렇게 because 이는 말미암음이니라 they were 그들이 상태는 이었다 afraid of the Jews 두려워한 대상은 유대인들을 for 그 이유는 already 벌써 the Jews had 유대인들이 이미 decided 결정했다 that절을 that anyone who acknowledged 누구든지 그 누구는 인정한 that절을 that Jesus was the Christ 예수가 그리스도라고 would be put 추방되리라 out 밖으로 of 한정되는 것은 the synagogue 벗어나는 대상은 회상

영어는 S와 V로 완벽한 문장이 끝나면 그 이유를 부연 설명하고자 할 때 접속사를 사용하여 문장을 보충 설명한다. 이유를 설명할 때 because절을 사용한다. 결과를 나타낼 때는 so that절을 사용한다. 목적을 나타내는 경우 so that 조동사를 사용한다. 이것을 문장의 확장이라고 한다.

23 That was why his parents said, "He is of age; ask him." 이러므로 그 부모가 말하기를 그가 장성하였으니 그에게 물어 보소서 하였더라

That was why 그 결과는 his parents said 그의 부모가 말하기를 "He is of age 그는 나이가 들었으니; ask him 그에게 물어보라"

24 A second time they summoned the man who had been blind. "Give glory to God," they said. "We know this man is a sinner." 이에 그들이 맹인이었던 사람을 두 번째 불러 이르되 너는 하나님께 영광을 돌리라 우리는 이 사람이 죄인인 줄 아노라

A second time 두 번째로 they summoned 그들이 소환했다 the man 그 사람 who 그 사람인데 had 이미 been 상태로 있었던 blind 맹인 "Give glory 주라 영광을 to God 대상은 하나님께" they said 그들이 말했다. "We know 우리는 아노니 this man is 이 사람은 이다 a sinner 죄인"

동사 give 동사는 목적어를 2개 취하는 데, 앞 목적어는 간접목적어(사람) 뒷 목적어(직접목적어) 형식을 취한다. 중요한 것은 직접목적어를 먼저 취할 때는 간접목적어 앞에 **to**를 붙이는 데, 이때 문장은 3형식으로 된다. give glory to God : 하나님께 영광! 정확한 영영식 사고방식은 영광을 주세요. 그 대상은 하나님께!

25 He replied, "Whether he is a sinner or not, I don't know. One thing I do know. I was blind but now I see!" 대답하되 그가 죄인인지 내가 알지 못하나 한 가지 아는 것은 내가 맹인으로 있다가 지금 보는 그것이니이다

He replied 그가 응답하기를 "**Whether** 인지 ~아닌지 **he is** 그는 현재 상태는 이다 **a sinner** 죄인인지 **or not** 아닌지 **I don't know** 나는 모르나니 **One thing** 한가지 **I do know** 내가 강조하여 아는 것은 **I was** 내가 과거상태는 이었다 **blind** 맹인 **but now** 그러나 지금은 **I see** 나는 본다!"

26 Then they asked him, "What did he do to you? How did he open your eyes?" 그들이 이르되 그 사람이 네게 무엇을 하였느냐 어떻게 네 눈을 뜨게 하였느냐.

Then 그때 **they asked** 그들이 묻기를 **him** 그에게 "**What did** 무엇을 했느냐? **he do** 그가 한다 **to you** 대상은 너에게? **How did he** 어떻게 했나 그가 **open your eyes** 열었다 너의 눈을?"

27 He answered, "I have told you already and you did not listen. Why do you want to hear it again? Do you want to become his disciples, too?" 대답하되 내가 이미 일렀어도 듣지 아니하고 어찌하여 다시 듣고자 하나이까 당신들도 그의 제자가 되려 하나이까

He answered 그가 답변하기를 "**I have** 나는 이미 **told** 말했다 **you** 너희에게 **already** 일찍이 **and you did not** 그리고 당신들은 안 했다 **listen** 들었다 **Why do you** 왜 당신은 **want** 원하는가? **to hear** 나아가서 하고자 하는 바는 듣는 것 **it** 그것을 **again** 다시? **Do you want** 당신은 원하는가? **to become** 나아가서 하고자 하는 바는 **his disciples** 그의 제자들이 **too** 역시?"

want to become N : N이 되기를 원하다. 이것을 이제는 '원하여 하고자 하는 바는 N이 되는 것' 이렇게 하여야 영어실력이 짱짱 늘어나게 된다. 이전 교육에서는 ~이 되기를 원한다고 거꾸로 해석하는 것을 배웠다.

28 Then they hurled insults at him and said, "You are this fellow's disciple! We are disciples of Moses! 그들이 욕하여 이르되 너는 그의 제자이나 우리는 모세의 제자라

Then they hurled 그때 그들이 insults 모욕을 주어 at him 접으로 접하는 면은 그 사람 and said 그리고 말하기를 "You are 당신은 이구나 this fellow's disciple 그 사람의 제자! We are 우리는 현재 상태는 이다 disciples 제자들 of Moses 한정된 것은 모세!

29 We know that God spoke to Moses, but as for this fellow, we don't even know where he comes from. 하나님이 모세에게는 말씀하신 줄을 우리가 알거니와 이 사람은 어디서 왔는지 알지 못하노라

We know 우리는 아노니 that절을 that God spoke 하나님께서 말씀하셨다 to Moses 대상은 모세에게 but 그러나 as처럼 for this fellow 대상으로 하는 것은 이 사람 we don't even 우리는 아니다 심지어는 know 알다 where he comes from. 어디서 그가 왔는지를 출발지"

30 The man answered, "Now that is remarkable! You don't know where he comes from, yet he opened my eyes." 그 사람이 대답하여 이르되 이상하다 이 사람이 내 눈을 뜨게 하였으되 당신들은 그가 어디서 왔는지 알지 못하는도다.

The man answered 그 사람이 답변하길 "Now 자 that is remarkable 주목할 만하구먼! You don't know 너는 알지 못하는구나 where he 어디서 그가 comes from 오셔서 출발지는 yet he 그러나 그는 opened 뜨게 했다 my eyes 나의 눈을

31 We know that God does not listen to sinners. He listens to the godly man who does his will. 하나님이 죄인의 말을 듣지 아니하시고 경건하여 그의 뜻대로 행하는 자의 말은 들으시는 줄을 우리가 아나이다.

We know 우리가 아나이다 that절을 that God does not 하나님께서는 아니하신다 listen 듣는다 to sinners 그 대상은 죄인들 He listens 그분께서는 들으신다 to the godly man 경건한 사람들 who 그들은 does 행한다 his will 그분의 뜻을

32 Nobody has ever heard of opening the eyes of a man born blind. 창세 이후로 맹인으로 난 자의 눈을 뜨게 하였다 함을 듣지 못하였으니

Nobody has 아무도 이미 못했다 ever heard 들었다 of opening 눈을 뜨게 하는 the eyes 눈을 of a man born blind 한정하는 말은 사람이 태어난 맹인

33 If this man were not from God, he could do nothing. 이 사람이 하나님께로부터 오지 아니하였으면 아무 일도 할 수 없으리이다

If this man were 만일에 이 사람이었다면 not from God 아니다 출발지는 하나님 he could 그는 할 수 있었으리라 do nothing 행하다 없는 것을

34 To this they replied, "You were steeped in sin at birth; how dare you lecture us!" And they threw him out. 그들이 대답하여 이르되 네가 온전히 죄 가운데서 나서 우리를 가르치느냐 하고 이에 쫓아내어 보내니라

To this 대상은 이것 they replied 그들이 답하기를 "You were steeped in sin 둘러싼 것은 죄 at birth 접하고 있는 것은 출생; how dare 어떻게 감히 you lecture 당신이 가르치나 우리를 us!" And they 그리고 그들이 threw 던졌다 him 그를 out 밖으로

35 Jesus heard that they had thrown him out, and when he found him, he said, "Do you believe in the Son of Man?" 예수께서 그들이 그 사람을 쫓아냈다 하는 말을 들으셨더니 그를 만나사 이르시되 네가 인자를 믿느냐

Jesus heard 예수께서 들으셨다 that절을 that they had 그들이 이미 thrown 던졌다 him out 그를 밖으로 and when he found 그리고 때 그가 발견했다 him 그를 he said 그가 말했다 "Do you believe in 너는 믿느냐? the Son of Man 아들을 한정하는 것은 사람?"

36 "Who is he, sir?" the man asked. "Tell me so that I may believe in him." 대답하여 이르되 주여 그가 누구시오니이까 내가 믿고자 하나이다

Who is he, sir 누가 그인가요? the man asked 그 사람이 물었다 "Tell me 네게 말해주세요 so that 그 결과 I may 내가 위함이니라 believe in him."

37 Jesus said, "You have now seen him; in fact, he is the one speaking with you." 예수께서 이르시되 네가 그를 보았거니와 지금 너와 말하는 자가 그이니라

Jesus said 예수께서 말씀하시길 "You have 너는 이미 now seen 이제 보았었다 him 그를; in fact 사실은 he is 그는 이다 the one 그 사람 speaking 말하고 있는 with you 함께하는 것은 그와"

he is the one speaking with you 이 문장은 he is the one (who is) speaking with you. 관계사와 동사가 생략되었으니 결과적으로 '명사+ 동사ing' 형태가 되어, 분사구문이 된다. 중요한 것은 명사가 V~ing의 행위자가 된다는 점이다.

38 Then the man said, "Lord, I believe," and he worshiped him. 이르되 주여 내가 믿나이다 하고 절하는지라

Then the man said 그 때 그 사람이 말하길, "Lord 주여, I believe 내가 믿나이다," and he worshiped 그리고 그는 경배하였다 him 그 사람을.

39 Jesus said, "For judgment I have come into this world, so that the blind will see and those who see will become blind." 예수께서 이르시되 내가 심판하러 이 세상에 왔으니 보지 못하는 자들은 보게 하고 보는 자들은 맹인이 되게 하려 함이라 하시니

Jesus said 예수께서 말씀하시길 "For judgment 대한 것은 심판이고 I have 내가 이미 come 왔었다 into this world 방향은 세상 so that 결과, 목적은 the blind will 맹인들이 ~일 것이고 see 보다 and those 그리고 그러한 사람들 who 그들은 see 보는 will become 될 것이다 blind 맹인들"

40 Some Pharisees who were with him heard him say this and asked, "What? Are we blind too?" 바리새인 중에 예수와 함께 있던 자들이 이 말씀을 듣고 이르되 우리도 맹인인가

Some Pharisees 몇몇의 바리새인들이 who 그들은 were 있었다 with him 함께하는 것은 예수님 heard 들었다 him say 그가 말한다 this 이것을 and asked 그리고서 묻기를 "What 무엇이라고? Are we 인가 우리가? blind too 맹인 역시?

동사 heard가 5형식으로 쓰였으니 him은 주어가 되니 he가 되고, 목적보어 say는 동사가 되어 결국 he say this와 같이 된다는 사실이 중요하다.

41 Jesus said, "If you were blind, you would not be guilty of sin; but now that you claim you can see, your guilt remains." 예수께서 이르시되 너희가 맹인이 되었더라면 죄가 없으려니와 본다고 하니 너희 죄가 그대로 있느니라

Jesus said 예수께서 말씀하시되 If you were 만일 너희들이 이었다 blind 맹인 you would not 너희는 있지 않을 거다 be guilty 죄인이 되다 of sin 한정하는 것은 죄; but now that 그러나 지금은 you claim 너희가 주장하는구나 you can 너희들이 능히 see 본다, your guilt 너희들의 죄가 remains 남아 있도다

The Gospel
according to St. John

요한복음 10장

The Gospel according to St. John

요한복음 10장

01 "I tell you the truth, the man who does not enter the sheep pen by the gate, but climbs in by some other way, is a thief and a robber. 내가 진실로 진실로 너희에게 이르노니 문을 통하여 양의 우리에 들어가지 아니하고 다른 데로 넘어가는 자는 절도며 강도요

"I tell 내가 말하노니 you the truth 너희에게 진실을 the man 그 사람은 who 그는 does not 아니다 enter 들어간다 the sheep pen 양의 우리 by the gate 수단은 문 but climbs 기어오르다 in 안으로 by some other way 수단은 몇몇 다른 길 is a thief 도둑이고 and a robber 강도이다

the man은 구체적이지 못하므로 the man을 관계사로 설명하는 형식이다. the man who does not enter~, climbs in~으로 연결되어 전체는 명사덩어리를 이룬다. the one is a thief and a robber이다.

02 The man who enters by the gate is the shepherd of his sheep. 문으로 들어가는 이는 양의 목자라

the man을 설명한다. 방법은 1절과 같다. 해석하는 방법은 순서대로 해서 사람은(the man) 관계사는 who 동사 enters 수단은 by the gate가 된다. 저자는 서문에 말한 것처럼 관계대명사 문장을 해석하는 방법은 'A는 A인데 그 A는 ~한다.'로 숙달하였더니 관계사 문장은 통달하게 되었으니 참조바란다.

03 The watchman opens the gate for him, and the sheep listen to his voice. He calls his own sheep by name and leads them out. 문지기는 그를 위하여 문을 열고 양은 그의 음성을 듣나니 그가 자기 양의 이름을 각각 불러 인도하여 내느니라

The watchman opens 문지기는 여느니라 the gate 문을 for him 대상은 그를 and the sheep 그리고 양들은 listen 듣는다 to his voice 대상은 그의 음성을 He calls 그는 부르니라 his own sheep 자기의 양들을 by name 수단은 이름으로 and leads 그리고 이끈다 them 그들을 out 밖으로

동사 lead는 방향을 나타내는 전치사 out을 동반하여 '밖으로 인도하다.' 영어는 단순한 언어이다. 한국말처럼 다양하게 발달되지 못하였으니, 동사는 전치사를 동반하여 여러 가지 뜻을 나타내는 것이다.

04 When he has brought out all his own, he goes on ahead of them, and his sheep follow him because they know his voice. 자기 양을 다 내놓은 후에 앞서 가면 양들이 그의 음성을 아는 고로 따라오되

When 때 he has 그는 이미 brought 데리고 왔었다 out 밖으로 all his own 모든 자기의 것들 he goes 그는 간다 on 계속하여 ahead 뒤에는 of them 한정된 바는 그들 and his sheep follow 그리고 그들의 양들은 따른다 him 그를 because 말미암아 they know 그들이 아나니 his voice 그의 음성을

동사 bring은 방향을 나타내기 위해서 전치사 out을 사용, '데려나오다 밖으로', 동사 go는 지속전치사 on을 사용하여 간다 지속하여서.

05 But they will never follow a stranger; in fact, they will run away from him because they do not recognize a strangers voice. 타인의 음성은 알지 못하는 고로 타인을 따르지 아니하고 도리어 도망하느니라

But they will never 그러나 그들은 일 것이다 전혀 ~못하는 follow a stranger 따르다 이방인을; in fact 사실은 they will 그들은 일 거야 run 달려서 away 멀리 from him 출발점은 그로부터 because 이유인즉 they do not recognize 그들은 인식하지 못한다 a strangers voice 이방인의 음성을

06 Jesus used this figure of speech, but they did not understand what he was telling them. 예수께서 이 비유로 그들에게 말씀하셨으나 그들은 그가 하신 말씀이 무엇인지 알지 못하니라

Jesus used 예수께서 이용하셨다 this figure 이 비유를 of speech 한정된 것은 말씀의 but they did not 그러나 그들은 행하지 못했다 understand 이해하다 what절을 what he was 그가 있는 것 telling them 그들에게 말한 것

07 Therefore Jesus said again, "I tell you the truth, I am the gate for the sheep.

그러므로 예수께서 다시 이르시되 내가 진실로 진실로 너희에게 말하노니 나는 양의 문이라

Therefore 그런고로 **Jesus said** 말씀하시길 **again** 다시 **I tell** 내가 말하노니 **you the truth** 너에게 진실을 **I am** 나는 이다 **the gate** 문이고 **for the sheep** 그 대상은 문

08 All who ever came before me were thieves and robbers, but the sheep did not listen to them. 나보다 먼저 온 자는 다 절도요 강도니 양들이 듣지 아니하였느니라

All who ever came 모든 이들은 그들은 적이 왔던 **before me** 직후에 내가 **were thieves** 도 둑들이고 **and robbers** 강도들 **but the sheep did not** 그러나 양들은 행하지 않았다 **listen** 듣 다 **to them** 대상은 그들

09 I am the gate; whoever enters through me will be saved. He will come in and go out, and find pasture. 내가 문이니 누구든지 나로 말미암아 들어가면 구원을 받고 또는 들어 가며 나오며 꼴을 얻으리라

I am 나는 이다 **the gate** 문; **whoever enters** 누구든지 들어가노니 **through me** 통과하는 것은 나 **will be saved** 하리라. 구원받게 **He will** 그는 할 것이다 **come** 온다 **in** 안으로 **and go** 간다 **out** 밖으로 **and find pasture** 그리고 찾다 목초지를

동사 enter는 방법, 수단을 나타내기 위해 전치사 through를 동반한다. 동사 come은 방향을 나타 내기 위하여 전치사 in을 동반한다. 동사 go는 방향을 나타내기 위하여 전치사 out을 동반한다, 예) go up~, fo down~, to 목적지

10 The thief comes only to steal and kill and destroy; I have come that they may have life, and have it to the full. 도둑이 오는 것은 도둑질하고 죽이고 멸망시키려는 것뿐이요 내가 온 것은 양으로 생명을 얻게 하고 더 풍성히 얻게 하려는 것이라

The thief comes 도둑들은 와서는 **only to steal** 단지 나아가서 하고자 하는 바는 훔치고 **and kill** 죽이고 **and destroy** 그리고 멸망시키는 것뿐이니; **I have** 나는 이미 **come** 왔었노라 결과를 보려고 **that they** 그들이 **may have** 갖게 하기 위하려고 **life** 생명을 **and have it** 생명을 **to the full** 도달하는 것은 풍성, 충만

come to steal, kill and destory 순서대로 이해하여야 한다. 모든 문장이 순서대로 이해하여야 하니까. 영어 의미는 '와서는 훔치고, 죽이고, 멸망시키려는 것'이다. have come은 have + P.P로 이미(have) ~했었다(동사의 과거분사형)이다. 명사(A) to 명사(B) : A가 도달하는 곳은 B. 예) A key to the door

11 I am the good shepherd. The good shepherd lays down his life for the sheep. 나는 선한 목자라 선한 목자는 양들을 위하여 목숨을 버리거니와

I am 나는 이다 the good shepherd 선한 목자 The good shepherd lays 선한 목자는 놓는다 down 아래로 his life 자기의 생명을 for the sheep 대상은 양들

동사 lay는 방향을 나타내는 전치사 doen을 동반한다. 이렇게 우리가 숙어(Phrasal Verbs)라고 하여 무조건 외울 것이 능사가 아니고, 동사의 활용하는 방법을 배워야 한다.

12 The hired hand is not the shepherd who owns the sheep. So when he sees the wolf coming, he abandons the sheep and runs away. Then the wolf attacks the flock and scatters it. 삯꾼은 목자가 아니요 양도 제 양이 아니라 이리가 오는 것을 보면 양을 버리고 달아나나니 이리가 양을 물어 가고 또 헤치느니라

The hired hand 고용된 일꾼 is not 아니다 the shepherd 목자 who 그는 owns the sheep 소유한다 양을 So when 그리하여 때 he sees 그가 보고 the wolf 늑대가 coming 온다 he abandons 그는 버리고 the sheep 양들을 and runs 달려간다 away 저 멀리로 Then 그때 the wolf attacks 늑대가 공격한다 the flock 양의 무리를 and scatters it 그리고 흩어놓는다 그것을

동사 run은 방향 전치사 away를 동반하여 '도망가다'. away는 떨어지는 뜻을 나타내는 전치사이니까. 이렇게 전치사의 의미를 알고 동사와 결합시키는 훈련을 하면 우리가 숙어라고 하는 것도 저절로 외워진다.

13 The man runs away because he is a hired hand and cares nothing for the sheep. 달아나는 것은 그가 삯꾼인 까닭에 양을 돌보지 아니함이나

The man runs away 그가 도망간다 그 이유는 because절 because he is 그는 이다 a hired hand 고용된 사람 and cares 그리고 돌보다 nothing 없음을 for the sheep 그 대상은 양들

14 I am the good shepherd; I know my sheep and my sheep know me-나는 선한 목자라 나는 내 양을 알고 양도 나를 아는 것이

I am 나는 이다 the good shepherd 선한 목자; I know 나는 아노니 my sheep 내 양을 and my sheep know 그리고 내 양은 안다 me 나를-

15 just as the Father knows me and I know the Father-and I lay down my life for the sheep. 아버지께서 나를 아시고 내가 아버지를 아는 것 같으니 나는 양을 위하여 목숨을 버리노라

just as 마치 ~처럼 the Father knows 아버지가 아시는 me 나를 I know 내가 안다 the Father 아버지를 -and I lay down 그리고 나는 내려놓는다 my life 나의 생명을 for the sheep 대상은 양들

16 I have other sheep that are not of this sheep pen. I must bring them also. They too will listen to my voice, and there shall be one flock and one shepherd. 또 이 우리에 들지 아니한 다른 양들이 내게 있어 내가 인도하여야 할 터이니 그들도 내 음성을 듣고 한 무리가 되어 한 목자에게 있으리라

I have 나는 가지고 있나니 other sheep 다른 양들 that are not 그들은 아니다 of this sheep pen 한정된 것은 이 목장 I must 내가 해야 하는 것은 bring them 가져오다. 그들을 also 역시 They too will 그들 역시 ~할 거다 listen 듣는다 to my voice 그 대상은 내 목소리 and there 그리고 그때는 shall be 되리라 one flock 한 무리 and one shepherd 그리고 하나의 목자

17 The reason my Father loves me is that I lay down my life-only to take it up again. 내가 내 목숨을 버리는 것은 그것을 내가 다시 얻기 위함이니 이로 말미암아 아버지께서 나를 사랑하시느니라

The reason 이유는 my Father loves 내 아버지 사랑하는 me 나를 is 이다 that절 이하 that I lay down 내가 내려놓는다 my life 나의 생명을-only to take 단지 나아가서 하고자 하는 일은 잡으려고 it up 그것을 위로 again 다시

18 No one takes it from me, but I lay it down of my own accord. I have authority to lay it down and authority to take it up again. This command I received from my Father. 이를 내게서 빼앗는 자가 있는 것이 아니라 내가 스스로 버리노라 나는 버릴 권세도 있고 다시 얻을 권세도 있으니 이 계명은 내 아버지에게서 받았노라 하시니라

No one takes 어느 누구도 취하지 못한다 it 그것을 from me 출발지는 나 but I lay 하지만 내가 놓는다 it down 그것을 아래로 of my own accord 한정된 것은 내 자신의 뜻 I have 나는 가지고 있나니 authority 권세 to lay 나아가서 하고자 하는 바는 내려놓다 it down 그것을 아래로 and authority 그리고 권세를 to take 나아가서 하고자 하는 바는 취해서 it up 그것을 위로 again 다시 This command 이 명령은 I received 내가 받은 from my Father 출발지는 아버지로부터

19 At these words the Jews were again divided. 이 말씀으로 말미암아 유대인 중에 다시 분쟁이 일어나니

At these words 점으로 접하는 것은 이 말씀 the Jews were 유대인들이 상태는 again divided 다시 양분되었다

20 Many of them said, "He is demon- possessed and raving mad. Why listen to him?" 그 중에 많은 사람이 말하되 그가 귀신 들려 미쳤거늘 어찌하여 그 말을 듣느냐 하며

Many 많은 사람들 of them 한정된 것은 그들 중 said 말하길 "He is 그는 이다 demon-possessed 귀신 소유된 and raving mad 광란하는 미친 Why listen 어찌하여 듣는가? to him 대상은 그를?"

21 But others said, "These are not the sayings of a man possessed by a demon. Can a demon open the eyes of the blind?" 어떤 사람은 말하되 이 말은 귀신 들린 자의 말이 아니라 귀신이 맹인의 눈을 뜨게 할 수 있느냐 하더라

But others said 그러나 어떤 사람들은 말하길 "These are not 없다 S가 the sayings 말 of a man 한정되는 것은 어떤 사람 possessed 소유된 by로 by a demon 대상은 악마 Can a demon 능히 악마가 open the eyes 뜨게 하다 눈들을 of the blind 한정된 것은 맹인?"

There are(is)~, Here are(is)~로 시작되는 문장은 주어가 귀에 온다. 부사가 앞에 오면 주어 동사를 바꿔놓는 것이 영영식 표현방식이다. 강조하기 위함이다.

22 Then came the Feast of Dedication at Jerusalem. It was winter, 예루살렘에 수전절이 이르니 때는 겨울이라

Then came 그때 왔다 the Feast 축제 of Dedication 한정되는 것은 봉헌 at Jerusalem 점으로 접하는 것은 예루살렘 It was winter 때는 겨울이라

23 and Jesus was in the temple area walking in Solomon's Colonnade. 예수께서 성전 안 솔로몬 행각에서 거니시니

and Jesus was 그리고 예수께서 계셨다 in the temple area 둘러싸고 있는 것은 성전 walking 거니시면서 in Solomon's Colonnade 둘러싸고 있는 것은 솔로몬 주량(기둥)

명사가 나오면 그 명사를 설명해 주어야 하는데, 관계시절을 가장 많이 사용한다. 분사구문도 많이 사용한다. 여기서 walking in Solomon;s Colonnade가 분사구문이다. 행위의 주체는 명사이다. (명사 동사~ing에서)

24 The Jews gathered around him, saying, "How long will you keep us in suspense? If you are the Christ, tell us plainly." 유대인들이 에워싸고 이르되 당신이 언제까지나 우리 마음을 의혹하게 하려 하나이까 그리스도이면 밝히 말씀하소서 하니

The Jews gathered 유대인들이 모여 around him 에워싸는 대상은 그분 saying 말하길 "How long 얼마나 오랫동안 will you 할게요 당신은 keep us 유지하다 우리를 in suspense 둘러싼 것은 미혹? If you are 만일 당신이 이라면 the Christ 그리스도 tell us 말해라 우리에게 plainly 명백하게"

25 Jesus answered, I did tell you, but you do not believe. The miracles I do in my Father's name speak for me, 예수께서 대답하시되 내가 너희에게 말하였으되 믿지 아니하는도다 내가 내 아버지의 이름으로 행하는 일들이 나를 증거하는 것이거늘

Jesus answered 예수께서 대답하시길 I did 나는 않는다 tell you 말하다 너희들에게 but you do not 그러나 너희들은 않는구나 believe 믿지 The miracles 기적들은 I do 내가 행한 in my Father's name 둘러싸고 있는 것은 내 아버지의 이름 speak 말하노니 for me 그 대상은 나를 위해

26 but you do not believe because you are not my sheep. 너희가 내 양이 아니므로 믿지 아니하는도다

but you do not 하지만 너희들은 행하지 않는구나 believe 믿지를 그 이유는 because you are not 너희들은 아니다 my sheep 내 양

27 My sheep listen to my voice; I know them, and they follow me. 내 양은 내 음성을 들으며 나는 그들을 알며 그들은 나를 따르느니라

My sheep listen 내 양은 듣나니 to my voice; 대상은 내 음성을 I know 나는 안다 them 그들 and they follow 그리고 그들은 따른다 me 나를

28 I give them eternal life, and they shall never perish; no one can snatch them out of my hand. 내가 그들에게 영생을 주노니 영원히 멸망하지 아니할 것이요 또 그들을 내 손에서 빼앗을 자가 없느니라

I give 나는 주노니 them eternal life 그들에게 영생을 and they shall 그리고 그들은 일 거다 never perish 결코 멸망하다: no one can 아무도 능히 못 한다 snatch them 잡아채다 그들을 out 밖으로 of my hand 한정되는 것은 내 손

영어에서는 부정을 할 때 부정명사(no 명사)를 사용하는 경향이 많다. 동사 anatch는 방향을 나타내는 전치사 out을 동반하였다.

29 My Father, who has given them to me, is greater than all ; no one can snatch them out of my Father's hand. 그들을 주신 내 아버지는 만물보다 크시매 아무도 아버지 손에서 빼앗을 수 없느니라

My Father, who has 내 아버지 그분께서는 이미 given them 주셨다 그것들을 to me 내게 is 현재 상태는 greater than 더 크다 all 모든 것 no one can 아무도 능히 snatch 빼앗다 them out 그것들을 밖으로 of 한정되는 것은 my Father's hand 내 아버지의 손

30 I and the Father are one. 나와 아버지는 하나이니라 하신대

I and the Father 나 그리고 아버지는 are 이다 one 하나

31 Again the Jews picked up stones to stone him, 유대인들이 다시 돌을 들어 치려 하거늘

Again 다시 the Jews picked up 유대인들이 들었다 stones 돌을 to stone him 나아가서 하고자 하는 바는 돌을 던지려고 그에게

stones to stone him 순서로 익히면 쉽게 기억된다. 돌 다음에 일어나는 일을 to_R로 표현하는 것이 영영식 사고방식이다. to R은 친화력이 좋아서 어느 단어에도 붙는다. 동사, 형용사, 명사, 절 뒤에서 자연스럽게 붙는다. 단, 부사에는 붙는 것을 보지 못하였을 뿐이다. 해석은 '앞으로 나아가서 하고자 하는 바는 R이다'라고 한다.

32 but Jesus said to them, "I have shown you many great miracles from the Father. For which of these do you stone me?" 예수께서 대답하시되 내가 아버지로 말미암아 여러 가지 선한 일로 너희에게 보였거늘 그 중에 어떤 일로 나를 돌로 치려 하느냐

but Jesus said 그러나 예수께서 말씀하시길 to them 대상은 그들 "I have 내가 이미 shown 보여 주었다 you many great miracles 너희에게 많은 귀대한 기적들 from the Father 출발지는 내 아버지 For 말미암아 which 어느 것 of these 한정되는 것은 이것들 do you 너는 하려느냐 stone me 돌로 치려 나를?"

동사 show는 두 개의 목적어를 동반한다. 간접목적어(사람) 직접목적어(사물) 순서이다. 그러나 순서가 바뀌면 직접목적어 to + 간접목적어 형식으로 쓴다.

33 "We are not stoning you for any of these," replied the Jews, "but for blasphemy, because you, a mere man, claim to be God." 유대인들이 대답하되 선한 일로 말미암아 우리가 너를 돌로 치려는 것이 아니라 신성모독으로 인함이니 네가 사람이 되어 자칭 하나님이라 함이로라

"We are not stoning 우리는 현재 상태로는 아니다 돌로 치려는 것 you 당신을 for any 대상은 어떤 것도 of these 한정되는 것은 이것들" replied the Jews 대답하길 유대인들이 "but for blasphemy 하지만 대상은 신성모독 because you 말미암은 당신은 a mere man 미천한 사람이 claim 주장하길 to be God 나아가서 하는 바는 되다 하나님이"

you, a mere man, claim to be God. 주장하여 하나님이 되려고 한다. you = a mere man

34 Jesus answered them, "Is it not written in your Law, 'I have said you are gods?'" 예수께서 이르시되 너희 율법에 기록된 바 내가 너희를 신이라 하였노라 하지 아니하였느냐

Jesus answered 예수께서 대답하시길 them 그들에게 Is it 있지? not written 기록되지 않았다 in your Law 둘러싸고 있는 것은 너희들 율법 'I have 내가 이미 said 말했도다 you are 너희들이 이다 gods 신'

35 If he called them 'gods,' to whom the word of God came—and the Scripture cannot be broken-성경은 폐하지 못하나니 하나님의 말씀을 받은 사람들을 신이라 하셨거든

If he called 만일에 그가 불렀다면 them 'gods,' 그들을 신이라고 to whom 그들에게는 the word 말씀 of God 한정되는 것은 하나님 came 온 것이고 and the Scripture cannot 그리고 성경은 능히 할 수 없나니 be broken 깨지다

36 what about the one whom the Father set apart as his very own and sent into the world? Why then do you accuse me of blasphemy because I said, 'I am God's Son?' 하물며 아버지께서 거룩하게 하사 세상에 보내신 자가 나는 하나님의 아들이라 하는 것으로 너희가 어찌 신성모독이라 하느냐

what 무엇이 about the one 관련된 것은 사람에게 whom 그 사람은 the Father set 아버지께서 설정하신 apart 분리하여 as 자격은 his very own 그의 바로 자신 and sent 그리고 보냈는데 into the world 들어가는 것은 세상? Why 어찌하여 then 그때 do you 하려느냐? accuse me 고소하다 나를 of blasphemy 한정된 것은 신성모독 because 그 이유가 I said 내가 말하길 'I am 내가 God's Son 하나님의 아들?'

37 Do not believe me unless I do what my Father does. 만일 내가 내 아버지의 일을 행하

지 아니하거든 나를 믿지 말려니와

Do not 말라 believe me 믿다 나를 unless I do 만일에 내가 행하지 않는다면 what 것 my Father does 아버지가 행하다

what my Father does 아버지가 행하는 것. 하나의 청크로 명사덩어리를 이룬다.

38 But if I do it, even though you do not believe me, believe the miracles, that you may know and understand that the Father is in me, and I in the Father. 내가 행하거든 나를 믿지 아니할지라도 그 일은 믿으라 그러면 너희가 아버지께서 내 안에 계시고 내가 아버지 안에 있음을 깨달아 알리라 하시니

But if 그러나 만일 I do 내가 행한다면 it 그것을 even though 비록 ~한다고 할지라도 you do not 당신들이 않는다 believe me 믿는다 나를 believe the miracles 믿어라 기적들을 that you may 너희들이 위함이라 know and understand 알고 그리고 이해하길 that절을 that the Father is 아버지는 in me 둘러싼 것은 나 and I 그리고 나는 in the Father 둘러싼 것은 아버지

the Father is in me 아버지는 내 안에 계신다. be동사와 전치사가 연결되어 주어의 상태를 나타낸다. 여기서는 is in이니까 현재 상태로 계신다.

39 Again they tried to seize him, but he escaped their grasp. 그들이 다시 예수를 잡고자 하였으나 그 손에서 벗어나 나가시니라

Again 다시 they tried 그들이 노력했기를 to seize 나아가서 하고자 하는 일은 잡고자 him 그를, but he escaped 그러나 그분께서는 벗어나셨다 their grasp 그들의 손을

40 Then Jesus went back across the Jordan to the place where John had been baptizing in the early days. Here he stayed 다시 요단 강 저편 요한이 처음으로 세례 베풀던 곳에 가사 거기 거하시니

Then 그때 Jesus 예수께서는 went back 되돌아가셨다 across 건너는 것은 the Jordan 요단 강이고 to 도달하는 곳은 the place 장소인데 where 그 장소는 John 요한이 had been 이

미 baptizing 세례를 주고 있었다 in the early days 처음에 말리지 Here 여기에 he stayed 그분께서 머무시느니라

41 and many people came to him. They said, "Though John never performed a miraculous sign, all that John said about this man was true." 많은 사람이 왔다가 말하되 요한은 아무 표적도 행하지 아니하였으나 요한이 이 사람을 가리켜 말한 것은 다 참이라 하더라

and many people came 그리고 많은 사람들이 왔다 to him 대상은 그에게로 They said 그들이 말하길 "Though 비록 ~할지라도 John never performed 요한은 결코 행하지 않았다 a miraculous sign 한 개의 기적적인 표적을 all 모든 것 that 그것은 John said 요한이 말한 것 about this man 관련된 것은 이 사람 was true 상태는 과거로 진실이다"

42 And in that place many believed in Jesus. 그리하여 거기서 많은 사람이 예수를 믿으니라

And 그리고는 in that place 둘러싸고 있는 것은 그 장소 many 많은 사람들이 believed in 존재를 믿었다 Jesus 예수님을

The Gospel
according to St. John

요한복음 11장

The Gospel according to St. John

요한복음 11장

01 Now a man named Lazarus was sick. He was from Bethany, the village of Mary and her sister Martha. 어떤 병자가 있으니 이는 마리아와 그 자매 마르다의 마을 베다니에 사는 나사로라

Now a man 이제 한 사람 named Lazarus 이름이 나사로 was sick 과거 상태로 병이 났다 He was 그는 출신이 from Bethany 출발지는 베다니 the village 마을 of Mary and her sister Martha 한정된 것은 마리아와 그녀의 자매 마르다

a man named Lazarus 명사 ~ed의 형태이다. 관계사와 be동사(who was)가 생략된 관계사절이다.

02 This Mary, whose brother Lazarus now lay sick, was the same one who poured perfume on the Lord and wiped his feet with her hair. 이 마리아는 향유를 주께 붓고 머리털로 주의 발을 닦던 자요 병든 나사로는 그의 오라버니더라

This Mary 이 마리아라는 사람은 whose 마리아의 brother Lazarus 자매 나사로는 now lay sick 이제 누워 있다 병으로 was 이다 the same one 같은 사람 who 그는 poured perfume 쏟아붓다 향수를 on the Lord 접하는 면은 주님 and wiped 닦았던 his feet 그분의 발을 with her hair 함께 하는 것은 그녀의 머리

This Mary, whose brother Lazarus now lay sick 이 사람은 마리아이고, 그의 형제 나사로는 병난 자이라. the same one who poured perfume on the Lord and wiped his feet with her hair 이 문장에서 쓰인 표현에 익숙해야 한다. 선행사로 쓰이고 뒤의 관계사는 선행사를 받으므로 동일한 개념이다.

03 So the sisters sent word to Jesus, "Lord, the one you love is sick." 이에 그 누이들이 예수께 사람을 보내어 이르되 주여 보시옵소서 사랑하시는 자가 병들었나이다 하니

So 그래서 the sisters sent 언니들이 보냈다 word 말을 to Jesus 대상은 예수님 "Lord 주님

the one you love 그 사람 주님이 사랑하는 is sick 현재 상태로 이다 병난"

04 When he heard this, Jesus said, "This sickness will not end in death. No, it is for God's glory so that God's Son may be glorified through it." 예수께서 들으시고 이르시되 이 병은 죽을 병이 아니라 하나님의 영광을 위함이요 하나님의 아들이 이로 말미암아 영광을 받게 하려 함이라 하시더라

When 때 he heard 그가 들었다 this 이것을 Jesus said 예수께서 말씀하시길 "This sickness 이 병은 will not 않을 거다 end 끝나다 in death 둘러싸는 것은 죽음 No 그렇다 it is 이것은 이다 for God's glory 대상은 하나님의 영광 so that 그리하여 결과적으로 God's Son 하나님의 아들이 may 하려고 be glorified 영광받으려고 through it 통과하는 것은 그것을"

05 Jesus loved Martha and her sister and Lazarus. 예수께서 본래 마르다와 그 동생과 나사로를 사랑하시더니

Jesus loved 예수님께서 사랑했다 Martha and her sister and Lazarus 3명을

06 Yet when he heard that Lazarus was sick, he stayed where he was two more days. 나사로가 병들었다 함을 들으시고 그 계시던 곳에 이틀을 더 유하시고

Yet 그러나 when 때는 he heard 그가 들었을 때는 that절을 that Lazarus 나사로가 was sick 병났다 he stayed 그가 머무셨다 where 거기에서 he was 그분이 계셨다 two more days 이틀을 더

07 Then he said to his disciples, "Let us go back to Judea." 그 후에 제자들에게 이르시되 유대로 다시 가자 하시니

Then 그때 he said 말씀하시길 to his disciples 대상은 제자들 "Let us 하도록 해라 우리를 go back 가자 다시 to Judea 대상은 유대 땅"

동사 go는 back을 동반하여 방향을, 전치사 to를 써서 도달하는 장소를 나타낸다.

08 "But Rabbi," they said, "a short while ago the Jews tried to stone you, and

yet you are going back there?" 제자들이 말하되 랍비여 방금도 유대인들이 돌로 치려 하였는데 또 그리로 가시려 하나이까

"But Rabbi 그러나 선생님" they said 그들이 말하길 "a short while ago 잠깐 전에도 the Jews tried 유대인들이 노력했잖아요 to stone you 나아가서 하고자 하는 바는 돌로 치려구요 and yet 그리고 그런데 you are going 당신은 하시려고 합니까? back 되돌아서 there 다시?"

the Jews tried to stone you 'try to R' 'R하려고 노력하다' 이렇게 거꾸로 하지 말고, 순서적으로 '노력했다 to R하려고' 해야 영어식 표현방식을 자연스럽게 터득할 수 있다.

09 Jesus answered, "Are there not twelve hours of daylight? A man who walks by day will not stumble, for he sees by this world's light. 예수께서 대답하시되 낮이 열두 시간이 아니냐 사람이 낮에 다니면 이 세상의 빛을 보므로 실족하지 아니하고

Jesus answered 예수께서 대답하셨다 "Are there 있지 않느냐? not twelve hours 아니다 12시간 of daylight 한정된 것은 낮? A man 사람은 who 그 사람인데 walks 걷는다 by day 수단은 낮에 will not stumble 않는다 실족 for 이유는 말미암음으로 he sees 그가 본다 by this world's light 수단은 세상의 빛을

10 It is when he walks by night that he stumbles, for he has no light. 밤에 다니면 빛이 그 사람 안에 없는 고로 실족하느니라

It is 이다 when 때 he walks 그가 다니다 by night 수단은 밤 that he stumbles 실족한다 for 이는 he has 그는 갖는다 no light 빛이 없음을

11 After he had said this, he went on to tell them, "Our friend Lazarus has fallen asleep; but I am going there to wake him up." 이 말씀을 하신 후에 또 이르시되 우리 친구 나사로가 잠들었도다 그러나 내가 깨우러 가노라

After 직전에 he had 그가 이미 said 말했다 this 이것을 he went 그는 말했다 on 계속 to tell 나아가서 하고자 하는 바는 말하려고 them 그들에게 "이하를" "Our friend Lazarus 우리의 친구 나사로가 has 이미 fallen 떨어졌다 asleep 잠들어 ; but 그러나 I am going 나는 가려고 하노니 there 거기로 to wake him 나아가서 하려고 하는 바는 깨우려고 그를 up 세우려고"

I am going there to wake him up 나는 가노니 그곳에 그리고 나서 하고자 하는 바는 깨우려고 그를. 이렇게 문장은 쓰인 순서대로 이해하여야 한다. 순서대로 이해하는 것이 익혀지면 말이 순서대로 들리게 되는 것은 당연하지 않겠는가?

12 His disciples replied, "Lord, if he sleeps, he will get better." 제자들이 이르되 주여 잠들었으면 낫겠나이다 하더라

His disciples replied 제자들이 응답하되 "Lord 주님 if 만일에 he sleeps 그가 잠자면 he will 그는 이겠지요 get better 나아지겠다"

13 Jesus had been speaking of his death, but his disciples thought he meant natural sleep. 예수는 그의 죽음을 가리켜 말씀하신 것이나 그들은 잠들어 쉬는 것을 가리켜 말씀하심인 줄 생각하는지라

Jesus had 예수께서 이미 been speaking 상태는 이미 말하고 계셨고 of his death 관련된 것은 그의 죽음 but his disciples thought 그러나 그의 제자들이 생각했다 he meant 그가 의미하는 것은 natural sleep 자연적인 잠

14 So then he told them plainly, "Lazarus is dead," 이에 예수께서 밝히 이르시되 나사로가 죽었느니라

So then 그래서 그때 he told 말씀하시기를 them plainly 그들에게 솔직히 "을" "Lazarus is 나사로의 현재 상태는 dead 죽었다"

15 and for your sake I am glad I was not there, so that you may believe. But let us go to him. 내가 거기 있지 아니한 것을 너희를 위하여 기뻐하노니 이는 너희로 믿게 하려 함이라 그러나 그에게로 가자 하시니

and 그리고 for your sake 대상은 너희의 안위 I am glad 나의 현재 상태는 기쁘다 I was 나는 과거 상태였다 not there 아니다 거기에 so that 그리하여 결과는 you may 너희들이 위함이다 believe 믿기를 But let us go 그러나 우리들을 가도록 하자 to him 대상은 그에게

16 Then Thomas (called Didymus) said to the rest of the disciples, "Let us also

go, that we may die with him." 디두모라고도 하는 도마가 다른 제자들에게 말하되 우리도 주와 함께 죽으러 가자 하니라

Then 그때 Thomas 도마가 (called Didymus 불리워지는 것은 디두모) said 말했다 to the rest 대상은 남은 자들이고 of the disciples 관련된 것은 제자들 "Let us 방임하도록 하라 우리를 also go 역시 가도록 that 결과적으로 we may 우리가 위함이라 die 죽도록 with him 함께 하는 것은 그분"

17 On his arrival, Jesus found that Lazarus had already been in the tomb for four days. 예수께서 와서 보시니 나사로가 무덤에 있은 지 이미 나흘이라

On his arrival 때 그가 도착할 Jesus found 예수께서는 아셨다 that절 이하를 that Lazarus had 나사로가 이미 already been 벌써 있었다 in the tomb 둘러싼 것은 무덤이고 for four days 기간은 4일 동안

18 Bethany was less than two miles from Jerusalem, 베다니는 예루살렘에서 가깝기가 한 오 리쯤 되매

Bethany was 베다니는 이었다 less than 이하 two miles 2마일 from Jerusalem 출발지는 예루살렘

19 and many Jews had come to Martha and Mary to comfort them in the loss of their brother. 많은 유대인이 마르다와 마리아에게 그 오라비의 일로 위문하러 왔더니

and many Jews had 그리고 많은 유대인들이 come 왔다 to Martha and Mary 대상은 마르다와 마리아 to comfort 나아가서 하고자 하는 바는 위문하려고 them 그들을 in the loss 둘러싼 것은 잃어버림이고 of their brother 한정된 것은 그들의 형제

20 When Martha heard that Jesus was coming, she went out to meet him, but Mary stayed at home 마르다는 예수께서 오신다는 말을 듣고 곧 나가 맞이하되 마리아는 집에 앉았더라

When 때는 Martha heard 마르다가 듣고는 that절 이하를 that Jesus was coming 예수

께서 오고 계시다는 것 she went 그녀는 나갔다 out 밖으로 to meet him 나아가서 하고자 하는 바는 영접하려고 그분을 but Mary stayed 그러나 마리아는 머물렀다 at home 점으로 접하는 것은 집

21 "Lord," Martha said to Jesus, "if you had been here, my brother would not have died. 마르다가 예수께 여짜오되 주께서 여기 계셨더라면 내 오라버니가 죽지 아니하였겠나이다

"Lord 주인이시여" Martha said 마르다가 말하길 to Jesus 대상은 예수님께 if you had 만일 예수님께서 이미 been 계셨더라면 here 여기에 my brother would not 내 오라버니가 않았으니 have 이미 died 죽었다
(가정법 과거완료 요1장 33절 참조)

22 But I know that even now God will give you whatever you ask. 그러나 나는 이제라도 주께서 무엇이든지 하나님께 구하시는 것을 하나님이 주실 줄을 아나이다

But I know 그러나 나는 아나이다 that절을 that even now 심지어 이제라도 God will 하나님께서 일 것이다 give 주다 you whatever you ask 당신에게 무엇이든 당신이 요구하시는 것을

23 Jesus said to her, "Your brother will rise again." 예수께서 이르시되 네 오라비가 다시 살아나리라

Jesus said 예수가 말씀하시길 to her 대상은 그녀에게 "Your brother 네 오라버니가 will rise 일어날 거야 again 다시는"

24 Martha answered, "I know he will rise again in the resurrection at the last

day." 마르다가 이르되 마지막 날 부활 때에는 다시 살아날 줄을 내가 아나이다

Martha answered 마르다가 답변하길 "**I know** 내가 알지요 **he will rise** 그는 살아날 것을요 **again** 다시 **in the resurrection** 둘러싸는 것은 부활이고 **at the last day** 점으로 접하는 것은 마지막 날에"

25 Jesus said to her, I am the resurrection and the life. He who believes in me will live, even though he dies; 예수께서 이르시되 나는 부활이요 생명이니 나를 믿는 자는 죽어도 살겠고

Jesus said 예수께서 말씀하시기를 **to her** 대상은 그녀에게 **I am** 나는 이다 **the resurrection** 부활이고 **and the life** 생명 **He** 사람은 사람인데 **who** 그는 **believes in** 믿는다 **me** 나를 **will live** 일 것이다 살다 **even though** 비록 ~일지라도 **he dies** 그가 죽는다

26 and whoever lives and believes in me will never die. Do you believe this? 무릇 살아서 나를 믿는 자는 영원히 죽지 아니하리니 이것을 네가 믿느냐

and whoever 그리고 누구든지 **lives** 살아서 **and believes in** 믿는 자는 **me** 나를 **will never** 일 것이다 결코 **die** 죽지 **Do you** 하느냐 너는? **believe this** 믿는다 이것을?

27 "Yes, Lord," she told him, "I believe that you are the Christ, the Son of God, who was to come into the world." 이르되 주여 그러하외다 주는 그리스도시요 세상에 오시는 하나님의 아들이신 줄 내가 믿나이다

"Yes, Lord 예 주님" **she told** 그녀가 말하길 **him** 그분에게 "을" "**I believe** 저는 믿습니다 **that** 절 이하를 **that you are** 당신은 이지요 **the Christ** 그리스도이시고 **the Son** 아들이지요 **of God** 한정된 것은 하나님 **who** 그분은 **was** 과거상태로 이셨지요 **to come** 나아가 하시는 바는 오시는 것 **into the world** 방향은 세상으로"

the Christ, the Son of God, who was to come into the world. 그리스도, 하나님의 아들, 그분(who)은 동일인이다. be동사 다음에 쓰인 to R에 유의하라.

28 And after she had said this, she went back and called her sister Mary aside.

"The Teacher is here," she said, "and is asking for you." 이 말을 하고 돌아가서 가만히 그 자매 마리아를 불러 말하되 선생님이 오셔서 너를 부르신다 하니

And after 그리고 바로 직전에 일어난 일은 she had 그녀가 이미 said 말씀하였다 this 이것을 she went 그녀는 가셨다 back 다시 and called 그리고는 불렀다 her sister Mary 그녀 언니 마리아를 aside 곁에 "The Teacher is 선생님 현재 상태는 이다 here 여기" she said 그녀가 말하길 "and is asking 그리고 계신다 부르고 for you 대상은 너를"

29 When Mary heard this, she got up quickly and went to him. 마리아가 이 말을 듣고 급히 일어나 예수께 나아가매

When 때 Mary heard 마리아가 들었다 this 이것을 she got up 그녀가 일어나서 quickly 재빠르게 and went 그리고는 갔다 to him 대상은 그녀에게

30 Now Jesus had not yet entered the village, but was still at the place where Martha had met him. 예수는 아직 마을로 들어오지 아니하시고 마르다가 맞이했던 곳에 그대로 계시더라

Now Jesus had 이제 예수께서는 이미 not yet entered 않고 아직 들어갔다 the village 마을로 but was still 그러나 과거 상태로 계셨다 여전히 at the place 점으로 접하는 장소는 where 그곳이고 Martha had 마르다가 이미 met him 만났다 그를

31 When the Jews who had been with Mary in the house, comforting her, noticed how quickly she got up and went out, they followed her, supposing she was going to the tomb to mourn there. 마리아와 함께 집에 있어 위로하던 유대인들은 그가 급히 일어나 나가는 것을 보고 곡하러 무덤에 가는 줄로 생각하고 따라가더니

When 때는 바야흐로 the Jews 유대인들은 who 그들은 had 이미 been 있었던 with Mary 함께하는 것은 마리아 in the house 둘러싼 것은 집 comforting her 위문하면서 그녀를 noticed 알아차렸다 how quickly 재빨리 she got up 그녀가 일어나서 and went 그리고 나갔다 out 밖으로 they followed 그들이 따랐다 her 그녀를 supposing 생각하면서 she was going 그녀가 갈 것 이라고 to the tomb 장소는 무덤이고 to mourn there 통곡하려고 거기서

명사 ~ing는 분사구문으로서 명사는 동사~ing의 행동의 주체가 된다. 영어문장은 순서대로 해석해야 한다. 명사 앞에는 동사의 ed형과 동사의 ing형이 온다. 그리고 명사 뒤에도 동사의 ing형이나 동사의 ed형이 쓰인다는 점을 반드시 기억해야 한다. 단, 명사 뒤에 동사의 ing형이나 ed형이 쓰인 경우는 그 사이에 관계대명사와 be동사가 생략된 것이다.

32 When Mary reached the place where Jesus was and saw him, she fell at his feet and said, "Lord, if you had been here, my brother would not have died." 마리아가 예수 계신 곳에 가서 뵈옵고 그 발 앞에 엎드리어 이르되 주께서 여기 계셨더라면 내 오라버니 가 죽지 아니하였겠나이다 하더라

When 때는 Mary reached 마리아가 도착했고 the place 장소는 where 그 장소는 Jesus was 예수께서 계셨던 and saw 보셨던 him 그를 she fell 그녀가 엎드렸다 at his feet 점으로 접하는 점은 그의 발 and said 그리고 말했다 "Lord 주여 if you had 만일에 당신께서 이미 been here 계셨다면 이곳에 my brother 나의 형제가 would not 않았을 것입니다 have 이미 died 죽지를"

33 When Jesus saw her weeping, and the Jews who had come along with her also weeping, he was deeply moved in spirit and troubled. 예수께서 그가 우는 것 과 또 함께 온 유대인들이 우는 것을 보시고 심령에 비통히 여기시고 불쌍히 여기사

When 때는 Jesus saw 예수께서 보셨고 her weeping 그녀가 우는 것을 and the Jews 그 리고 유대인들 who 그들도 had 이미 come 왔고 along 따라서 with her 함께한 것은 그녀와 also 역시 weeping 울었다 he was 그분께서는 과거상태로 이셨다 deeply moved 깊게 움직 이셨다 in spirit 둘러싼 것은 성령으로 and troubled 번민스러웠다

동사 saw는 O + O.C로 5형식을 이루는 데 목적어가 주어가 되니, 목적보어는 주격보어가 된다는 것 이다. 당연히 목적어의 상태를 나타내는 것이 목적보어이니까, 목적어가 주어 역할을 하면 목적보어는 주격보어가 되는 것이다.

the Jews who had come along with her also weeping 이 문장은 the Jews also weeping이다 즉 Jesus saw the Jews also weeping이다. 유대인들의 구체적인 뜻을 나타 내려니 관계시절을 사용하여 설명해 주어야 한다. 즉 그녀를 따라서 함께 왔던 유대인들을 말한다.

34 "Where have you laid him?" he asked. "Come and see, Lord," they replied. 이르시되 그를 어디 두었느냐 이르되 주여 와서 보옵소서 하니

"Where have 어디에 이미 you laid 너희들이 두었노? him 그를?" he asked 예수께서 물으셨다 "Come and see 오시어 보시옵소서 Lord 주님이시여" they replied 그들이 대답했다

35 Jesus wept. 예수께서 눈물을 흘리시더라

36 Then the Jews said, "See how he loved him!" 이에 유대인들이 말하되 보라 그를 얼마나 사랑하셨는가 하며

* how (much) he loved him! 감탄문이다 명사덩어리가 되어 see의 목적어가 되었다

37 But some of them said, "Could not he who opened the eyes of the blind man have kept this man from dying?" 그 중 어떤 이는 말하되 맹인의 눈을 뜨게 한 이 사람이 그 사람은 죽지 않게 할 수 없었더냐 하더라

But 그러나 some 어떤 이들이 of them 한정된 것은 그들 said 말하기를 "Could not 능히 없었는가? he 그가 who 그 사람이 opened the eyes 뜨게 했던 눈을 of the blind man 한정된 것은 맹인이고 have 이미 kept 지켰다 this man 이 사람을 from dying 출발점은 죽는 것?"

kept this man from dying. 죽은 것으로부터 이 사람을 지키다. 이렇게 하지 말고 순서적으로 이해하여야 한다. 이것을 반드시 숙지하여야 한다. 지키고, 유지하는 것은 ~부터 from이 뒤에 나오는 것이고, 주고, 나아가는 것은 목적을 나타내는 to가 쓰이는 것이 당연하지 않은가?

38 Jesus, once more deeply moved, came to the tomb. It was a cave with a stone laid across the entrance. 이에 예수께서 다시 속으로 비통히 여기시며 무덤에 가시니 무덤이 굴이라 돌로 막았거늘

Jesus 예수께서 once more 한번 더 deeply moved 깊게 비통하시고는 came 가셨다 to the tomb 도달 장소는 무덤 It was a cave 무덤이었고 with a stone 함께하는 것은 돌 laid 놓여진 across the entrance 가로지은 것은 입구

39 "Take away the stone," he said. "But, Lord," said Martha, the sister of the dead man, "by this time there is a bad odor, for he has been there four days." 예수께서 이르시되 돌을 옮겨 놓으라 하시니 그 죽은 자의 누이 마르다가 이르되 주여 죽은 지가 나흘이 되었으매 벌써 냄새가 나나이다

"Take 잡아서 away 멀리하라 the stone 돌을" he said 그가 말씀하시길 "But 그러나 Lord 주님" said Martha 말했다 마르다가 the sister 언니인 of the dead man 한정된 것은 죽은 사람 "by this time 수단 이 시간 there is 있다 a bad odor 나쁜 썩은 냄세 for 이는 말미암음 이니라 he has 그는 이미 been 있었기에 there 거기에 four days 사흘이나"

40 Then Jesus said, "Did I not tell you that if you believed, you would see the glory of God?" 예수께서 이르시되 내 말이 네가 믿으면 하나님의 영광을 보리라 하지 아니하였느냐 하시니

Then 그때 Jesus said 예수께서 말씀하시길 "Did I 했잖아 내가? not 않았나 tell 말하지 you 너희에게 that절을 that if you believed 만일 너희가 믿는다면 you would 너희는 ~하리라 see the glory 보다 영광을 of God 한정된 것은 하나님?"

41 So they took away the stone. Then Jesus looked up and said, "Father, I thank you that you have heard me. 돌을 옮겨 놓으니 예수께서 눈을 들어 우러러 보시고 이르시되 아버지여 내 말을 들으신 것을 감사하나이다

So they took 그래서 그들이 잡아들고 away 멀리 the stone 돌을 Then Jesus 그때 예수께서 looked up 우러러보시고 and said 말씀하시길 Father 아버지여 I thank 제가 감사드립니다 you 아버지께 that절 이하를 that you have 아버지께서는 이미 heard me 들었어요 나를

42 I knew that you always hear me, but I said this for the benefit of the people standing here, that they may believe that you sent me. 항상 내 말을 들으시는 줄을 내가 알았나이다 그러나 이 말씀하옵는 것은 둘러선 무리를 위함이니 곧 아버지께서 나를 보내신 것을 그들로 믿게 하려 함이니이다

I knew 제가 알았나이다 that절을 that you always 당신께서는 항상 hear me 들었어요 나를 but I said 그러나 내가 알았어요 this 이것을 for the benefit 대상은 이익을 of the people

한정된 것은 사람들 **standing here** 서있는 여기에 **that they may** 그들이 하려함이시리라 **believe** 믿게끔 **that**절을 **that you sent** 당신이 보냈다 **me** 나를

43 When he had said this, Jesus called in a loud voice, "Lazarus, come out!" 이 말씀을 하시고 큰 소리로 나사로야 나오라 부르시니

When 때는 **he had** 그는 이미 **said** 말했다 **this** 이것을 **Jesus called** 예수께서 불렀다 **in a loud voice** 둘러싼 것은 큰소리로 "**Lazarus, come out** 나사로야 나오라!"

44 The dead man came out, his hands and feet wrapped with strips of linen, and a cloth around his face. Jesus said to them, "Take off the grave clothes and let him go." 죽은 자가 수족을 베로 동인 채로 나오는데 그 얼굴은 수건에 싸였더라 예수께서 이르시되 풀어 놓아 다니게 하라 하시니라

The dead man came 죽은 사람이 왔다 **out** 나오다 **his hands and feet** 그의 손과 발이 **wrapped** 쌓여 있는데 **with strips of linen** 세마포 수건으로 **and a cloth** 옷과 **around his face** 주변에는 얼굴 **Jesus said** 예수께서 말씀하시길 **to them** 대상은 그에게 "**Take** 잡아서 **off** 떨어지게 하라 **the grave** 무덤 **clothes** 옷을 **and let** 두어라 **him go** 그를 가게시리"

45 Therefore many of the Jews who had come to visit Mary, and had seen what Jesus did, put their faith in him. 마리아에게 와서 예수께서 하신 일을 본 많은 유대인이 그를 믿었으나

Therefore 그런고로 **many** 많은 이들이 **of the Jews** 한정받는 것은 유대인 **who** 그들은 **had** 이미 **come** 왔다 **to visit Mary** 하고자 하는 바는 방문하려고 마리아를 **and had** 그리고 이미 **seen** 보았었다 **what Jesus did** 예수께서 행하신 일 **put their faith** 두었다 그들의 신념을 **in him** 둘러싼 것은 그에게

46 But some of them went to the Pharisees and told them what Jesus had done. 그 중에 어떤 자는 바리새인들에게 가서 예수께서 하신 일을 알리니라

But some 그러나 몇은 **of them** 한정받는 것은 그들 **went** 갔다 **to the Pharisees** 대상은 바리새인들에게 **and told them** 그리고는 말하길 그들에게 **what Jesus had done** 예수께서 행

하신 일

동사 tell은 I.O＋D.O를 목적어로 취하는 4형식 구조를 이룬다. what Jesus had done ＝ the thing that Jesus had done. 즉 what는 선행사와 관계사를 합친 것이다. what Jesus had done 한 단어처럼 외우자. 명사덩어리이다.

47 Then the chief priests and the Pharisees called a meeting of the Sanhedrin.
이에 대제사장들과 바리새인들이 공회를 모으고 이르되

Then 그때 the chief priests 대제사장들과 and the Pharisees 바리새인들이 called a meeting 소집하다 미팅을 of the Sanhedrin 구성되는 것은 평의회

48 "What are we accomplishing?" they asked. "Here is this man performing many miraculous signs. If we let him go on like this, everyone will believe in him, and then the Romans will come and take away both our place and our nation." 이 사람이 많은 표적을 행하니 우리가 어떻게 하겠느냐 만일 그를 이대로 두면 모든 사람이 그를 믿을 것이요 그리고 로마인들이 와서 우리 땅과 민족을 빼앗아 가리라 하니

"What are 무엇을 하고 있나 we accomplishing 우리가 성취하는?" they asked 그들이 묻기를 "Here is 있다 this man 사람이 performing 수행하면서 many miraculous signs 많은 표적을 If we let 만일 우리가 두면 him go 그가 가게 on 계속하여 like this 마치 지금같이 everyone will 모든 사람들이 이리라 believe in him 믿을 거다 그를 and then 그리고 그땐 the Romans will 로마인들이 ~일 거다 come and take away 와서 빼앗아 멀리 both our place 우리의 평화와 and our nation 민족을"

this man performing many miraculous signs '명사 ~ing'는 명사가 행위의 주체가 된다는 사실이 중요하다. (who has been)이 생략되었다. 동사 go는 지속성을 나타내는 전치사 on을 동반하였다. 동사 take는 멀리의 뜻을 나타내는 전치사 away를 동반하였다.

49 Then one of them, named Caiaphas, who was high priest that year, spoke up, You know nothing at all. 그 중의 한 사람 그 해의 대제사장인 가야바가 그들에게 말하되 너희가 아무것도 알지 못하는도다

Then one 그때 하나가 of them 한정되는 것은 그들 named Caiaphas 이름 가진 가바야 who 그는 이었다 was high priest 과거상태는 최고 제사장 that year 그 해에 spoke up 말하여 위로 "You know 너희들은 안다 nothing 모름을 at all 전혀!

50 You do not realize that it is better for you that one man die for the people than that the whole nation perish. 한 사람이 백성을 위하여 죽어서 온 민족이 망하지 않게 되는 것이 너희에게 유익한 줄을 생각하지 아니하는도다 하였으니

You do not 너희들은 않는구나 realize 깨닫다 that절 이하를 that it is better 더 좋다는 것을 for you 너희들이 that절을 that one man die 한 사람이 죽는다 for the people 대상으로 하는 것은 사람들 than 보다도 that the whole nation 모든 민족이 perish 망하는

51 He did not say this on his own, but as high priest that year he prophesied that Jesus would die for the Jewish nation, 이 말은 스스로 함이 아니요 그 해의 대제사장이므로 예수께서 그 민족을 위하시고

He did not 그는 않았다 say this 말하다 이것을 on his own 관련된 것은 스스로 but as high priest 그러나 자격은 가장 높은 제사장으로 that year 해당 년도에 he prophesied 말한 것이다 that절 이하를 that Jesus would 예수께서는 ~이리다 die 죽다 for the Jewish nation 대상은 유대민족을

52 and not only for that nation but also for the scattered children of God, to bring them together and make them one. 또 그 민족만 위할 뿐 아니라 흩어진 하나님의 자녀를 모아 하나가 되게 하기 위하여 죽으실 것을 미리 말함이러라

and not only 그리고 뿐만 아니라 for that nation 대상은 민족 but also도 역시 for the scattered children 대상으로 하는 것은 흩어진 자녀 of God 한정되는 것은 하나님 to bring them 나아가 하고자 하는 바는 모아서 그들을 together 함께 and make them one 만들다 그들을 하나됨으로

53 So from that day on they plotted to take his life. 이날부터는 그들이 예수를 죽이려고 모의하니라

So 그래서 from 시작하는 것은 that day 그날이고 on 면으로 접하는 것은 they plotted 그들이 모의하기를 to take 나아가서 하고자 하는 바는 취하는 것이고 his life 그의 생명을

54 Therefore Jesus no longer moved about publicly among the Jews. Instead he withdrew to a region near the desert, to a village called Ephraim, where he stayed with his disciples. 그러므로 예수께서 다시 유대인 가운데 드러나게 다니지 아니하시고 거기를 떠나 빈 들 가까운 곳인 에브라임이라는 동네에 가서 제자들과 함께 거기 머무르시니라

Therefore Jesus 그러므로 예수께서는 no longer moved 더 이상 움직이지 않으시고는 about publicly 둘러싸는 것은 공개적으로 among the Jews 함께하는 것은 유대인들 사이에 Instead 대신에 he withdrew 그는 물러나서 to a region 대상은 지역으로 near the desert 근처에는 사막 to a village 대상은 마을에 called Ephraim 불리는 것은 에브라임 where 그곳 은 he stayed 그가 머물렀던 with his disciples 함께하는 것은 그의 제자들과

a region이 나오니 이를 설명하는 장소가 계속 이어지고 있다. where he stayed with his disciples이다. 영영식 사고방식의 특징이다. 관계사를 사용한다. 사람이면 who, 사물이면 that 또 는 which를, 장소이면 where를, 시간이면 when을 사용한다. 관계사절 안에 주어가 있으면 주어 를 쓰고, 주어가 없으면 동사부터 나열한다. 왜냐하면 영어는 가장 단순한 언어이니까!

55 When it was almost time for the Jewish Passover, many went up from the country to Jerusalem for their ceremonial cleansing before the Passover. 유대 인의 유월절이 가까우매 많은 사람이 자기를 성결하게 하기 위하여 유월절 전에 시골에서 예루살렘으로 올라갔더니

When 때는 it was 이었다 almost time 거의 시절 for the Jewish Passover 대상은 유대 인 유월절 many 많은 사람들이 went up 올라갔다 from the country 출발지는 시골에서 to Jerusalem 도착지는 예루살렘 for their ceremonial cleansing 대상은 그들의 축제 정결을 위해 before the Passover 그리고 나서는 축제이다

many went up from the country to Jerusalem for their ceremonial cleansing before the Passover. 문장이 쓰였으나 얼마나 단순한가를 보라. 내림차순으로 죽죽 읽어내려 가면 이해가 된다. 단 훈련이 되어야 한다. 본 저자가 해설한 것을 다시 보라.

56 They kept looking for Jesus, and as they stood in the temple area they asked one another, "What do you think? Isn't he coming to the Feast at all?" 그들이 예수를 찾으며 성전에 서서 서로 말하되 너희 생각에는 어떠하냐 그가 명절에 오지 아니하겠느냐 하니

They kept 그들이 속해서 looking for 찾으매 Jesus 예수님을 and as 그리고 때는 they stood 그들이 섰다 in the temple area 둘러싼 것은 성전 they asked 그들이 물었다 one another 서로 서로에게 "What do you think 어찌 생각하느냐? Isn't he 아닌가 그가? coming 온다 to the Feast 도달 장소는 명절에 at all 전혀?"

57 But the chief priests and Pharisees had given orders that if anyone found out where Jesus was, he should report it so that they might arrest him. 이는 대제사장들과 바리새인들이 누구든지 예수 있는 곳을 알거든 신고하여 잡게 하라 명령하였음이러라

But the chief priests and Pharisees 그러나 재사장들과 바리새인들이 had 이미 given 주었다 orders 명령을 that 그 명령은 동격 that절을 if anyone found out 만일 누구든지 발견했다 where Jesus was 예수가 있는 곳 he should 해야 한다 report it 보고하다 그것을 so that 그리하여 they might 그들이 하게끔 arrest him 체포하다 그를

The Gospel
according to St. John

요한복음 12장

The Gospel according to St. John

요한복음 12장

01 Six days before the Passover, Jesus arrived at Bethany, where Lazarus lived, whom Jesus had raised from the dead. 유월절 엿새 전에 예수께서 베다니에 이르시니 이 곳은 예수께서 죽은 자 가운데서 살리신 나사로가 있는 곳이라

Six days 6일 before 직후에는 the Passover 6월 절이라 Jesus arrived 예수께서 도착하셨다 at Bethany 점으로 점하는 곳으로 베다니 where 그곳은 Lazarus lived 나사로가 살았으니 whom 나사로는 Jesus had 예수께서 이미 raised 살리셨던 from the dead 출발한 곳은 죽은 자들

02 Here a dinner was given in Jesus' honor. Martha served, while Lazarus was among those reclining at the table with him. 거기서 예수를 위하여 잔치할새 마르다는 일을 하고 나사로는 예수와 함께 앉은 자 중에 있더라

Here 여기서 a dinner was given 저녁 만찬이 주어졌다 in Jesus' honor 둘러싸는 것은 예수님의 영광 Martha served 마르다는 봉사를 하고 while 동시에 일어나는 일은 Lazarus was 나사로는 있었다 among those 대상은 그들 중에서 reclining 앉아 있는 at the table 점으로 접하는 것은 테이블 with him 함께하는 것은 그분

03 Then Mary took about a pint of pure nard, an expensive perfume; she poured it on Jesus' feet and wiped his feet with her hair. And the house was filled with the fragrance of the perfume. 마리아는 지극히 비싼 향유 곧 순전한 나드 한 근을 가져다가 예수의 발에 붓고 자기 머리털로 그의 발을 닦으니 향유 냄새가 집에 가득하더라

Then 그때 Mary took 마리아는 가져다가 about a pint 약 한근 of pure nard 한정된 것은 수순한 나드 an expensive perfume 비싼 향수인; she poured 그녀는 쏟았다 it 향수를 on Jesus' feet 면으로 접하는 것은 예수님의 발 and wiped 닦았다 his feet 그분의 발을 with her hair 함께하는 것은 그녀의 머리털 And the house 그러나 그 집은 was filled 가득차게 되었는데 with the fragrance 함께하는 것은 냄새이고 of the perfume 한정된 것은 향유

04 But one of his disciples, Judas Iscariot, who was later to betray him, object-
ed, 제자 중 하나로서 예수를 잡아 줄 가룟 유다가 말하되

But 그러나 one 한 명인 of his disciples 한정되는 것은 제자들 중 Judas Iscariot 유다 가룟
who 그는 was later 이었다 후에 to betray 나아가서 하고 하는 일은 배반하다 him 그를
objected 반대하여 말하길

05 "Why wasn't this perfume sold and the money given to the poor? It was
worth a year's wages." 이 향유를 어찌하여 삼백 데나리온에 팔아 가난한 자들에게 주지 아니하
였느냐 하니

"Why wasn't 어찌하여 않았느냐? this perfume 이 향수를 sold 팔았다 and the money 그
리고 그 돈은 given 주어졌다 to the poor 대상은 가난한 사람들? It was 그것은 있었다 worth
가치 a year's wages 1년 임금의"

06 He did not say this because he cared about the poor but because he was a
thief; as keeper of the money bag, he used to help himself to what was put
into it. 이렇게 말함은 가난한 자들을 생각함이 아니요 그는 도둑이라 돈궤를 맡고 거기 넣는 것을 훔쳐
감이러라

He did not 그는 하지 않았다 say this 말하다 이것을 그 이유는 because he cared 그가 관
심있다 about the poor 대상은 가난한 사람들이 아니고 but because 때문이다 he was 그는
이다 a thief 도둑; as keeper 자격은 지킴이로서 of the money bag 한정된 것은 돈주머니의
he used 그는 이용했다 to help himself 하고자 한 일은 자신을 도와 to what 대상에게 was
put 넣어졌다 into it 둘러싸는 것은 그것

07 "Leave her alone," Jesus replied. "It was intended that she should save this
perfume for the day of my burial." 예수께서 이르시되 그를 가만 두어 나의 장례할 날을 위하
여 그것을 간직하게 하라

"Leave her 두어라 그녀를 alone 혼자" Jesus replied 예수께서 대답하시고 It was intended
그것은 의도적으로 that절을 that she should 해야 한다 save this perfume 저축하다 이 향
수를 for the day 대상은 그날 of my burial 한정된 것은 내 장례

08 You will always have the poor among you, but you will not always have me.
가난한 자들은 항상 너희와 함께 있거니와 나는 항상 있지 아니하리라 하시니라

You will always 너희들은 일 거야 항상 have the poor 갖는다 가난한 사람들을 among you 사이에서 너희들 but you will not 그러나 너희들은 아닐 거다 always 항상 have me 갖는다 나를

09 Meanwhile a large crowd of Jews found out that Jesus was there and came, not only because of him but also to see Lazarus, whom he had raised from the dead. 유대인의 큰 무리가 예수께서 여기 계신 줄을 알고 오니 이는 예수만 보기 위함이 아니요 죽은 자 가운데서 살리신 나사로도 보려 함이러라

Meanwhile 한편 a large crowd 한 큰무리가 of Jews 한정된 것은 유대인 found out 발견하고는 that절을 that Jesus was 예수께서 계시다 there 그곳에 and came 그리고 왔다 not only because of 아니고 오직 뿐만 him 그분 but also 때문에 to see Lazarus 나아가서 하고자 하는 바는 보려고 나사로 whom 그녀는 he 그분께서 had 이미 raised 살리신 from the dead 출발지는 죽은 자들

10 So the chief priests made plans to kill Lazarus as well, 대제사장들이 나사로까지 죽이려고 모의하니

So 그래서 the chief priests 대제사장들이 made plans 만들었다 계획을 to kill 나아가 하고자 하는 바는 죽이려고 Lazarus 나사로를 as well 역시

11 for on account of him many of the Jews were going over to Jesus and putting their faith in him. 나사로 때문에 많은 유대인이 가서 예수를 믿음이러라

for 이는 말미암아 on account 면으로 접하는 것은 수량 of him 한정되는 것은 그 사람 many 많은 사람들 of the Jews 한정된 것은 유대인 were going 가서 over 저 넘어도 to Jesus 대상은 예수님 and putting 놓는다 their faith 그들의 신념을 in him 둘러싸는 것은 그 사람

12 The next day the great crowd that had come for the Feast heard that Jesus was on his way to Jerusalem. 그 이튿날에는 명절에 온 큰 무리가 예수께서 예루살렘으로 오

신다는 것을 듣고

The next day 다음 날 **the great crowd** 큰 무리가 **that** 그들이 **had come** 이미 왔었다 **for the Feast** 대상은 축제 때 **heard** 들었다 **that**절 이하를 **that Jesus was** 예수께서 거기에 **on his way** 면으로 접하는 것은 도중 **to Jerusalem** 대상은 예루살렘

the great crowd that had come for the Feast 명사덩어리이다. 순서대로 보라, 자연스럽게 이해가 될 것이다. 절대로 거꾸로 해석하는 일이 없어야 한다. 단어가 구가 나오면 이를 관계사절로 설명해 주는 것이다. be동사+ 전치사는 존재의 뜻을 나타낸다.

13 They took palm branches and went out to meet him, shouting, "Hosanna!" "Blessed is he who comes in the name of the Lord!" "Blessed is the King of Israel!" 종려나무 가지를 가지고 맞으러 나가 외치되 호산나 찬송하리로다 주의 이름으로 오시는 이 곧 이스라엘의 왕이시여 하더라

They took 그들은 들고서는 **palm branches** 종려나무 가지들 **and went** 그리고 나갔다 **out** 밖으로 **to meet** 나아가서 하고자 하는 바는 영접하러 **him** 그분을 **shouting** 외치기를 "**Hosanna** 호산나! " "**Blessed is** 복이 있나니 **he** 그분은 **who** 그분인데 **comes** 오신다 **in the name** 둘러싸고 있는 것은 이름 **of the Lord** 한정된 것은 주님!" "**Blessed is** 복이 있나이다 **the King** 왕이시여 **of Israel** 한정된 것은 이스라엘!"

go out to +R은 밖으로 가서 하고자 하는 바는 R이다. 이렇게 순서적으로 해야 한다. Blessed is he who comes in the name of the Lord에서 복이 있음을 강조하기 위해 문장을 도치한 것이다.

14 Jesus found a young donkey and sat upon it, as it is written, 예수는 한 어린 나귀를 보고 타시니

Jesus found 예수께서 발견하시고는 **a young donkey** 어린 나귀를 **and sat** 그리고는 앉으셨다 **upon it** 접촉한 것은 그것(어린 나귀) **as it** 마치 그것이 **is written** 현재 상태는 기록된 것

동사 sat는 접촉하는 면을 나타내는 전치사 on을 동반하니 '~위에 앉다'의 뜻이 된다. 사실은 '앉았다 접촉하는 면에 붙었으니 그것은 어린 나귀이다'라는 뜻이다.

15 "Do not be afraid, O Daughter of Zion; see, your king is coming, seated on a donkey's colt." 이는 기록된 바 시온 딸아 두려워하지 말라 보라 너의 왕이 나귀 새끼를 타고 오신다 함과 같더라

"Do not ~말라 be afraid 상태는 두렵다 O Daughter 딸 of Zion 한정되는 것은 시온; see 보라 your king 왕께서 is coming 현재 상태는 오고 계신다 seated 앉으셨다 on 접촉하는 면은 a donkey's colt 나귀 새끼"

16 At first his disciples did not understand all this. Only after Jesus was glorified did they realize that these things had been written about him and that they had done these things to him. 제자들은 처음에 이 일을 깨닫지 못하였다가 예수께서 영광을 얻으신 후에야 이것이 예수께 대하여 기록된 것임과 사람들이 예수께 이같이 한 것임이 생각났더라

At first 처음에 his disciples did not 그의 제자들은 못했다 understand 이해하다 all this 모든 이것을 Only after 단지 직전에 Jesus was glorified 예수께서 영광을 받으신 did 했다 they realize 그들이 깨달았다 that절을 that these things had 이러한 일들이 이미 been written 기록되었다 about him 관련된 것은 그분 and that they had 그리고 이미 done 행하셨던 바 these things 이러한 일들 to him 대상은 그분

Only after Jesus was glorified did they realize that these things had been written about him and that they had done these things to him. 이 문장은 부사구 Only after Jesus was glorified가 문장 앞에 오니 주어 동사가 도치된 것이다. 주어는 they이다.

17 Now the crowd that was with him when he called Lazarus from the tomb and raised him from the dead continued to spread the word. 나사로를 무덤에서 불러내어 죽은 자 가운데서 살리실 때에 함께 있던 무리가 증언한지라

Now 이제는 the crowd 무리들이 that 그 무리들은 was 있었다 with him 함께한 것은 그분이 when 때는 he called 그가 부르셨다 Lazarus 나사로를 from the tomb 출발지는 무덤이고 and raised 그리고 살리셨다 him 그를 from the dead 출발점은 죽은 자들 continued 계속했다 to spread 나아가 하고자 하는 바는 퍼지게 하다 the word 말씀을

18 Many people, because they had heard that he had given this miraculous sign, went out to meet him. 이에 무리가 예수를 맞음은 이 표적 행하심을 들었음이러라

Many people, 많은 사람들 because 이유는 they had 그들은 이미 heard 들었다 that절 이하를 that he had 예수께서 이미 given 주었다 this miraculous sign 이 기적같은 표적을 went 나갔다 out 밖으로 to meet 나아가 가고자 하는 바는 영접하러 him 그분을

19 So the Pharisees said to one another, "See, this is getting us nowhere. Look how the whole world has gone after him!" 바리새인들이 서로 말하되 볼지어다 너희 하는 일이 쓸데없다 보라 온 세상이 그를 따르는도다 하니라

So 그 결과로 the Pharisees said 바리새인들이 말하길 to one another 대상은 서로들에게 "See 보라 this is 이것은 현재 상태로 이다 getting 얻게 하는데 us 우리에게 nowhere 어디로도 못하게 Look 보라 how 어떻게 해서 the whole world has 전 세상 사람들이 gone 갔는지를 after him 직전에 그를!"

20 Now there were some Greeks among those who went up to worship at the Feast. 명절에 예배하러 올라온 사람 중에 헬라인 몇이 있는데

Now 이제는 there were 있었다 some Greeks 몇 명의 그리스인(헬라인) among ~중에 those 사람들 who 그들이 went up 올라온 to worship 하고자 하는 바는 경배하러 at the Feast 점으로 접하는 것은 명절

21 They came to Philip, who was from Bethsaida in Galilee, with a request. "Sir," they said, "we would like to see Jesus." 그들이 갈릴리 벳새다 사람 빌립에게 가서 청하여 이르되 선생이여 우리가 예수를 뵈옵고자 하나이다 하니

They came 그들이 갔다 to Philip 대상은 빌립이고 who 빌립이라는 그 사람은 was 상태는 과거 from Bethsaida 출발한 곳은 벳세다 in Galilee 둘러싸는 것은 갈릴리 with a request 함께하는 것은 요청사항들 "Sir," they said 그들이 말하길 "we would like 우리는 할 거야 좋아하다 to see 나아가 하고자 하는 것은 보려는 Jesus 예수님"

22 Philip went to tell Andrew; Andrew and Philip in turn told Jesus. 빌립이 안드레에게 가서 말하고 안드레와 빌립이 예수께 가서 여쭈니

Philip went 빌립이 갔거늘 to tell 하려고 하는 것은 말하려고 Andrew 안드레를; Andrew and Philip 안드레와 빌립이 in turn 교대로 told Jesus 여쭈되 예수께

23 Jesus replied, "The hour has come for the Son of Man to be glorified. 예수께서 대답하여 이르시되 인자가 영광을 얻을 때가 왔도다

Jesus replied 예수께서 응답하시길 "The hour has 시간이 이미 come 왔구나 for the Son of Man 대상은 인자가 to be 나아가 하고자 하는 바는 상태가 되려고 glorified 영광을 받을

24 I tell you the truth, unless a kernel of wheat falls to the ground and dies, it remains only a single seed. But if it dies, it produces many seeds. 내가 진실로 진실로 너희에게 이르노니 한 알의 밀이 땅에 떨어져 죽지 아니하면 한 알 그대로 있고 죽으면 많은 열매를 맺느니라

I tell 내가 말하노니 you the truth 너희에게 진실을 unless ~하지 아니하는 한 a kernel 한 알 of wheat 한정되는 것은 밀 falls 떨어져 to the ground 도달하는 곳은 땅 and dies 그리고는 죽는다 it remains 한 일은 남아 있다 only a single seed 단지 하나의 씨앗으로 But if 그러나 만일에 it dies 죽는다 it produces 생산한다 many seeds 많은 열매를

25 The man who loves his life will lose it, while the man who hates his life in this world will keep it for eternal life. 자기의 생명을 사랑하는 자는 잃어버릴 것이요 이 세상에서 자기의 생명을 미워하는 자는 영생하도록 보전하리라 또는 영혼 또는 영혼

The man 사람은 who 그 사람은 loves his life 사랑한다 자기의 생명을 will lose 잃어 버릴 것이다 it 생명을 while 동시에 일어나는 일은 the man 사람은 who 그 사람은 hates his life 미워한다 자기의 생명을 in this world 둘러싸는 것은 이 세상 will keep 지킬 것이다 it 생명을 for eternal life 대상으로 하는 것은 영생

The man who loves (or hates) his life 자기의 생명을 좋아하는(또는 미워하는) 자, 이렇게 해서는 영어실력도 향상되지 않고, 영어방송도 듣기도 어렵다. 그저 쓰인 순시대로 이렇게 해보자. 본 저자가 통달한 방법이니, 독자들에게 많은 도움이 될 것이라고 확신한다. 단어나 구를 설명할 때 사용하는 방법은 관계시절을 사용하는 것이 영어의 80%는 되니까 상당히 도움이 된다는 말이다. 방법은 '사람은

26 Whoever serves me must follow me; and where I am, my servant also will be. My Father will honor the one who serves me. 사람이 나를 섬기려면 나를 따르라 나 있는 곳에 나를 섬기는 자도 거기 있으리니 사람이 나를 섬기면 내 아버지께서 그를 귀히 여기시리라

Whoever 누구든지 serves me 섬기는 나를 must follow 따라야 한다 me 나를; and 그리고 where I am 있는 곳 내가 my servant 나의 종들도 also 역시 will be 있게 될 것이다 My Father will 나의 아버지께서도 할 거다 honor the one 영광스러워하다 이들을 who 이들은 serves me 섬긴다 나를

27 Now my heart is troubled, and what shall I say? 'Father, save me from this hour?' No, it was for this very reason I came to this hour. 지금 내 마음이 괴로우니 무슨 말을 하리요 아버지여 나를 구원하여 이 때를 면하게 하여 주옵소서 그러나 내가 이를 위하여 이 때에 왔나이다

Now 지금 my heart is 제 마음이 현재 상태입니다 troubled 번민해요 and what 그리고 무엇을 shall I say 제가 말할까요? 'Father 아버지여 save me 구원하다 나를 from this hour 출발점은 이 시간?' No 아니다 it was 상태는 과거 for this very reason 대상은 이 바로 이유 I came 제가 왔나이다 to this hour 대상은 이때

28 Father, glorify your name! Then a voice came from heaven, "I have glorified it, and will glorify it again." 아버지여, 아버지의 이름을 영광스럽게 하옵소서 하시니 이에 하늘에서 소리가 나서 이르되 내가 이미 영광스럽게 하였고 또다시 영광스럽게 하리라 하시니

Father 아버지여 glorify your name! 영광스럽게 하소서. 아버지의 이름을 Then 그때 a voice came 소리가 났다 from heaven 출발지는 하늘 "I have 내가 이미 glorified 영광스럽게 했다 it 그것을 and 그리고 will glorify 영광스럽게 하리라 it again 그것을 다시"

29 The crowd that was there and heard it said it had thundered; others said an angel had spoken to him. 곁에 서서 들은 무리는 천둥이 울었다고도 하며 또 어떤 이들은 천사가 그에게 말하였다고도 하니

The crowd 군중들은 군중들인데 that 그들은 was there 있었다 그곳에 and heard 들었다고 it 그것을 said 말했고 it had 그것은 이미 thundered 천둥소리쳤다; others said 다른 이들은 말하기 an angel had 한 천사가 이미 spoken 말했다 to him 대상은 그분

30 Jesus said, "This voice was for your benefit, not mine. 예수께서 대답하여 이르시되 이 소리가 난 것은 나를 위한 것이 아니요 너희를 위한 것이니라

Jesus said 예수께서 말씀하시길 "This voice was 이 소리는 과거 상태로 있었다 for your benefit 대상은 너희 이익을 not mine 아니다 내 것

31 Now is the time for judgment on this world; now the prince of this world will be driven out. 이제 이 세상에 대한 심판이 이르렀으니 이 세상의 임금이 쫓겨나리라

Now 이제 is the time 현재 상태이다 이 시간 for judgment 대상은 심판이고 on this world 접하는 면은 이 세상; now 이제는 the prince 왕자가 of this world 한정하는 것은 이 세상 will be 될 것이다 driven 쫓겨나게 out 바깥으로

Now is the time for judgment on this world 이 문장은 Now가 문장 앞에 오니 주어 동사가 순서가 바뀐 것이다. 심판의 시간이 이 세상에 내려앉아 접히니 on을 사용한다. 전치사 on은 무조건 붙어 있다는 개념이다.
동사 drive는 방향전치사 out을 동반하여 drive 상태가 out 된다는 느낌을 갖게 한다. 중요한 것은 수동태가 되어도 그대로 유지한다는 점이다.

32 But I, when I am lifted up from the earth, will draw all men to myself. 내가 땅에서 들리면 모든 사람을 내게로 이끌겠노라 하시니

But I 그러나 내가 when 때는 I am lifted up 내가 들어 올려지고 from the earth 출발지는 땅 will draw 이끌 거다 all men 모든 사람들을 to myself 목적지는 나 자신(내게로)

I will draw all men to myself when I am lifted up from the earth 이 문장에서 when 절을 주어(I)와 동사(will deaw) 사이에 삽입시킨 것이다. 그렇기 때문에 영어는 순서대로 읽고 듣고 해야만 하는 이유 중의 하나이다.

동사 am lifted up은 '들어올려지는 것'이니까 출발지인 form을 쓴다는 것이다. 아니 자연스럽게 나오는 것이 영영식 사고방식인 것이다. 출발하면 출발지가 있어야 하고, 도착하면 도착지가 있어야 하고, 경유하면 경유지가 나오는 것은 당연한 것 아니겠는가?

33 He said this to show the kind of death he was going to die. 이렇게 말씀하심은 자기가 어떠한 죽음으로 죽을 것을 보이심이러라

He said 그는 말했다 **this** 이것을 **to show** 나아가 하고자 하는 바는 show이니 **the kind of death** 종류는 한정하는 것은 죽음이고 **he was going** 그가 가는데 **to die** 나아가 하고자 하는 바는 죽은 것

to R의 중요성이 다시 강조되고 있다. to R은 아직 하지는 않았으나, 앞으로 나아가 하고자 하려는 것이 바로 R이라는 것이다. 이에 비하여 to have p.p는 이미 p.p한 것을 나타낸다. 모든 영어는 순서대로 직독직해하여야만 한다. 그래서 he is going to R도 그대로 그가 가려는 것은 나아가 to R하려 한다고 해석한다. 그래야 머릿속에 자동 기억이 된다.

34 The crowd spoke up, "We have heard from the Law that the Christ will remain forever, so how can you say, 'The Son of Man must be lifted up?' Who is this 'Son of Man?'" 이에 무리가 대답하되 우리는 율법에서 그리스도가 영원히 계신다 함을 들었거늘 너는 어찌하여 인자가 들려야 하리라 하느냐 이 인자는 누구냐?

The crowd spoke 군중들이 말하길 **up** 위로 **"We have** 우리들은 이미 **heard** 들었다 **from the Law** 출발지는 율법이고 **that** 그 율법은 **the Christ will** 그리스도가 **remain** 남아 계실 거다 **forever** 영원히 **so how can** 그렇게 어떻게 능히 **you say** 네가 말하느냐?, **'The Son of Man** 인자가 **must** 해야만 한다 **be lifted** 들어 올려지다 **up** 위로?' **Who is** 누구냐? **this 'Son of Man** 이 인자는?'"

35 Then Jesus told them, "You are going to have the light just a little while longer. Walk while you have the light, before darkness overtakes you. The man who walks in the dark does not know where he is going. 예수께서 이르시되 아직 잠시 동안 빛이 너희 중에 있으니 빛이 있을 동안에 다녀 어둠에 붙잡히지 않게 하라 어둠에 다니는 자는 그 가는 곳을 알지 못하느니라

Then 그때 Jesus told 예수께서 말씀하셨다 them 그들에게 "You are 너희들은 현재 상태로 going 가고 있다 to have 나아가 하려고 하는 바는 가지려고 the light 빛을 just a little while 잠시동안 longer 길게 Walk 걸어라 while 동시에 일어나는 일은 you have 너희가 가진다 the light 빛을 before 그 뒤에 일이 나는 일은 darkness overtakes 어둠이 덧붙여 잡는다 you 너를 The man 그는 who 그 사람은 walks 걷는다 in the dark 둘러싼 것은 어둠 does not 못 한다 know 알지를 where he is going 어디로 그가 가는지를

before darkness overtakes you 어둠이 너희를 잡기 전에. 영어를 해석할 때 뒤에서 해석하면 이 해석이 맞다. 그러나 문제는 주체의 대상이 무엇이냐는 것이다. 주체가 앞에서 일어나고 있으니, 순서적으로 보면 앞일이 일어나고 곧바로 일어나는 일을 before절로 이어지고 있으니 그 해석 또한 ;~ 직후에 일어나는 일은 SV이다'라고 해야 한다는 것이다.

where he is going는 명사덩어리가 되어 동사 know의 목적어로 사용 됨.
The man who walks in the dark 어둠 속에서 걸어 다니는 자, '사람은 사람인데 그 사람은 걷는다 어둠 속에서' 즉, A는 A인데 그 A는 관계사절임을 알아차리는 것이 핵심이다(본 저자 생각).

36 Put your trust in the light while you have it, so that you may become sons of light." When he had finished speaking, Jesus left and hid himself from them. 너희에게 아직 빛이 있을 동안에 빛을 믿으라 그리하면 빛의 아들이 되리라 (한글성경에 When he had finished speaking, Jesus left and hid himself from them 부분이 해석이 되어 있지 않음)

Put your trust 두어라 너희 신념을 in the light 둘러싸고 있는 것은 빛 while 함께하는 것은 you have 너희들이 가질 때 it 그것을 so that 그리하여 그 결과는 you may 너희들이 추측하기를 become 될 거다 sons 자녀들이 of light 한정되는 것은 빛 When 때는 he had 그가 이미 finished 마쳤다 speaking 말씀하시는 것을 Jesus left 예수님은 떠나셨다 and hid 그리고 감추셨다 himself 자신을 from them 출발지는 그들

37 Even after Jesus had done all these miraculous signs in their presence, they

still would not believe in him. 이렇게 많은 표적을 그들 앞에서 행하셨으나 그를 믿지 아니하니

Even after 심지어는 직전에 일어난 일은 Jesus had 예수께서 이미 done 행하셨다 all these miraculous signs 모든 이러한 기적 같은 표적들을 in their presence 둘러싼 것은 그들의 면전에서 they still would 그들은 여전히 이었다 not believe 믿지 않다 in him 둘러싼 것은 그분

38 This was to fulfill the word of Isaiah the prophet: "Lord, who has believed our message and to whom has the arm of the Lord been revealed?" 이는 선지자 이사야의 말씀을 이루려 하심이라 이르되 주여 우리에게서 들은 바를 누가 믿었으며 주의 팔이 누구에게 나타났나이까 하였더라

This was 이것은 과거 상태로 이었다 to fulfill 나아가서 하고자 하는 바는 충족하려고 the word 말씀을 of Isaiah 한정하는 것은 이사야 the prophet 선지자: Lord 주님 who 누가 has 이미 believed 믿었나이까? our message 우리의 말을 and to whom 그리고 대상은 누가 has 이미 the arm 팔이 of the Lord 대상은 주님 been revealed 나타나게 되었습니까?"

This was to fulfill the word of Isaiah the prophet 이것은 결과를 나타낼 때 this is to + R로 나타낸다. 예를 들어, 내가 여기에 온 것은 여러분에게 알리려고 한 것입니다 I am here to let you know~이다. to whom has the arm of the Lord been revealed?는 Has the arm of the Loed been revealed to whom? 에서 의문사가 앞으로 나간 것이다.

39 For this reason they could not believe, because, as Isaiah says elsewhere: 그들이 능히 믿지 못한 것은 이 때문이니 곧 이사야가 다시 일렀으되

For 이는 ~말미암았음이니라 this reason 이유는 they could 그들이 능히 not believe 믿지못함 because 이로 말미암아 as처럼 Isaiah says 이사야가 말한 것처럼 elsewhere 어디서든지:

40 "He has blinded their eyes and deadened their hearts, so they can neither see with their eyes, nor understand with their hearts, nor turn-and I would heal them." 그들의 눈을 멀게 하시고 그들의 마음을 완고하게 하셨으니 이는 그들로 하여금 눈으로 보고 마음으로 깨닫고 돌이켜 내게 고침을 받지 못하게 하려 함이라 하였음이더라

He has 그분께서는 이미 blinded 멀게 하셨다 their eyes 그들의 눈을 and deadened 그리

고 완고하게 하셨다 **their hearts** 그들의 마음을 **so** 그리하여 **they can** 그들은 능히 **neither see** 보지도 못하고 **with their eyes** 그 수단은 눈으로 **nor understand** 이해하지도 못하여 **with their hearts** 수단은 마음으로 **nor turn** 돌이키지도 못하게 **and I** 그리고 내가 **would** 하려하다 **heal them** 고치다 그들을

41 Isaiah said this because he saw Jesus' glory and spoke about him. 이사야가 이렇게 말한 것은 주의 영광을 보고 주를 가리켜 말한 것이라

Isaiah said 이사야가 말했다 **this** 이것을 **because** 그 이유는 **he saw** 그는 보았다 **Jesus' glory** 예수의 영광을 **and spoke** 그리고 말했다 **about him** 관련된 것은 그분에 대하여

42 Yet at the same time many even among the leaders believed in him. But because of the Pharisees they would not confess their faith for fear they would be put out of the synagogue; 그러나 관리 중에도 그를 믿는 자가 많되 바리새인들 때문에 드러나게 말하지 못하니 이는 출교를 당할까 두려워함이라

Yet 그러나 **at the same time** 점으로 접하고 있는 것은 같은 시간에 **many** 많은 사람들 **even** 심지어는 **among the leaders** 셋 이상 중에 지도자들 **believed** 믿었다 **in him** 둘러싼 것은 그분 **But** 그러나 **because** 때문에 **of the Pharisees** 대상은 바리새인들이고 **they would not** 그들이 못하리라 **confess their faith** 자백하다 그들의 신념을 **for fear** 대상은 두려움으로 **they would** 그들이 이러라 **be put** 놓여지게 되다 **out** 밖으로 **of the synagogue** 한정된 것은 회당;

43 for they loved praise from men more than praise from God. 그들은 사람의 영광을 하나님의 영광보다 더 사랑하였더라

for 이유는 **they loved** 그들은 사랑했다 **praise** 영광을 **from men** 출발지는 사람들 **more than** 크게 보다도 **praise** 칭찬을 **from God** 출발지는 하나님

44 Then Jesus cried out, When a man believes in me, he does not believe in me only, but in the one who sent me. 예수께서 외쳐 이르시되 나를 믿는 자는 나를 믿는 것이 아니요 나를 보내신 이를 믿는 것이며

Then 그때 **Jesus cried** 예수께서 외치셨다 **out** 밖으로 **When** 때는 **a man believes** 사람이

믿을 때는 **in me** 안으로 둘러싸고 있는 것은 나 **he does not** 그는 아니다 **believe in** 믿는다 **me only** 나를 단지 **but** 하지만 이다 **in the one** 안에 있고 둘러싼 것은 그분이고 **who** 그분은 **sent me** 보내신 나를

45 When he looks at me, he sees the one who sent me. 나를 보는 자는 나를 보내신 이를 보는 것이니라

When 때는 **he looks** 그가 본다 **at me** 점으로 접하는 것은 나 **he sees** 그는 보는 것이다 **the one** 그분 **who** 그분은 **sent** 보내셨던 **me** 나를

46 I have come into the world as a light, so that no one who believes in me should stay in darkness. 나는 빛으로 세상에 왔나니 무릇 나를 믿는 자로 어둠에 거하지 않게 하려 함이로라

I have 나는 이미 **come** 왔다 **into** 방향은 **the world** 세상 안으로 **as** 자격은 **a light** 빛으로서 **so that** 그 목적은 **no one** 아무도 못하게 **who** 그는 **believes in** 믿고 **me** 나를 **should stay** 해야 한다 거주 **in darkness** 안에 있고 둘러싼 것은 어둠

SV~, so that ~would(should, may)~ 는 SV의 결과(목적)을 나타낸다. 문장이 끝나고 나면 부연설명이 필요하다. 원인을 나타내고자 할 때는 because절을 사용하고, 이유를 설명할 때는 why절을 쓰고, 결과는 so that절을, 목적은 so that ~조동사를 사용한다. 그리고 to R을 써서 나아가 하고자 하는 바를 나타낸다. 이것은 굉장히 중요하므로 아무리 강조해도 지나치지 않는다.

47 As for the person who hears my words but does not keep them, I do not judge him. For I did not come to judge the world, but to save it. 사람이 내 말을 듣고 지키지 아니할지라도 내가 그를 심판하지 아니하노라 내가 온 것은 세상을 심판하려 함이 아니요 세상을 구원하려 함이로라

As 때 **for the person** 대상은 사람들 **who** 그 사람들은 **hears my words** 듣는다 내 말을 **but** 하지만 **does not** 않는다 **keep them** 지킨다 그들 **I do not** 나는 안 하노니 **judge him** 심판한다 그를 **For** 이는 ~로 말미암음이니라 **I did not** 나는 알았다 **come** 왔다 **to judge** 나아가서 하고자 하는 바는 심판하려 **the world** 세상을 **but** 그러나 **to save** 나아가 하려는 바는 구원하려고 **it** 이것을

48 There is a judge for the one who rejects me and does not accept my words; that very word which I spoke will condemn him at the last day. 나를 저버리고 내 말을 받지 아니하는 자를 심판할 이가 있으니 곧 내가 한 그 말이 마지막 날에 그를 심판하리라

There is 있다 a judge 심판관 for the one 대상은 사람 who 그 사람은 rejects me 거절하고 나를 and does not 그리고 않는 accept my words 받아들이다 나의 말을; that very word 바로 그 말 which 그 말은 I spoke 내가 말한 will condemn 정죄하리니 him 그를 at the last day 접으로 접하는 것은 마지막 날

49 For I did not speak of my own accord, but the Father who sent me command-ed me what to say and how to say it. 내가 내 자의로 말한 것이 아니요 나를 보내신 아버지께서 내가 말할 것과 이를 것을 친히 명령하여 주셨으니

For 이는 말미암음이니라 I did not 나는 않았다 speak 말하다 of my own accord 한정된 것은 나의 자신의 동의 but 하지만 the Father 아버지 who 그분은 sent me 나를 보내신 commanded 명령을 주셨다 me 나에게 what to say 무엇을 나아가 하려고 하는 바는 말하는 것 and how 그리고 방법 to say it 나아가 하고자 하는 바는 말할 그것을

50 I know that his command leads to eternal life. So whatever I say is just what the Father has told me to say. 나는 그의 명령이 영생인 줄 아노라 그러므로 내가 이르는 것은 내 아버지께서 내게 말씀하신 그대로니라 하시니라

I know 나는 아노라 that절 이하를 that his command leads 그분의 명령이 이끌기를 to eternal life 목적지는 영생 So whatever 무엇이든지 I say 내가 말한 is이다 just 바로 what 것 the Father 아버지께서 has told 이미 말씀하셨다 me 나에게 to say 나아가 하려는 것인 말하라고

The Gospel
according to St. John

요한복음 13장

The Gospel according to St. John

요한복음 13장

01 It was just before the Passover Feast. Jesus knew that the time had come for him to leave this world and go to the Father. Having loved his own who were in the world, he now showed them the full extent of his love. 유월절 전에 예수께서 자기가 세상을 떠나 아버지께로 돌아가실 때가 이른 줄 아시고 세상에 있는 자기 사람들을 사랑하시되 끝까지 사랑하시니라

It was 상태는 과거 이었다 just before 자로 직후에 일어난 일은 the Passover Feast 유월절이다 Jesus knew 예수께서는 아시고는 that절 이하를 that the time had 시간이 이미 come 왔었다 for him 대상은 그분이 to leave 나아가 하는 바는 떠나 this world 이 세상을 and go 간다 to the Father 대상은 아버지께 Having 이미 loved 사랑하셨다 his own 그 자신의 아들을 who 그분은 were 계셨다 in the world 안에 있고 둘러싼 것은 세상 he now showed 그분은 이제 보이셨기를 them 그들에게 the full extent 충만함 of his love 한정되는 것은 그의 사랑

02 The evening meal was being served, and the devil had already prompted Judas Iscariot, son of Simon, to betray Jesus. 저녁 먹는 중 마귀가 벌써 시몬의 아들 가룻 유다의 마음에 예수를 팔려는 생각을 넣었더라

The evening meal 저녁 식사가 was being served 제공되고 있었다 and the devil 그리고 마귀는 had 이미 already prompted 벌써 들어갔다 Judas Iscariot 유다 가룻 son of Simon 시몬의 아들 to betray Jesus 나아가서 하고자 하는 바는 배반하려고 예수를

03 Jesus knew that the Father had put all things under his power, and that he had come from God and was returning to God; 예수는 아버지께서 모든 것을 자기 손에 맡기신 것과 또 자기가 하나님께로부터 오셨다가 하나님께로 돌아가실 것을 아시고

Jesus knew 예수께서는 아셨느니라 that절 이하를 that the Father had 아버지께서 이미 put 맡기셨다 all things 모든 것들을 under his power 위로는 권력을 and that 그리고 that절은 he had 그는 이미 come 오셨다 from God 출발한 곳은 하나님이고 and 그리고는 was returning 돌아가려고 하고 있는 중이었다 to God 대상은 하나님

04 so he got up from the meal, took off his outer clothing, and wrapped a towel around his waist 저녁 잡수시던 자리에서 일어나 겉옷을 벗고 수건을 가져다가 허리에 두르시고

so 그래서 he got 예수께서는 얻었다 up 위로 from the meal 출발한 곳은 식사 took 잡았던 것을 off 떨어지게 his outer clothing 자기의 외투를 and wrapped 그리고는 둘렀다 a towel 수건을 around his waist 자리한 것은 허리에

동사 get은 전치사 up을 동반하여 '일어서다'의 뜻이 된다. 동사 take는 전치사 off를 동반하여 벗다: 의 Emgdl 된다. 동사 warp은 전치사 around를 동반하여 '두루다'의 뜻이 된다.

05 After that, he poured water into a basin and began to wash his disciples' feet, drying them with the towel that was wrapped around him. 이에 대야에 물을 떠서 제자들의 발을 씻으시고 그 두르신 수건으로 닦기를 시작하여

After 직전에 있는 일은 that 그것 he poured 예수께서는 쏟았다 water 물을 into a basin 방향은 대야로 and began 그리고 시작하셨다 to wash 하시는 바는 씻어 주려고 his disciples' feet 제자들의 발을 drying them 닦아주시면서 with the towel 도구는 수건으로 that 그 수건은 was wrapped 감싸졌던 around him 둘러져 있는 것은 그분

동사 pour은 전치사 into를 동반하여 '안으로 쏟다' 동사 begin to + R은 '시작하시는 바는 R이다.' 동사 dry는 말리는 도구는 전치사 with로 받는다.

06 He came to Simon Peter, who said to him, "Lord, are you going to wash my feet?" 시몬 베드로에게 이르시니 베드로가 이르되 주여 주께서 내 발을 씻으시나이까

He came 예수께서 오셨다 to Simon Peter 대상은 시몬 베드로 who 그는 said 말했던 to him 대상은 예수님 "Lord 주여 are you 당신은 going to wash 하시려는 바는 닦으시려고 my feet 나의 발을?"

07 Jesus replied, "You do not realize now what I am doing, but later you will understand." 예수께서 대답하여 이르시되 내가 하는 것을 네가 지금은 알지 못하나 이후에는 알리라

Jesus replied 예수께서 답하시기를 "You do not 너희들은 모르다 realize 알지 now what

I am doing 지금 내가 하고 있는 것 but later 그러나 후에는 you will 너희는 되리라 understand 알게"

08 "No," said Peter, "you shall never wash my feet." Jesus answered, "Unless I wash you, you have no part with me." 베드로가 이르되 내 발을 절대로 씻지 못하시리이다 예수께서 대답하시되 내가 너를 씻어 주지 아니하면 네가 나와 상관이 없느니라

"No 아닙니다" said Peter 말했다 베드로가 "you shall 당신은 못하실 것입니다 never wash 씻기지 못하다 my feet 내 발을" Jesus answered 예수께서 답하시길 "Unless 만일에 ~않는 다면 I wash 내가 씻어주다 you 너를 you have 너는 갖는다 no part 부분이 없음을 with me 함께하는 것은 나(나의 일부분이 아니니 : 상관없다는 뜻)"

09 "Then, Lord," Simon Peter replied, "not just my feet but my hands and my head as well!" 시몬 베드로가 이르되 주여 내 발뿐 아니라 손과 머리도 씻어 주옵소서

"Then 그때 Lord 주여" Simon Peter replied 시몬 베드로가 응답했다 "not just 뿐만 아니 고 바로 my feet 내 발 but 역시 my hands and my head 손과 머리도 as well 역시!"

10 Jesus answered, "A person who has had a bath needs only to wash his feet; his whole body is clean. And you are clean, though not every one of you." 예 수께서 이르시되 이미 목욕한 자는 발밖에 씻을 필요가 없느니라 온 몸이 깨끗하니라 너희가 깨끗하나 다 는 아니니라 하시니

Jesus answered 예수께서 이르시되 "A person 사람은 사람인데 who 그 사람은 has 이미 had 했다 a bath 목욕을 needs 필요로 한다 only 단지 to wash 나아가서 하는 바는 씻을 his feet 자기의 발을; his whole body 온 몸이 is 현재 상태로는 이다 clean 깨끗하다 And 그리고 you are 너는 상태가 현재 이다 clean 깨끗한 though 비록 not every one 전부는 아니다 of you 한정된 것은 너희들"

A person (who has had a bath) needs only to wash his feet ( )속은 관계시절로 A person을 설명해준다. 명사덩어리로 주어를 이루며 동사는 needs이다.

11 For he knew who was going to betray him, and that was why he said not ev-

ery one was clean. 이는 자기를 팔 자가 누구인지 아심이라 그러므로 다는 깨끗하지 아니하다 하시니라

or he knew 그분은 알았다 who 누가 was going 하려는지 to betray 하고자 하는 바는 배신하다 him 그를 and 그리고 that was why 그것이 결과적으로 he said 그분께서 말씀하신 것이다 not every one 모든 사람은 아니다 was clean 과거 상태로 깨끗한

he knew who was going to betray him 이 문장에서 who는 의문사이다. 관계사절은 선행사가 있어야 하니까!

12 When he had finished washing their feet, he put on his clothes and returned to his place. "Do you understand what I have done for you?" he asked them. 그들의 발을 씻으신 후에 옷을 입으시고 다시 앉아 그들에게 이르시되 내가 너희에게 행한 것을 너희가 아느냐

When 때 he had 그분이 이미 finished 마쳤다 washing 씻기는 것을 their feet 제자들의 발을 he put 그는 두셨다 on his clothes 접하는 것은 그의 의복을 and returned 그리고는 뒤돌아갔다 to his place 도달 장소는 자기 자리로 "Do you understand 너희는 이해하느냐? what 것을 I have 내가 이미 done 행하였던 for you 대상을 너희들?" he asked 그가 물으셨다 them 그들에게

13 You call me 'Teacher' and 'Lord,' and rightly so, for that is what I am. 너희가 나를 선생이라 또는 주라 하니 너희 말이 옳도다 내가 그러하다

You call 너희들이 부르는구나 me 'Teacher' 나를 선생이라고 and 'Lord 그리고 주님이라고' and rightly 그리고 옳도다 so 그렇게 하는 것이 for 왜냐하면 that is 그것은 이다 what I am 나의 존재

동사 call이 '부르다' 뜻일 때는 A B, A를 B라고 부르다. ~하던 간에, ~하던 간에는 call it a boy, call it a girl, whatever you call it, whoever you are, you need one 여기서 one은 it를 가리킨다. 5형식을 이룬다.

14 Now that I, your Lord and Teacher, have washed your feet, you also should

wash one another's feet. 내가 주와 또는 선생이 되어 너희 발을 씻었으니 너희도 서로 발을 씻어 주는 것이 옳으니라

Now 이제 that I 나는 your Lord and Teacher 너희들의 주님과 선생인 나 have 이미 washed 씻었다 your feet 너희들의 발을 you also 너희들도 역시 should wash 씻어주어야 한다 one another's feet 서로의 발을

15 I have set you an example that you should do as I have done for you. 내가 너희에게 행한 것 같이 너희도 행하게 하려 하여 본을 보였노라

I have 나는 이미 set 설정했다 you 너희들에게 an example 본보기 that 그 본보기는 you should 너희들이 해야 하는 do 행하는 as처럼 I have 내가 이미 done 행하였던 for you 대상은 너희들

16 I tell you the truth, no servant is greater than his master, nor is a messenger greater than the one who sent him. 내가 진실로 진실로 너희에게 이르노니 종이 주인보다 크지 못하고 보냄을 받은 자가 보낸 자보다 크지 못하나니

I tell 내가 말하노니 you the truth 너희에게 진실을 no servant 어느 종도 is greater 더 위대하지 않다 than 비교 대상은 his master 그의 주인 nor is 아니다 현재 상태로는 a messenger 보냄을 받은 자 greater than 더 크다 비교 대상은 the one 그분 who 그분은 sent him 보냈다 나를

No servant 부정명사를 사용하여 비교급을 만든 문장이다. 영어는 명사 중심의 언어이다. 그래서 부정을 말할 때는 명사에 No를 붙인다. 이에 반해 한국어는 동사 중심의 언어이다. 이것을 이해하면 영어 학습에 도움이 된다. I don't have money가 아니다.

17 Now that you know these things, you will be blessed if you do them. 너희가 이것을 알고 행하면 복이 있으리라

Now 이제는 that you know 너희가 알고 these things 이것을 안다면 you will 여러분은 일거다 be blessed 복 받게 if 만일에 you do 너희가 행하면 them 그들을

18 "I am not referring to all of you; I know those I have chosen. But this is to fulfill the scripture: 'He who shares my bread has lifted up his heel against me.'" 내가 너희 모두를 가리켜 말하는 것이 아니니라 나는 내가 택한 자들이 누구인지 앎이라 그러나 내 떡을 먹는 자가 내게 발꿈치를 들었다 한 성경을 응하게 하려는 것이니라

I am 나는 이다 not referring 언급하는 중 아니다 to all 대상은 여러분 모두 of you 한정되는 것은 여러분; I know 나는 아노니 those 사람들 I have 내가 이미 chosen 선택했던 But 그러나 this is 이것은 이다 to fulfill 나아가 하는 바는 충족하려 함이다 the scripture 성경을: 'He 그는 who 그 사람은 shares my bread 나눈다 나의 빵을 has 이미 lifted 들었다 up 위로 his heel 그의 뒷꿈치를 against me 대항하는 것은 나'

19 I am telling you now before it happens, so that when it does happen you will believe that I am He. 지금부터 일이 일어나기 전에 미리 너희에게 일러 둠은 일이 일어날 때에 내가 그인 줄 너희가 믿게 하려 함이로라

I am telling 나는 지금 말하고 있는 중이다 you 너희들에게 now before 지금 직후에 일어날 일 it happens 발생할 so that 그리하여 when 때 it does happen 일어날 때 you will 너희들이 believe 믿게 하려고 that절을 that I am 내가 이다 He 그

20 I tell you the truth, whoever accepts anyone I send accepts me; and whoever accepts me accepts the one who sent me. 내가 진실로 진실로 너희에게 이르노니 내가 보낸 자를 영접하는 자는 나를 영접하는 것이요 나를 영접하는 자는 나를 보내신 이를 영접하는 것이니라

I tell 내가 말하노니 you the truth 너희들에게 진실은 whoever 누구든지 accepts 영접하는 anyone 누구나 I send 내가 보낸 accepts me 영접한다 나를; and whoever 그리고 누구든지 accepts me 영접한다 나를 accepts 영접한다 the one 그분을 who 그분은 sent me 보내셨다 나를"

21 After he had said this, Jesus was troubled in spirit and testified, "I tell you the truth, one of you is going to betray me." 예수께서 이 말씀을 하시고 심령이 괴로워 증언하여 이르시되 내가 진실로 진실로 너희에게 이르노니 너희 중 하나가 나를 팔리라 하시니

After 직전에 일어난 일은 he had 예수께서 이미 said 말씀하셨고 this 이를 Jesus 예수께서는

was troubled 상태가 괴로우셨다 in spirit 둘러싸고 있는 것은 심령으로 and testified 그리고 증언하시길 "I tell 내가 말하노니 you the truth 너희들에게 진심으로 one 하나가 of you 한정되는 것은 너희들 is going 할 것이다 to betray 하고자 하는 바는 배반하다 me 나를"

22 His disciples stared at one another, at a loss to know which of them he meant. 제자들이 서로 보며 누구에게 대하여 말씀하시는지 의심하더라

His disciples stared 그의 제자들이 쳐다보았다 at one another 접하고 있는 것은 서로를 at a loss 점으로 접하는 것은 당황하여 to know 나아가 하고자 하는 바는 알려고 which 누가 of them 한정된 것은 그들 he meant 예수께서 말씀하신

His disciples stared at one another, at a loss to know which of them he meant. 문장은 내림차순으로 내려가며 이해하여야 한다. 즉 내림차순으로 한국말을 넣어 연습하는 훈련을 반복하는 것만이 영어습득의 지름길이다. 본 저자가 강조하는 대로 빨리 읽어보라. 쉽게 익혀질 것이다. 이것이 이 책의 특징이다.

23 One of them, the disciple whom Jesus loved, was reclining next to him. 예수의 제자 중 하나 곧 그가 사랑하시는 자가 예수의 품에 의지하여 누웠는지라

One 한 명 of them 한정된 것은 그들 the disciple 그 제자 whom 그는 Jesus loved 예수님께서 사랑한 was reclining 상태는 있었다 의지하고 next to 옆에 있는 대상은 him 그분

24 Simon Peter motioned to this disciple and said, "Ask him which one he means." 시몬 베드로가 머릿짓을 하여 말하되 말씀하신 자가 누구인지 말하라 하니

Simon Peter motioned 시몬 베드로가 말하길 to this disciple 대상은 이 제자에게 and said 그리고 말하기를 "Ask him 그에게 물었다 which one 누구냐? he means. 예수께서 말씀하시는 자가"

25 Leaning back against Jesus, he asked him, "Lord, who is it?" 그가 예수의 가슴에 그대로 의지하여 말하되 주여 누구니이까

Leaning back 기대고는 다시 against Jesus 대항하는 것은 예수님 he asked 묻기를 him 그

에게 "Lord 주님 who is it 그가 누구입니까?"

26 Jesus answered, "It is the one to whom I will give this piece of bread when I have dipped it in the dish." Then, dipping the piece of bread, he gave it to Judas Iscariot, son of Simon. 예수께서 대답하시되 내가 떡 한 조각을 적셔다 주는 자가 그니라 하시고 곧 한 조각을 적셔서 가룟 시몬의 아들 유다에게 주시니

Jesus answered 예수께서 대답하시길 "It is the one 그 사람 to whom 그에게 I will give 내가 주리라 this piece 한 조각 of bread 한정되는 것은 빵 when 때는 I have 내가 이미 dipped it 담구었다 in the dish 둘러싸는 것은 접시" Then 그리고는 dipping 담그시면서 the piece 조각을 of bread 한정된 것은 빵 he gave it 예수께서 주셨다 빵을 to Judas Iscariot 대상은 유다 가룟 son 아들이며 of Simon 한정된 것은 시몬

27 As soon as Judas took the bread, Satan entered into him. 조각을 받은 후 곧 사탄이 그 속에 들어간지라 이에 예수께서 유다에게 이르시되 네가 하는 일을 속히 하라 하시니

As soon as 동시에 일어난 일일 때 순간에 Judas took 유다가 잡았고 the bread 그 빵을 Satan entered 사탄이 들어갔다 into him 방향은 그 사람

28 "What you are about to do, do quickly," Jesus told him, but no one at the meal understood why Jesus said this to him. 말씀을 무슨 뜻으로 하셨는지 그 앉은 자 중에 아는 자가 없고

What 무엇 you are 너는 이다 about 관련된 to do 하고자 하는 바는 행하려 do quickly 행하라 빨리 Jesus told 예수께서 말씀하시길 him 그에게 but 그러나 no one 아무도 없다 at the meal 점으로 접하는 식사 understood 이해했다 why 왜 Jesus said 예수께서 말씀하였는지 this 이것을 to him 그에게

29 Since Judas had charge of the money, some thought Jesus was telling him to buy what was needed for the Feast, or to give something to the poor. 어떤 이들은 유다가 돈궤를 맡았으므로 명절에 우리가 쓸 물건을 사라 하시는지 혹은 가난한 자들에게 무엇을 주라 하시는 줄로 생각하더라

Since 이유는 Judas had 유다가 가졌기에 charge 책임을 of the money 대상은 돈 some thought 어떤 이들은 생각했다 Jesus was telling 예수께서 말씀하고 계시는 것은 him 그에게 to buy 나아가 하고자 하는 바는 사라고 what was needed 필요한 것 for the Feast 대상은 축제 or to give 하고자 하는 바는 something 어떤 것을 to the poor 가난한 사람들에게

30 As soon as Judas had taken the bread, he went out. And it was night. 유다가 그 조각을 받고 곧 나가니 밤이러라

As soon as 동시에 일어나는 일은 Judas 유다가 had 이미 taken 받았고 the bread 빵을 he went out 그는 갔다 밖으로 And 그리고 it was night 밤이었다

31 When he was gone, Jesus said, "Now is the Son of Man glorified and God is glorified in him." 그가 나간 후에 예수께서 이르시되 지금 인자가 영광을 받았고 하나님도 인자로 말미암아 영광을 받으셨도다

When 때는 he was 그가 생태는 있었고 gone 나갔고 Jesus said 예수께서 말씀하시길 Now 이제는 is the Son of Man 인자가 glorified 영광을 받게 되었고 and God 그리고 하나님도 is glorified 영광받으셨도다 in him 둘러싸고 있는 것은 자기

Now is the Son of Man glorified 부사 Now가 문장 앞에 놓이면서 주어 동사가 도치된 것이다. 인자는 영광을 주는 것이 아니고 받으니까 수동태(be + P.P) 형태로 쓰었다.

32 If God is glorified in him, God will glorify the Son in himself, and will glorify him at once. 만일 하나님이 그로 말미암아 영광을 받으셨으면 하나님도 자기로 말미암아 그에게 영광을 주시리니 곧 주시리라

If 만일에 God is 하나님 현재 상태는 이다 glorified 영광받다 in him 둘러싸는 것은 그분 God 하나님은 will glorify 영광을 주시리니 the Son 아들에게 in himself 둘러싸는 자신 and will glorify 그리고 영광 주시리라 him 그 에게 at once 즉시

33 My children, I will be with you only a little longer. You will look for me, and just as I told the Jews, so I tell you now: Where I am going, you cannot come. 작은 자들아 내가 아직 잠시 너희와 함께 있겠노라 너희가 나를 찾을 것이나 일찍이 내가 유대인들에게 너

희는 내가 가는 곳에 올 수 없다고 말한 것과 같이 지금 너희에게도 이르노라

My children 나의 아들들아 I will 나는 일 거야 be with you 있겠다 너희들과 only a little longer 단지 잠시 동안 길게 You will 너희들은 일 것이다 look for me 찾는다 나를 and 그리고 just as 방금처럼 I told 내가 말했다 the Jews 유대인들에게 so 결과 I tell 내가 말하노니 you 너희들에게 now 지금: Where I am going 장소 내가 지금 가는 you cannot 너희는 능히 못한 다 come 오지

34 A new command I give you: Love one another. As I have loved you, so you must love one another. 새 계명을 너희에게 주노니 서로 사랑하라 내가 너희를 사랑한 것 같이 너 희도 서로 사랑하라

A new command 새로운 명령 I give 내가 주노니 you 너희에게: Love 사랑하라 one another 서로를 As 처럼 I have 내가 이미 loved 사랑했다 you 너희를 so 그렇게 you 너희들 도 must love 사랑해야 한다 one another 서로를

35 By this all men will know that you are my disciples, if you love one another. 너 희가 서로 사랑하면 이로써 모든 사람이 너희가 내 제자인 줄 알리라

By this 이 경우 all men will 모든 사람들이 일 거다 know 알다 that절을 that you are 너희 들이 이다 my disciples 나의 제자들 if you love 만일 너희가 사랑하면 one another 서로서로

36 Simon Peter asked him, "Lord, where are you going?" Jesus replied, "Where I am going, you cannot follow now, but you will follow later." 시몬 베드로가 이르되 주여 어디로 가시나이까 예수께서 대답하시되 내가 가는 곳에 네가 지금은 따라올 수 없으나 후에는 따라 오리라

Simon Peter asked 시몬 베드로가 말했다 him 그에게 "을" "Lord 주여 where 어디로 are you going 가려 하시나이까?" Jesus replied 예수께서 답하시길 "Where 곳에는 I am going 내가 가려는 you cannot 너희들은 능히 못한다 follow 따라오지 now 이제는 but 그러나 you will 너희들은 follow 따르리라 later 후에는"

37 Peter asked, "Lord, why can't I follow you now? I will lay down my life for

you." 베드로가 이르되 주여 내가 지금은 어찌하여 따라갈 수 없나이까 주를 위하여 내 목숨을 버리겠나이다

Peter asked 베드로가 말하길 "Lord 주어 why can't 어찌하여 능히 못하나이까? I follow 제가 따르기를 you 당신을 now 이제? I will 저는 일 것입니다 lay down 내려놓다 my life 내 생명을 for you 대상은 당신을"

38 Then Jesus answered, Will you really lay down your life for me? I tell you the truth, before the rooster crows, you will disown me three times! 예수께서 대답하시되 네가 나를 위하여 네 목숨을 버리겠느냐 내가 진실로 진실로 네게 이르노니 닭 울기 전에 네가 세 번 나를 부인하리라

Then 그때 Jesus answered 예수께서 대답하시길 Will you 할 거야 네가 really 정말로 lay down 내려놓다 your life 너의 목숨을 for me 대상은 나를? I tell 내가 말하노라 you the truth 너에게 진실을 before 직후에 일어나는 일은 the rooster crows 수탉이 운다 you will 너는 일 거다 disown me 부인한다 나를 three times 세 번!

before the rooster crows, you will disown me three times 네가 나를 3번 부인하고 난 직후에 수탉이 울 거다. 내려가는 영어는 숙달되면 해석하지 않아도 듣고 보게 되는 기적을 체험할 것이다.

The Gospel according to St. John

요한복음 14장

The Gospel according to St. John

요한복음 14장

01 Do not let your hearts be troubled Trust in God ; trust also in me. 너희는 마음에 근심하지 말라 하나님을 믿으니 또 나를 믿으라

Do not let 놓도록 하지 말라 **your hearts** 너희 마음을 **be troubled** 번민하게 두다 **Trust** 믿음을 **in God** 둘러싸고 있는 하나님; **trust** 믿음을 **also** 역시 **in me** 안에 내

동사 **let**는 목적어를 목적보어 상태로 ~의 상태로 하게 하다로 5형식으로 쓰인다. 중요한 것은 목적어는 주어 역할, 목적보어는 주격보어 역할을 한다는 점이다. 앞으로 나올 요한복음 17장 23절을 보라!

02 In my Father's house are many rooms; if it were not so, I would have told you. I am going there to prepare a place for you 내 아버지 집에 거할 곳이 많도다 그렇지 않으면 너희에게 일렀으리라 내가 너희를 위하여 거처를 예비하러 가노니

In my Father's house 둘러싸고 있는 것은 아버지 집 **are** 많다 **many rooms** 많은 방들이; **if it were** 만일에 없었다면 **not so** 그렇게 **I would** 내가 했느니라 **have** 이미 **told** 말했다 **you** 너희들에게 **I** 나는 **am going** 가리라 **there** 그곳에 **to prepare** 나아가 하고자 하는 일은 준비하러 **a place** 장소를 **for you** 대상은 너희들

in my Father's house are many rooms 부사가 문두에 오니 주어 동사가 도치된 문장이나. 대표적으로는 요한복음 1장 1절 말씀과, 유도부사로 쓰이는 there is, there are, here is, here are 다음에 주어가 나온다는 사실도 기억하자.

03 And if I go and prepare a place for you, I will come back and take you to be with me that you also may be where I am 가서 너희를 위하여 거처를 예비하면 내가 다시 와서 너희를 내게로 영접하여 나 있는 곳에 너희도 있게 하리라

And 그리고 **if** 만일에 **I go** 내가 가서 **and prepare** 준비하면 **a place** 장소를 **for you** 대상을 너희들 **I will** 나는 일 거다 **come** 온다 **back** 다시 **and** 그리고 **take you** 데리고 너희를 **to be** 하고자 하는 일은 있게 하려고 **with me** 함께하는 것은 나 **that** 그 결과는 **you also** 너희도 역시

may 위함이니라 **be** 있게 하려고 **where I am** 내가 있는 곳

동사들의 나열이 신난다. go, prepare, come back and take you to be with me이다. take you해서 to R하라는 것이다.

04 You know the way to the place where I am going. 내가 어디로 가는지 그 길을 너희가 아느니라

You know 너희들이 아노니 **the way** 그 길을 **to the place** 도착하는 곳은 그 장소 **where** 그 장소는 **I am going** 내가 가고 있는

05 Thomas said to him, "Lord, we don't know where you are going, so how can we know the way?" 도마가 이르되 주여 주께서 어디로 가시는지 우리가 알지 못하거늘 그 길을 어찌 알겠사옵나이까?

Thomas said 도마가 말했다 **to him** 대상은 예수 "**Lord** 주여 **we don't know** 우리는 모르나이다 **where** 어디로 **you are going** 당신께서 가시는지요 **so** 그래서 **how** 어찌 **can** 능히 **we** 우리가 **know** 알리오? **the way** 그 길을?"

06 Jesus answered, I am the way and the truth and the life. No one comes to the Father except through me. 예수께서 이르시되 내가 곧 길이요 진리요 생명이니 나로 말미암지 않고는 아버지께로 올 자가 없느니라

Jesus answered 예수께서 말씀하시길 **I am** 나는 이다 **the way** 길이요 **and the truth** 진리요 **and the life** 생명 **No one** 어느 누구도 못한다 **comes** 와서는 **to the Father** 대상은 아버지이고 **except** 제외하고는 **through me** 통과하는 것은 나

No one comes to the Father except through me. 부정명사 no one은 문장 전체를 부정한다. 영어의 특징이다. 나는 돈이 없다 I don't have money가 아니다. I have no money.

07 If you really knew me, you would know my Father as well. From now on, you do know him and have seen him. 너희가 나를 알았더라면 내 아버지도 알았으리로다 이제부터는 너희가 그를 알았고 또 보았느니라

If you 만일 너희들이 really knew 정말로 알았더라면 me 나를 you would 너희들을 하였으니라 know 알다 my Father 내 아버지를 as well 역시 From now on 출발점은 지금이고 계속하여 you do know 우리는 알고 또 알고 him 그분을 and 그리고 have 이미 seen 보았다 him 그분을

If you really knew me, you would know my Father as well은 가정법 과거문장이다. it절에는 과거동사, 주절에는 would 현재동사를 사용한다. 현재 사실을 반대하는 개념이다 (참조 가정법 과거완료 문장은 서문, 요1장 33절을 보라)

08 Philip said, "Lord, show us the Father and that will be enough for us." 빌립이 이르되 주여 아버지를 우리에게 보여 주옵소서 그리하면 족하겠나이다

Philip said 빌립이 말하길 "Lord 주여 show 보여 주소서 us the Father 우리에게 아버지를 and 그러면 that 그것은 will be 이리라 enough 충분한 for 위하는 것은 us 우리를"

09 Jesus answered: "Don't you know me, Philip, even after I have been among you such a long time? Anyone who has seen me has seen the Father. How can you say, 'Show us the Father?'" 예수께서 이르시되 빌립아 내가 이렇게 오래 너희와 함께 있으되 네가 나를 알지 못하느냐 나를 본 자는 아버지를 보았거늘 어찌하여 아버지를 보이라 하느냐?

Jesus answered 예수께서 말씀하시길: "Don't 못하느냐? you know 너가 알다 me 나를 Philip 빌립아 even after 심지어 바로 직전에도 I have 내가 이미 been 있었다 among you 사이에서 너희들 such a long time 그렇게 긴 시간을? Anyone 사람은 who 사람인데 has 이미 seen 보았던 me 나를 has 이미 seen 보았다 the Father 아버지를 How can 어찌하여 능히 you 너희들이 say 말하다 'Show 보여달라고 us 우리에게 the Father 아버지를?'"

10 Don't you believe that I am in the Father, and that the Father is in me? The words I say to you are not just my own. Rather, it is the Father, living in me, who is doing his work. 내가 아버지 안에 거하고 아버지는 내 안에 계신 것을 네가 믿지 아니하느냐 내가 너희에게 이르는 말은 스스로 하는 것이 아니라 아버지께서 내 안에 계셔서 그의 일을 하시는 것이라

Don't 않느냐? you believe 너희들이 믿는다 that절을 that I 내가 am 있고 in the Father

둘러싼 것은 아버지 **and that** 그리고 **that**절을 **the Father** 아버지가 **is** 계신다 **in me** 안에 있고 둘러싼 것은 나? **The words** 그 말은 **I say** 내가 말하는 **to you** 대상은 너희에게 **are not** 아니다 **just my own** 단지 나의 것 **Rather** 차라리 **it is** 그것은 이다 **the Father** 아버지 **living** 살고 계시는 **in me** 둘러싸는 것은 나 **who** 나는 **is** 현재 상태로 **doing** 행하고 있다 **his work** 그분의 일을

11 Believe me when I say that I am in the Father and the Father is in me; or at least believe on the evidence of the miracles themselves. 내가 아버지 안에 거하고 아버지께서 내 안에 계심을 믿으라 그렇지 못하겠거든 행하는 그 일로 말미암아 나를 믿으라

Believe me 믿으라 나를 **when** 때는 **I say** 내가 말하는 **that**절을 **that I am** 내가 있고 **in the Father** 안에 아버지 **and the Father** 그리고 아버지가 **is** 계시고 **in me** 안에 나; **or** 또는 **at least** 적어도 **believe** 믿어라 **on the evidence** 면으로 접하는 것은 증거 **of the miracles** 한정되는 것은 기적들 **themselves** 그 자체

12 I tell you the truth, anyone who has faith in me will do what I have been doing. He will do even greater things than these, because I am going to the Father. 내가 진실로 진실로 너희에게 이르노니 나를 믿는 자는 내가 하는 일을 그도 할 것이요 또한 그보다 큰 일도 하리니 이는 내가 아버지께로 감이라

I tell 내가 말하노라 **you the truth** 너희들에게 진실을 **anyone** 자는 **who** 그자는 **has** 가지고 있다 **faith** 믿음을 **in me** 둘러싸는 것은 나 **will do** 행할 거다 **what I have** 내가 이미 **been doing** 행하고 있는 것 **He will** 그는 일 거다 **do even** 행한다 심지어는 **greater things** 더 위대한 일을 **than these** 비교보다도 이것들 **because** 이유인즉슨 **I am going** 내가 가려 하노라 **to the Father** 대상은 아버지

do things 행하다. do even greater things than these에서 even은 비교급 강조

13 And I will do whatever you ask in my name, so that the Son may bring glory to the Father. 너희가 내 이름으로 무엇을 구하든지 내가 행하리니 이는 아버지로 하여금 아들로 말미암아 영광을 받으시게 하려 함이라

And 그리고 **I will** 나는 하리니 **do** 행한다 **whatever** 무엇이든지 **you ask** 너희가 요청하는 **in**

my name 안에 있고 둘러싸고 있는 것은 내 이름 **so that** 그리함은 **the Son** 아들이 **may bring** 가져오게 함이라 **glory** 영광을 올리다 **to the Father** 그 대상은 아버지

do whatever you ask in my name에서 do + 명사덩어리이다. whatever는 선행사를 포함하고 있다.

14 **You may ask me for anything in my name, and I will do it.** 내 이름으로 무엇이든지 내게 구하면 내가 행하리라

You may 너희는 추측해라 **ask me** 요청하다 나에게 **for anything** 그 대상은 무엇이든지 **in my name** 내 아버지의 이름으로 **and** 그러면 **I will** 나도 하리라 **do it** 행한다 그것을

15 **If you love me, you will obey what I command.** 너희가 나를 사랑하면 나의 계명을 지키리라

If you 만일에 너희가 **love me** 사랑한다면 나를 **you will** 너희들도 일 거다 **obey** 지키다 **what I command** 내가 명령한 것을

what I command에서 command는 동사, 명사덩어리이다. 'what= the thing that'이고 that은 관계사이다. 그러면 what는 무엇인가? 선행사를 포함하는 관계사이다.

16 **And I will ask the Father, and he will give you another Counselor to be with you forever** 내가 아버지께 구하겠으니 그가 또 다른 보혜사를 너희에게 주사 영원토록 너희와 함께 있게 하리니

And I will 그리고 나는 일 거다 **ask** 구하다 **the Father** 아버지께 **and** 그리고는 **he** 아버지께서는 **will give** 주실 것이다 **you** 너희들에게 **another Counselor** 다른 보혜사를 **to be** 나아가서 하고자 하는 것은 존재하도록 **with you** 함께하는 것은 너희들과 **forever** 영원히

he will give you another Counselor to be with you forever 이 분상은 분장을 완료하고 나서 to be with you forever로 보충하는 문장으로 볼 수 있고, 또한 another Counselor to be with you forever으로도 볼 수 있다. 독자여러분은 이제 마음대로 하실 수 있지 않나요. 비법은 순차적 해설에 있다는 것을 명심하라!

17 the Spirit of truth. The world cannot accept him, because it neither sees him nor knows him. But you know him, for he lives with you and will be in you. 그는 진리의 영이라 세상은 능히 그를 받지 못하나니 이는 그를 보지도 못하고 알지도 못함이라 그러나 너희는 그를 아나니 그는 너희와 함께 거하심이요 또 너희 속에 계시겠음이라

the Spirit 영 of truth 한정되는 것은 진리 The world 세상은 cannot 능히 ~못하나니 accept him 영접하다 그를 because 이유인즉 it neither sees 못한다 보는 것 him 그를 nor 못한다 knows 알지를 him 그를 But 하지만 you know 너희들은 아나니 him 그를 for 이는 ~로 말미암음이니라 he lives 그는 살고 with you 함께하는 것은 너희들이고 and will be 존재할 것이다 in you 둘러싸고 있는 것은 너희들

18 I will not leave you as orphans; I will come to you. 내가 너희를 고아와 같이 버려두지 아니하고 너희에게로 오리라

I will not 나는 않을 것이다 leave you 남기다 너희를 as orphans 자격은 고아들로서; I will 내가 오리라 come 오다 to you 대상은 너희들에게

19 Before long, the world will not see me anymore, but you will see me. Because I live, you also will live. 조금 있으면 세상은 다시 나를 보지 못할 것이로되 너희는 나를 보리니 이는 내가 살아 있고 너희도 살아 있겠음이라

Before 직후에 일어나는 일은 long 오랫동안 the world will not 세상은 못할 것이다 see me 본다 나를 anymore 영원히 but 그러나 you will see 너희들은 볼 것이다 me 나를 Because 그 이유는 I live 내가 살고 있고 you also 너희들 역시 will live 살 것이기에

20 On that day you will realize that I am in my Father, and you are in me, and I am in you. 그날에는 내가 아버지 안에, 너희가 내 안에, 내가 너희 안에 있는 것을 너희가 알리라

On that day 면으로 접하는 그날 you will realize 너희들을 알리라 that절을 that I am 나는 존재하고 in my Father 안에 아버지 and you 그리고 너희는 are 있다 in me 안에 나 and 그리고 I am 나는 존재한다 in you 안에 너희

21 Whoever has my commands and obeys them, he is the one who loves me. He who loves me will be loved by my Father, and I too will love him and show myself to him. 나의 계명을 지키는 자라야 나를 사랑하는 자니 나를 사랑하는 자는 내 아버지께 사랑을 받을 것이요 나도 그를 사랑하여 그에게 나를 나타내리라

Whoever 누구든지 has 가지며 my commands 내 명령들을 and obeys 그리고 지키는 them 그것들을 he is 그는 이다 the one 자 who 그자는 loves me 사랑한다 나를 He 그는 who 그리고 loves me 사랑한다 나를 will be loved 사랑받게 될 것이다 by my Father 수단은 내 아버지에게서 and I too 그리고 나 역시 will love 사랑할 거다 him 그를 and show 보여줄 거다 myself 내 자신을 to him 대상은 그 사람

22 Then Judas (not Judas Iscariot) said, "But, Lord, why do you intend to show yourself to us and not to the world?" 가룟인 아닌 유다가 이르되 주여 어찌하여 자기를 우리에게는 나타내시고 세상에는 아니하려 하시나이까?

Then 그때 Judas 유다가 (not 아니다 Judas Iscariot 유다 가룟) said 말하길 "But 그러나 Lord 주여 why do you 왜 당신께서는 intend 작성하시길 to show 나아가서 하려는 바는 보이시려고 yourself 당신 자신을 to us 대상은 우리에게 and 그리고는 not 아니 보이시려고 to the world 대상은 세상에?"

Judas (not Judas Iscariot) 유다와 가룟 유다가 있었는데, 가룟 유다는 빵을 들고 이미 밖으로 나갔으니까. 동사 intent to + R은 의도히어 하는 바는 R하려고 하다의 뜻. 동사 show는 직접목적어 to 간접목적어를 취한다(3형식 문장이다).

23 Jesus replied, If anyone loves me, he will obey my teaching. My Father will love him, and we will come to him and make our home with him. 예수께서 대답하여 이르시되 사람이 나를 사랑하면 내 말을 지키리니 내 아버지께서 그를 사랑하실 것이요 우리가 그에게 가서 거처를 그와 함께 하리라

Jesus replied 예수께서 응답하시길 If anyone 만일 사람이 loves me 사랑하면 나를 he will obey 그는 복종하리라 my teaching 내 교훈을 My Father will love 내 아버지께서도 사랑할 것이리라 him 그를 and 그리고 we 우리는 will come 갈 것이다 to him 대상은 그에게로 and 그리고 make 만들 거다 our home 우리의 거처를 with him 함께하는 것은 그

we will come to him and make our home with him 이 문장에서 make our home with you 청크는 쉽게 이해되겠지요? 독자 여러분의 수준은 이미 최고이십니다.

24 He who does not love me will not obey my teaching. These words you hear are not my own; they belong to the Father who sent me. 나를 사랑하지 아니하는 자는 내 말을 지키지 아니하나니 너희가 듣는 말은 내 말이 아니요 나를 보내신 아버지의 말씀이니라

He 자는 그자인데 who 그자는 does not love 사랑하지 않는다 me 나를 will not obey 복종하지 않을 거다 my teaching 내 교훈을 These words 이들 말들은 you hear 너희들이 듣는 are not 아니다 my own 나 자신의 말; they belong 그들이 속하기를 to the Father 대상은 아버지이고 who 그분은 sent me 보내셨다 나를

The words you hear은 명사(N) + 주어동사(SV)구조이고 관계사 that 또는 which가 생략된 것이다. 이제 충분히 이해가 되시리라! 요한복음 14장은 수준높게 해설하고 있습니다.

25 All this I have spoken while still with you. 내가 아직 너희와 함께 있어서 이 말을 너희에게 하였거니와

All this 모든 이것은 I have 내가 이미 spoken 말했다 while 동시에 일어나는 일은 still 여전히 with you 함께하는 것은 너희들

26 But the Counselor, the Holy Spirit, whom the Father will send in my name, will teach you all things and will remind you of everything I have said to you. 보혜사 곧 아버지께서 내 이름으로 보내실 성령 그가 너희에게 모든 것을 가르치고 내가 너희에게 말한 모든 것을 생각나게 하리라

But 그러나 the Counselor 보혜사 the Holy Spirit 거룩한 성령 whom 그 성령은 the Father 아버지께서 will send 보내실 것이다 in my name 내 이름으로 will teach 가르치실 것이다 you all things 너희들에게 모든 것들을 and 그리고는 will remind 기억나게 할 거다 you 너희들에게 of everything 한정된 것은 모든 것들 I have 내가 이미 said 말했다 to you 대상은 너희들에게

the Counselor, the Holy Spirit, whom the Father will send in my name은 모두가

동인한 보혜사를 설명하고 있다. 명사덩어리로 동사 will teach ~ and will remind를 받는다. 동사 send는 직접목적어(to 간접목적어) 형식을 취한다. 여기서 직접목적어를 앞으로 빼면 명사+ SV구조를 이룬다. 동사 teach는 I.O와 D.O를 이루는 4형식 문장이다.

27 Peace I leave with you; my peace I give you. I do not give to you as the world gives. Do not let your hearts be troubled and do not be afraid. 평안을 너희에게 끼치노니 곧 나의 평안을 너희에게 주노라 내가 너희에게 주는 것은 세상이 주는 것과 같지 아니하니라 너희는 마음에 근심하지도 말고 두려워하지도 말라

Peace 평화 I leave 내가 남기는 with you 함께 하는 것은 너희들과; my peace 나의 평화 I give 내가 주는 you 너희들에게 I do not give 나는 안 준다 to you 그 대상은 너희들에게 as ~ 처럼 the world 세상이 gives 주는 것 Do not 말라 let your hearts 하도록 하라 너희 마음이 be troubled 번민스럽게 and do not 하지 말라 be afraid 두려워하다

28 You heard me say, 'I am going away and I am coming back to you.' If you loved me, you would be glad that I am going to the Father, for the Father is greater than I. 내가 갔다가 너희에게로 온다 하는 말을 너희가 들었나니 나를 사랑하였더라면 내가 아버지께로 감을 기뻐하였으리라 아버지는 나보다 크심이라

You heard 너희는 들었고 me say 나는 말했다(내가 말하는 것을) 'I am going 나는 가려고 한다 away 멀리 and 그리고 I am coming 나는 오리라 back 다시 to you 대상은 너희들에게로' If you loved 만일 너희가 사랑했다면 me 나를 you would 너희는 하였으니라 be glad 기뻐하다 that 절을 that I am going 나는 가노라 to the Father 내 아버지께로 for 이는 말미암음이니라 the Father 내 아버지는 is 현재 상태로 이다 greater 크시도다 than I 나보다도

You heard me say 이 문장에서 동사 heard의 쓰임이 매우 중요하다. 지각동사라고 한다. 5형식의 문장을 이루니 me가 주어가 되고 say는 동사가 된다. 결국에 내가 말하는 것을 너희들이 들었다는 뜻이다.

29 I have told you now before it happens, so that when it does happen you will believe. 이제 일이 일어나기 전에 너희에게 말한 것은 일이 일어날 때에 너희로 믿게 하려 함이라

I have 내가 이미 told 말했다 you 너희들에게 now 이제 before 직후에 it happens 일어날 것

을 **so that** 그것은 위함이니라 **when it does happen** 그것이 일어날 때 **you will believe** 믿도록 하려 함이라

동사 **tell**은 간접목적어(사람) + 직접목적어(사물) 4형식 구조를 갖는다. 사물목적어는 **now begore it haplens**이다. 명사덩어리이다. 해석은 '일이 일어나기 전에'가 아니고, 이제 직후에 일어나는 일을 미리 너희들에게 말한다는 개념이다. 완전 반대개념의 해석이 됨을 명심하세요.

30 I will not speak with you much longer, for the prince of this world is coming. He has no hold on me, 이 후에는 내가 너희와 말을 많이 하지 아니하리니 이 세상의 임금이 오겠음이라 그러나 그는 내게 관계할 것이 없으니

I will not speak 나는 말을 하지 않을 것이다 **with you** 함께 하는 것은 너희들과 **much longer** 훨씬 길게 **for** 그 이유는 ~로 말미암음이니라 **the prince** 임금들이 **of this world** 한정된 것은 세상 **is coming** 오고 있음이라 **He** 그는 **has** 가지고 있다 **no hold** 잡음이 없는 **on me** 면으로 접하는 것은 나(즉 관계가 없다),

동사 **speak**는 말하는 대상이 오면 전치사 **to**가 나오고, 함께하는 사람이 나오면 전치사 **with**가 나오고, 관련된 것이 나오면 전치사 **about**가 나온다.

31 but the world must learn that I love the Father and that I do exactly what my Father has commanded me. Come now; let us leave. 오직 내가 아버지를 사랑하는 것과 아버지께서 명하신 대로 행하는 것을 세상이 알게 하려 함이로라 일어나라 여기를 떠나자 하시니라

but 그러나 **the world must learn** 세상은 배우려 하지 않는다 **that**절을 **that I love** 내가 사랑한다 **the Father** 아버지를 **and** 그리고 **that**절을 **that I do** 내가 행한다 **exactly** 정확하게 **what my Father** 내 아버지가 **has** 이미 **commanded me** 명령하신 것을 나에게 "**Come now** 자 이제는: **let us** 놓아라 우리가 **leave** 떠나게시리

the world must learn that I love the Father 동사 다음의 **that**절은 접속사절이다. 명사 다음의 **that**절은 관계사절이다. 접속사절은 생략된 것이 없이 완전한 문장이고, 관계사절은 생략된 말이 있고 그 말은 선행사가 된다. 이것이 차이점이다. **that I do exactly what my Father has commanded me** 앞의 **that**은 동사 **learn**의 목적어인 접속사 **that**절이고, **what**은 선행사를 포함하는 관계사이니 이는 **the thing that**으로 되고 여기서 **that**는 관계사 **that**이다. 왜냐하면 동사

명령하다는 두 개의 목적어가 있어야 하는데 간접목적어인 사람은 있는데, 직접목적어가 없다. 그것이 what이고 the thing that으로 나누면 선행사 the thing이 직접목적어이다.

The Gospel
according to St. John

요한복음 15장

The Gospel according to St. John

요한복음 15장

01 I am the true vine, and my Father is the gardener. 나는 참 포도나무요 내 아버지는 농부라

I am 나는 이다 나는 이나니 the true vine 참 포도나무 and my Father is 그리고 나의 아버지는 이다 the gardener 농부 정원사

02 He cuts off every branch in me that bears no fruit, while every branch that does bear fruit he prunes so that it will be even more fruitful. 무릇 내게 붙어 있어 열매를 맺지 아니하는 가지는 아버지께서 그것을 제거해 버리시고 무릇 열매를 맺는 가지는 더 열매를 맺게 하려 하여 그것을 깨끗하게 하시느니라

He cuts 그분은 잘라서 off 분리하다 every branch 모든 가지를 in me 둘러싼 것은 나 that 그 가지들은 bears 열매를 맺다 no fruit 없는 열매를 while 동시에 일어나는 일은 every branch 모든 가지는 that does 그 가지는 행하다 bear fruit 맺는다 열매를 he prunes 그가 가지치기하여 맺는 so that 가지치기하는 결과 it will 가지치기한 나무가 하시려고 be even more 심지어 더욱 fruitful 열매가 많이 열리는

동사 cut은 전치사 off를 동반하여 '잘라버려 떨어져 나가게 하다' every branch in me that bears no fruit 열매를 맺지 않는 모든 가지는. every branch를 보충 설명해 주어야 하는 데 관계사절을 사용하여 설명한다. 그래서 that을 쓰고, 주어가 없으니 동사 bear가 나오는 데 이때 동사는 선행사와 일치(시제, 수(단수, 복수))를 해주어야 한다. 타동사이므로 목적어 no fruit가 있어야 한다. 명사덩어리로 주어, 목적어, 보어 등에 다양하게 쓰일 수 있다. 요15:2절에서는 cuts off의 목적어로 쓰였다. so that it will be even more fruitful은 가지치기하는 목적을 설명하고 있다. 즉 가지치기하는 것은 더욱 많은 열매를 맺게 하시려고. even more에서 even은 more를 강조한다. '심지어는' 뜻이다.

03 You are already clean because of the word I have spoken to you. 너희는 내가 일러준 말로 이미 깨끗하여졌으니

You are 너희들은 현재 상태는 이다 already 이미 clean 깨끗하다 because of 이유는 the word 말 I have 내가 이미 spoken 말했다 to you 대상은 너희들

04 Remain in me, and I will remain in you. No branch can bear fruit by itself; it must remain in the vine. Neither can you bear fruit unless you remain in me. 내 안에 거하라 나도 너희 안에 거하리라 가지가 포도나무에 붙어 있지 아니하면 스스로 열매를 맺을 수 없음 같이 너희도 내 안에 있지 아니하면 그러하리라

Remain 남아 있어라 in me 둘러싸고 있는 것은 나 and 그러면 I will 나도 이리라 remain 남아 있을 것이니 in you 둘러싸고 있는 것은 너희 No branch 어떤 가지도 없다 can bear 능히 맺는다 fruit 과일을 by itself 홀로; it 가지는 must remain 남아 있어야 한다 in the vine 둘러싸고 있는 것은 가지 Neither 못한다 can 능히 you 너희도 bear fruit 맺는다 과일을 unless 만일 ~ 하지 않는다면 you 너희들도 remain 남아 있다 in me 둘러싼 것은 나

remain ~, and : 명령문(주어가 없이 시작하는 문자), and~ 해석은 ~하라, 그러면 ~. 참조 명령문, or~ 그렇지 않으면. No branch 부정명사가 주어가 되는 경우, 목적어가 되는 경우 한국 사람들이 혼돈하는 경우가 많은 데, 문장 전체를 부정한다. 한국말은 동사를 부정하는 데 비해, 영어는 동사와 명사를 부정하여 사용한다. Neither can you bear fruit 열매를 맺을 수 없다. Neither가 문두(문장 앞에)에 위치하는 경우 주어 동사의 순서가 바뀐다. 이는 부정의 뜻을 강조할 때 사용한다.

05 I am the vine; you are the branches. If a man remains in me and I in him, he will bear much fruit; apart from me you can do nothing. 나는 포도나무요 너희는 가지라 그가 내 안에, 내가 그 안에 거하면 사람이 열매를 많이 맺나니 나를 떠나서는 너희가 아무것도 할 수 없음이라

I am 나는 이다 the vine 포도나무; you are 너희는 이다 the branches 가지들 If 만일에 a man 어떤 이가 remains 남아 있다 in me 둘러싸고 있는 것은 나 and 그리고 I (am, remain) 내가 있으면 in him 둘러싸고 있는 그 사람 he 그는 will bear 맺을 거다 much fruit 훨씬 많은 열매를; apart 떨어지다 from me 출발점은 나 you can 너희는 능히 do nothing 행위하다 아무 것도(아무 일도 못하다)

do nothing 한다. 아무것도 없는. 행위를 하지 못하다. 하는 일이 없다의 뜻이다. 영어의 특징은 부정명사를 많이 사용한다. no money, no one, nothing, etc. 나는 돈이 없다. 나는 가지고 있다.

no money를 I have no money.

06 If anyone does not remain in me, he is like a branch that is thrown away and withers; such branches are picked up, thrown into the fire and burned. 사람이 내 안에 거하지 아니하면 가지처럼 밖에 버려져 마르나니 사람들이 그것을 모아다가 불에 던져 사르느니라

If 만일에 anyone does not 누군가가 아니면 remain 남아 있다 in me 둘러싸고 있는 나 he is 그는 이다 like 같은 a branch 나뭇가지 that 그 가지는 is thrown 현재 상태로 던지어진다 away 멀리 and withers 그리고는 말라버린다; such branches 그런 가지들은 are picked up 집 어져서 thrown 던져진다 into the fire 방향은 안으로 불 and burned 불태워지니라

anyone은 조건문과 의문문에 사용하고, someone은 긍정문에 사용한다. 이 둘은 같은 개념이다. be동사+like : like는 동사가 아니고 전치사이다. '~처럼' 뜻이다. like a branch. a branch that is thrown away and withers 명사덩어리(관계사절로 이루어진)로서 전치사 like의 목적어 로 쓰였다. 가지는 주체가 아니라 객체인 수동이므로 be+PP형태로 쓰인다. 가지가 말라 버리는 것은 능동이니까 and withers이다.

07 If you remain in me and my words remain in you, ask whatever you wish, and it will be given you. 너희가 내 안에 거하고 내 말이 너희 안에 거하면 무엇이든지 원하는 대로 구 하라 그리하면 이루리라

If you 만일 너희가 remain in me 내 안에 거하고 and 그리고 my words 나의 말들이 remain 남아 있으면 in you 둘러싸고 있는 것은 너희들 ask 요청하다 whatever 무엇이든지 you wish 너희가 소망하는 and 그러면 it will 그것이 일 것이다 be given 주어진다 you 너희에게

ask 동사는 '요청하다' 일 때 3형식을 취한다. 명사덩어리 whatever you wish가 목적어. whatever you wish는 단수 취급하여 단수 대명사 it로 받는다. whoever you are 네가 누구이 든 간에. whatever you call it 그것을 무엇이라고 부르던 간에.

08 This is to my Father's glory, that you bear much fruit, showing yourselves to be my disciples. 너희가 열매를 많이 맺으면 내 아버지께서 영광을 받으실 것이요 너희는 내 제자 가 되리라

This is 이것은 이다 **to my Father's glory** 도달하는 것은 나의 아버지의 영광 **that you bear** 너희들이 맺는다 **much fruit** 훨씬 더 많은 열매를 **showing yourselves** 보여주는 너희 자신들에게 **to be** 나아가 하시고자 하는 바는 되게 하려고 **my disciples** 나의 제자들

09 As the Father has loved me, so have I loved you. Now remain in my love. 아버지께서 나를 사랑하신 것 같이 나도 너희를 사랑하였으니 나의 사랑 안에 거하라

As 처럼 **the Father** 아버지가 **has** 이미 **loved** 사랑하셨다 **me** 나를 **so** 그래서 **have** 이미 **I loved** 나도 사랑하였느니라 **you** 너희를 **Now** 그러니 이제 **remain** 남아 있어라 **in my love** 둘러싸고 있는 것은 내 사랑

10 If you obey my commands, you will remain in my love, just as I have obeyed my Father's commands and remain in his love. 내가 아버지의 계명을 지켜 그의 사랑 안에 거하는 것 같이 너희도 내 계명을 지키면 내 사랑 안에 거하리라

If 만일에 **you obey** 너희가 지킨다면 **my commands** 내 명령을 **you will remain** 너희는 남을 것이다 **in my love** 둘러싸고 있는 것은 내 사랑 **just as** 마치 ~처럼 **I have** 나는 이미 **obeyed** 복종했노라 **my Father's commands** 내 아버지의 명령을 **and remain** 그리고 남아 있노라 **in his love** 둘러싸고 있는 것은 내 사랑

11 I have told you this so that my joy may be in you and that your joy may be complete. 내가 이것을 너희에게 이름은 내 기쁨이 너희 안에 있어 너희 기쁨을 충만하게 하려 함이라

I have 나는 이미 **told** 말했다 **you this** 너희에게 이것을 **so that** 그 결과는 **my joy** 나의 기쁨이 **may be** 되게 함이니라 **in you** 안에 둘러싸고 있는 것은 너 **and that(so that)** 그 결과 **your joy** 너의 즐거움이 **may be** 되게 함이라 **complete** 완전하게

SV~, so that ~ may ~ 하려 함이다. 문장이 끝나고 나면 정확한 뜻을 나타내기 위한 부연설명이 필요하니 이때는 접속사와 to R을 사용하여 부연설명하는 것이 영어의 특징이다.

12 My command is this: Love each other as I have loved you. 내 계명은 곧 내가 너희를 사랑한 것 같이 너희도 서로 사랑하라 하는 이것이니라

My command is 나의 명령(계명)은 이다 **this** 이것 : **Love** 사랑하라 **each other** 서로를 **as** 처럼 **I have** 내가 이미 **loved** 사랑했다 **you** 너희를

13 Greater love has no one than this, that he lay down his life for his friends. 사람이 친구를 위하여 자기 목숨을 버리면 이보다 더 큰 사랑이 없나니

Greater love 더 큰 사랑은 **has** 갖나니 **no one** 아무도 없음을 **than this** 보다도 이것 **that** 그래서 **he** 그는 **lay down** 내려놓다 **his life** 자기 생명을 **for his friends** 대상은 그의 친구들

14 You are my friends if you do what I command. 너희는 내가 명하는 대로 행하면 곧 나의 친구라

You are 너는 이다 **my friends** 내 친구이다 **if** 만일 **you do** 너가 행한다면 **what** 것을 **I command** 내가 명령한

what I command는 명사덩어리로 '내가 명령한 것'이다. what을 복합관계사라고 하는 데, 이는 선행사를 포함하고 있기 때문이다. 선행사는 the thing이므로 what = the thing that이 된다. do what I command 내가 명령한 것을 행하라. 해석은 '행하라 '명사덩어리'를'!

15 I no longer call you servants, because a servant does not know his master's business. Instead, I have called you friends, for everything that I learned from my Father I have made known to you. 이제부터는 너희를 종이라 하지 아니하리니 종은 주인이 하는 것을 알지 못함이라 너희를 친구라 하였노니 내가 내 아버지께 들은 것을 다 너희에게 알게 하

였음이라

I 나는 no longer 더 이상 ~하지 않으리니 call 부르다 you servants 너희를 종이라고 because 이는 말미암음이니라 a servant 종은 does not know 모른다 his master's business 그의 주인의 비지니스를 Instead 대신에 I have 나는 이미 called 불렀기를 you friends 너희를 친구라고 for 이는 말미암음이니라 everything 모든 것 that 그 모든 것은 I learned 내가 배웠노라 from my Father 출발지는 내 아버지이고 I have 내가 이미 made 만들었다 known 알게 하였다 to you 대상은 너희들

no longer는 주어(S)와 동사(V) 사이에서 동사를 부정강조할 때 사용한다. '더 이상 ~하지 않는다.'

16 You did not choose me, but I chose you and appointed you to go and bear fruit--fruit that will last. Then the Father will give you whatever you ask in my name. 너희가 나를 택한 것이 아니요 내가 너희를 택하여 세웠나니 이는 너희로 가서 열매를 맺게 하고 또 너희 열매가 항상 있게 하여 내 이름으로 아버지께 무엇을 구하든지 다 받게 하려 함이라

You did not 너희가 안 했다 choose 선택하다 me 나를 but 그러나 I chose 나는 선택하였다 you 너희들을 and appointed 그리고 임명했다 you 너를 to go 나아가서 하고자 하는 바는 가서 and bear 맺으라고 fruit 열매를 fruit 열매 that 그 열매는 will last 지속할 것이다 Then 그 때 the Father 내 아버지께서 will give 주실 것이다 you 너희들에게 whatever you ask 무엇이든지 너희가 요구하는 in my name 둘러싸고 있는 것은 나의 이름

whatever you ask in my name은 명사덩어리, 동사 give의 직접목적어로 쓰였다.

17 This is my command: Love each other. 내가 이것을 너희에게 명함은 너희로 서로 사랑하게 하려 함이라

This is 이것은 이다 my command 나의 명령(계명): Love each other 사랑하라 서로를

18 If the world hates you, keep in mind that it hated me first. 세상이 너희를 미워하면 너희보다 먼저 나를 미워한 줄을 알라

If 만일 ~한다면 the world 세상이 hates you 미워하니 너희를 keep 유지하라 in mind 둘러싸

고 있는 것은 마음에 명심하다 **that**절을 **that it** 세상이 **hated me** 미워했다 나를 **first** 먼저

19 If you belonged to the world, it would love you as its own. As it is, you do not belong to the world, but I have chosen you out of the world. That is why the world hates you. 너희가 세상에 속하였으면 세상이 자기의 것을 사랑할 것이나 너희는 세상에 속한 자가 아니요 도리어 내가 너희를 세상에서 택하였기 때문에 세상이 너희를 미워하느니라

If 만일에 you belonged 너희가 속하였다면 to the world 대상은 세상 it would 하였으리라 love you 사랑하다 너를 as 자격은 its own 자기 것 As 이유는 it is 그대로 you 너희들은 do not belong 속하지 않았다 to the world 대상은 세상에 but 그러나 I have 나는 이미 chosen 선택하였다 you 너희를 out 밖으로 of the world 한정된 것은 세상 That is 이것은 이다 why 그 결과로 왜 the world hates 세상이 싫어한다 you 너를

If you belonged to the world, it would love you as its own는 가정법 과거문장이다. if절에는 과거동사, 주절에는 would(should, could, might)+동사원형을 쓴다. 현재 사실에 반대를 나타낸다.

20 Remember the words I spoke to you: 'No servant is greater than his master.' If they persecuted me, they will persecute you also. If they obeyed my teaching, they will obey yours also. 내가 너희에게 종이 주인보다 더 크지 못하다 한 말을 기억하라 사람들이 나를 박해하였은즉 너희도 박해할 것이요 내 말을 지켰은즉 너희 말도 지킬 것이라

Remember 기억하시라 the words 내 말을 I spoke 내가 말한 to you 대상은 너희들: 'No servant 종은 없다 is greater 현재 상태로 더 큰 than 보다도 his master 주인' If 만일에 they 그들이 persecuted me 박해하였다면 나를 they will 그들은 ~할 거야 persecute you 속박한다 너희를 also 역시 If they 만일에 그들이 obeyed 복종하여 지켰다면 my teaching 나의 교훈을 they 그들도 will obey 복종하여 지킬 것이라 yours 너희들 것 also 역시

the words I spoke to you는 명사+SV의 구조이다. '내가 너희에게 한 말', 동사 speak는 대상이 나올 때 전치사 to를 쓴다. 부정명사 no servant는 문장 전체를 부정한다.

21 They will treat you this way because of my name, for they do not know the One who sent me. 그러나 사람들이 내 이름으로 말미암아 이 모든 일을 너희에게 하리니 이는 나

를 보내신 이를 알지 못함이라

They will 그들은 일 거야 treat 대하다 you this way 너희들을 이런 방식으로 because of 이유를 말미암아 my name 나의 이름 for 이는 말미암음이니라 they do not 그들이 하지 않는다 know 알다 the One 그분 who 그분은 sent me 보내셨다 나를

동사 treat는 I.O와 D.O를 취하는 4형식 동사이다. 동사는 자동사와 타동사로 구분한다. 자동사는 주어의 상태를 나타내면 2형식이 된다. 타동사는 목적어가 있으면 3형식이 되고, ~에게 ~을 나타내면 4형식이 된다. 그리고 목적어가 행위의 주체가 되는 경우는 5형식이 된다. 그 뜻은 주어는 목적어가 목적보어를 하는 것을 동사로 한다. 5형식이 매우 중요하다.

22 If I had not come and spoken to them, they would not be guilty of sin. Now, however, they have no excuse for their sin. 내가 와서 그들에게 말하지 아니하였더라면 죄가 없었으려니와 지금은 그 죄를 핑계할 수 없느니라

If I had 만일에 내가 이미 not come 오지 않았고 and spoken 그리고 말하지 않았더라면 to them 대상은 너희들에게 they 너희들은 would not 않았으리니 be guilty 죄인이 되지 of sin 한정된 것은 죄에 Now 이제는 however 그러나 they have 너희들이 가지고 있나니 no excuse 변명 없음을 for their sin 대상은 너희들의 죄

23 He who hates me hates my Father as well. 나를 미워하는 자는 또 내 아버지를 미워하느니라

He 사람 who 그 사람은 hates me 미워하니 나를 hates 미워하나니 my Father 내 아버지를 as well 또한 역시

24 If I had not done among them what no one else did, they would not be guilty of sin. But now they have seen these miracles, and yet they have hated both me and my Father. 내가 아무도 못한 일을 그들 중에서 하지 아니하였더라면 그들에게 죄가 없었으려니와 지금은 그들이 나와 내 아버지를 보았고 또 미워하였도다

If I had 만일 내가 이미 not done 행하지 않았다 among them 셋 이상인 그것들을 what no one 어느 누구도 없다 else 그 밖에 did 행하였던 they would 그들은 이려니 not be guilty 아

니되다 죄인이 **of sin** 한정되는 것은 죄 **But now** 그러나 지금은 **they have** 그들은 이미 **seen** 보았고 **these miracles** 이러한 기적을 **and yet** 그리고서는 그러나 **they have** 그들은 이미 **hated** 미워하였다 **both me** 둘다 나와 **and my Father** 그리고 내 아버지를

25 **But this is to fulfill what is written in their Law: 'They hated me ithout reason.'**
그러나 이는 그들의 율법에 기록된 바 그들이 이유 없이 나를 미워하였다 한 말을 응하게 하려 함이라

But this is 그러나 이것은 이다 **to fulfill** 나아가 하고자 하려는 바는 충족시키려 **what** 그것은 **is written** 기록된 것 **in their Law** 둘러싸고 있는 것은 율법: **'They hated** 그들이 미워했다 **me** 나를 **without reason** 함께하는 것도 아닌 이유'

26 **When the Counselor comes, whom I will send to you from the Father, the Spirit of truth who goes out from the Father, he will testify about me.** 내가 아버지께로부터 너희에게 보낼 보혜사 곧 아버지께로부터 나오시는 진리의 성령이 오실 때에 그가 나를 증언하실 것이요

"When 때는 **the Counselor** 보혜사가 **comes** 오신다 **whom** 그는 **I will send** 내가 보낼 거다 **to you** 대상은 너희에게 **from the Father** 출발점은 아버지이고 **the Spirit** 성령 **of truth** 한정되는 것은 진리 **who** 그는 **goes** 온다 **out** 밖으로 **from the Father** 출발지는 아버지 **he will testify** 그가 증언할 것이다 **about me** 연관되는 것은 나

the Counselor, whom I will send to you from the Father, the Spirit of truth는 모두 보혜사를 말한다. 문장은 the Spirit of truth은 행동하는 주체이니 who로 받고 관계사절에 주어가 없으니 동사 나오다(goes, go 가다, 오다의 뜻이 되는 데, 목적지에서 'go'를 쓰면 오다의 뜻이고, '오다'의 뜻이니 뒤에 from이 오겠구나 하고 추측하는 것도 센스. '가다'로 쓰이면 뒤에는 전치사 to를 써서 도착하는 장소를 나타낸다. 요한복음 16장 5절 참조) 밖으로(out) 출발지는(from) 아버지(the Father)로부터가 된다. 참고로 시간 the time을 설명하려면 when이 나오고, 장소(a place, 지역 이름 등)을 설명하려면 where가 나온다. 설명하는 방법은 동일하다. 그러니 이제 영영사전을 보고 아무 단어를 찾아 이 방법대로 해 보라. 기적이 일어난다.

bus, school. church, dream 등 알고 있고 쉬운 단어부터 찾아 읽어보라. school은 장소(a place)인데 배우는 곳(where is taught) 또는 a place were skill is taught 등 또는 a place where the students get together to study and V~. 이렇게 얼마든지 응용할 수 있게 된

다. 요한복음 15장을 마치며, 본 저자는 독자분들에게 감동을 주며 한 마디 덧붙이면, 이제부터는 수동적인 학습방법(책에 쓰여진 것을 위주로 하는 공부방법)보다는 창조적이고 능동적인 학습방법을 사용하면 즐거우며 아주 아주 효과적이라는 것을 말하고 싶다. '버스는 버스인데 서울역에 가는 버스를 영작해 보세요!' '서울역'을 설명해 보세요. 이 책을 보신 분들은 능히 하실 수 있을 것이다. 이제는 어느 단어도 설명할 수 있을 것이다. 이것이 본 저자의 자부심이다.

27 And you also must testify, for you have been with me from the beginning. 너희도 처음부터 나와 함께 있었으므로 증언하느니라

And 그리고 you also 너의 역시도 must testify 증언해야 하는데 for 그 이유는 you have 너희가 이미 been 있었으니 with me 함께하는 것은 나이고 from the beginning 시작은 처음부터이다

The Gospel
according to St. John

요한복음 16장

The Gospel according to St. John

요한복음 16장

01 All this I have told you so that you will not go astray. 내가 이것을 너희에게 이름은 너희로 실족하지 않게 하려 함이니

All this 모든 이것들은 **I have told** 내가 이미 말했다 **you** 너희들에게 (직접목적어 **all this**)를 **so that** 그렇게 함은 **you will** 너희들이 일 거야 **not go astray** 길을 잃다

명사덩어리 so that ~will 문장이다. 명사, 그렇게 함은 ~위함이라. 영어는 쓰인 순서대로 읽고 해석하는 훈련이 숙달되면 영어가 들리게 되고, 영작을하게 되고, 또 말을 하게 된다. 따라서 영어의 4개 영역이 다 되는 것이다. 본 저자는 이것을 매우 강조 또 강조한다.

02 They will put you out of the synagogue; in fact, a time is coming when anyone who kills you will think he is offering a service to God. 사람들이 너희를 출교할 뿐 아니라 때가 이르면 무릇 너희를 죽이는 자가 생각하기를 이것이 하나님을 섬기는 일이라 하리라

They will 그들은 일 거다 **put** 두다 **you** 너희를 **out** 밖으로 **of the synagogue** 한정된 것은 회당; **in fact** 둘러싸는 것은 사실이고 **a time is** 시간은 이다 **coming** 오는 중이다 **when** 때 **anyone** 어떤 자가 **who** 그자는 **kills you** 죽이다 너희를 **will think** 생각할 거다 **that**절은 **he is** 그는 이다 **offering** 제공하는 중 **a service** 봉사 **to God** 대상은 하나님

동사 put는 밖으로를 의미하는 전치사 out를 동반하여 '추방하다'라는 뜻. 영어는 동사가 매우 발달한 것은 아니다. 한국어에 비해서 말이다. 그러니 전치사를 동반하여 그 뜻을 나타내는데, 우리는 이것을 숙어라고 배웠으나 실제로는 동사와 전치사의 결합일 뿐이다.

a time is coming when anyone who kills you will think he is offering a service to God 이 문장에서 **a time**이 나왔으니 구체적으로 설명해야 한다. 관계사절을 사용해서 설명한다. **a time**은 시간이니 **when**을 써야 하고 주어가 있으니 **anyone**인데, **anyone**을 또 설명해야 한다. **anyone**은 사람이니 관계사는 **who**가 되고 관계사절 안에 주어가 없으니 동사가 이어지니 **kills you**가 된다. 이로써 **when**절의 주어는 명사덩어리(청크)이고 다시 동사 **will think**가 된다.

03 They will do such things because they have not known the Father or me. 그들이 이런 일을 할 것은 아버지와 나를 알지 못함이라

They will 그들이 할 거야 do such things 행한다 이런 일들을 because 그 이유는 they have 그들은 이미 not known 알지 못하였다 the Father or me 아버지와 나를

문장을 완결(단정)지으면, 그 이유 또는 목적을 설명해야 뜻이 분명히 전달해진다. 그 이유를 설명할 때는 because절을, 목적을 설명할 때는 for절 또는 so that ~may, will~, 그리고 결과를 설명할 때는 so that절을 사용한다. 여기서는 이유를 설명하니 because절을 사용했다.

04 I have told you this, so that when the time comes you will remember that I warned you. I did not tell you this at first because I was with you. 오직 너희에게 이 말을 한 것은 너희로 그때를 당하면 내가 너희에게 말한 이것을 기억나게 하려 함이요 처음부터 이 말을 하지 아니한 것은 내가 너희와 함께 있었음이라

I have 내가 이미 told 말하였다 you this 너희들에게 이것을 so that 그 결과 목적이 나타내려면 조동사가 나옴을 예상하시라 when 때는 the time comes 시간이 올 you 너희가 will 하기 위함이라(so that임으로) remember 기억나다 that절을 that I 내가 warned 경고했던 you 너희들에게 목적어가 없지요? 그래서 that보다는 what이 좋겠으나 성경은 고칠 수가 없으니 학습 차원에서 보면 됨(저자생각임). I did 나는 했다 not tell 말 안 했다 you 너희들에게 this 이것을 at first 점으로 접하는 것은 처음에 because 그 이유는 I was 나는 상태가 이었다 with you 함께하는 것은 너희들 when the iime comes는 선행사가 없으므로 관계사가 아니고 접속사라는 사실을 주의하라

05 Now I am going to him who sent me, yet none of you asks me, 'Where are you going?' 지금 내가 나를 보내신 이에게로 가는데 너희 중에서 나더러 어디로 가는지 묻는 자가 없고

Now 자 이제는 I am going 내가 가려하노니 to him 대상은 그분이고 who 그분은 sent 보내셨다 me 나를 yet 그러나 none 아무도 없다 of you 한정하는 것은 너희들 중에서 asks 묻는다 me 나에게 "을" 'Where 어디로 are you going 당신은 가시려고?'

동사 go가 '가다'의 뜻일 때는 반드시 뒤에 가면 도착하는 대상을 나타내기 위해서 전치사 to가 나오고 도착하는 장소가 나와야 한다. 만일 go가 '오다'의 뜻이 되면 뒤에서 출발장소를 나타내는 from이 온다

(요15장 16절, 보혜사가 온다(go ~ from the Father 참조). him who sent me 나를 보내신 분, (영문 글자대로 해석) '그분은 그분인데 보내신 것은 나' 이렇게 훈련하시어 숙달하시면 영어도사가 됩니다. yet은 앞 문장과 반전을 이룰 때 접속사로 쓰이므로 '그러나'의 뜻이 된다.

06 Because I have said these things, you are filled with grief. 도리어 내가 이 말을 하므로 너희 마음에 근심이 가득하였도다

Because 이로 말미암아 I have 내가 이미 said 말했다 these things 이것들을 you are 너희들의 현재 상태는 이구나 filled 가득차서 with grief 함께하는 것은 슬픔

you are filled with grief 이 문장에서 be filled with~ ' ~로 가득차다' 이렇게 외우지 말고, 가득차게 된 것은 그에 따른 동반전치사 with를 써서 '함께하는 것은'이란 대상을 쓴다고 이해하면 자연스럽게 외워진다.

07 But I tell you the truth: It is for your good that I am going away. Unless I go away, the Counselor will not come to you; but if I go, I will send him to you. 그러나 내가 너희에게 실상을 말하노니 내가 떠나가는 것이 너희에게 유익이라 내가 떠나가지 아니하면 보혜사가 너희에게로 오시지 아니할 것이요 가면 내가 그를 너희에게로 보내리니

But 그러나 I tell 내가 말하노니 you the truth 너희에게 진실을: It is 강조하여 that절을 for your good 대상은 너희들의 유익 that ~것이 I am 내가 지금 현재 상태로 going 가는 중 away 멀리 Unless 만일 ~하지 않는다면 I go 내가 간다 away 멀리 the Counselor 보혜사가 will not come 오지 않을 거니까 to you 대상은 너희들에게; but 그러나 if 만일에 I go 내가 간다면 I 내가 will send 보낼 거다 him 그를(보혜사를) to you 대상은 너희들에게

08 When he comes, he will convict the world of guilt in regard to sin and righteousness and judgment: 그가 와서 죄에 대하여, 의에 대하여, 심판에 대하여 세상을 책망하시리라

When 때 he comes 그가 오실 때 he 그가 will convict 책망할 것이다 the world 세상을 of guilt 한정하는 것은 죄에 대해서 in regard 둘러싸는 것은 간주 to sin 대상은 죄에 대하여 and righteousness 그리고 의에 대하여 and judgment 그리고 심판에 대하여

09 in regard to sin, because men do not believe in me; 죄에 대하여라 함은 그들이 나를 믿지 아니함이요

in regard 둘러싸는 것은 간주 여김 to 도착하는 곳은 sin 그 대상은 '죄', because 그 이유는 men do not 사람들이 않음이요 believe 믿다 in 둘러싸는 것은 me 나(~의 존재를 믿다 believe in)

(in regard) to sin은 명사덩어리로 하나의 청크(chunk)를 이룬다. 이를 '독립 부정사구문'이라고 한다.

10 in regard to righteousness, because I am going to the Father, where you can see me no longer; 의에 대하여라 함은 내가 아버지께로 가니 너희가 다시 나를 보지 못함이요

in regard 둘러싸는 것은 간주로 여기고 to 도착하는 곳은 righteousness 그 대상은 '의', because 그 이유는, 이는 ~말미암음이니라 I 내가 am going 현재 상태로 가려고 하니 to 도착하는 곳은 그 목적지는 the Father 아버지 where 그곳은 you can 너희가 능히 see 보다 me 나를 no longer 더 이상 ~하지 못하는;

11 and in regard to judgment, because the prince of this world now stands condemned. 심판에 대하여라 함은 이 세상 임금이 심판을 받았음이라

and 그리고 in regard 둘러싸는 것은 간주 여김 to 도착하는 곳은 judgment 그 대상은(새의 대상) '심판', because 그 이유는 말미암음으로 the prince 임금 왕 of this world 한정되는 것은 이 세상의 now 이제 stands이다 (be 동사와 같은 뜻으로 사용) condemned 정죄받음

12 I have much more to say to you, more than you can now bear. 내가 아직도 너희에게 이를 것이 많으나 지금은 너희가 감당하지 못하리라

I have 내가 갖고 있다 much more 너무나 많이 to say 나아가 하고자 하는 바는 말하는 것이고 to 그 대상은 you 너희들이다 more 많은 것이 than ~보다고 you can 너희가 능히 now 지금 bear 참는다

13 But when he, the Spirit of truth, comes, he will guide you into all truth. He willnot speak on his own; he will speak only what he hears, and he will tell you

what is yet to come. 그러나 진리의 성령이 오시면 그가 너희를 모든 진리 가운데로 인도하시리니 그가 스스로 말하지 않고 오직 들은 것을 말하며 장래 일을 너희에게 알리시리라

But 그러나 when 때 he 그는 the Spirit 성령 of truth 한정되는 것은 진리의 comes 오신다 he will 그는 일 것이다 guide you 인도하다 너희를 into 방향은 안으로 all truth 모든 진리 He will 그는 일 것이다 not speak 아니 말하고 on his own 면으로 접하는 것은 그의 것; he will 그는 일 것이다 speak 말한다 only 단지 오직 what 것 he hears 그가 듣는다 and 그리고 he will 그는 일 것이다 tell 말한다 you 너희들에게 "을" what 것 is 이다 yet 아직 to come 나아가서 하는 바는 오려고 하는

14 He will bring glory to me by taking from what is mine and making it known to you. 그가 내 영광을 나타내리니 내 것을 가지고 너희에게 알리시겠음이라

He will 그는 일 것이다 bring 가져온다 glory 영광이 to 도달 장소는 me 나 by taking 수단은 취함으로 from 출발지는 what 것 is mine 이다 내 것 and 그리고 making 수단은 만들다 it 그것을 known 알려지게 to 도착하는 대상은 you 너희들

by ~ing '을 함으로써' 재미있게 말을 해보면, 전치사는 명사를 목적어로 받는다. 그런데 언어학자가 동사를 꼭 써야 해서 동사를 명사처럼 쓴다고 해서 동사에 ing를 붙이고 이것을 동명사라고 하였다. 그러나 품사는 동사이므로 동명사의 목적어가 있어야 된다는 사실이다. 현재분사인 동사의 ing형과 구분된다.

15 All that belongs to the Father is mine. That is why I said the Spirit will take from what is mine and make it known to you. 무릇 아버지께 있는 것은 다 내 것이라 그러므로 내가 말하기를 그가 내 것을 가지고 너희에게 알리시리라 하였노라

All 모든 것 that 그 모든 것 belongs 속한다 to 도달 장소는 the Father 아버지 is 현재 상태로 이다 mine 내 것 That is 그것은 이다 why 왜 I said 내가 말했는지를 that절을 여기서는 that이 생략됨 the Spirit will 성령이 일 것이다 take 취하다 from what is mine 출발지는 내 것 and 그리고 make 만들다 it 그것을 known 알려지게 to you 대상은 너희들에게

that is why~는 결과를 설명할 때 사용한다. 매우 중요하다. 이유를 나타낼 때는 that is because 절을 사용한다.

16 "In a little while you will see me no more, and then after a little while you will see me." 조금 있으면 너희가 나를 보지 못하겠고 또 조금 있으면 나를 보리라 하시니

"In 둘러싸고 있는 것은 a little while 2~3초 동안(잠시 후) you will see 너희는 볼 것이다 me 나를 no more 더 이상은 아니다 and then 그리고 그때 after 직전에 일어나는 일은 a little while 잠시 동안 you will see 너희는 볼 거다 me 나를"

17 Some of his disciples said to one another, "What does he mean by saying, 'In a little while you will see me no more, and then after a little while you will see me,' and 'Because I am going to the Father?'" 제자 중에서 서로 말하되 우리에게 말씀하신 바 조금 있으면 나를 보지 못하겠고 또 조금 있으면 나를 보리라 하시며 또 내가 아버지께로 감이라 하신 것이 무슨 말씀이냐 하고

Some 몇 사람이 of his disciples 한정된 것은 그의 제자들이고 said 말했다 그 목적지 도달하는 곳은 to 목적지는 one another 서로에게 "What does 무엇을 하느냐 he mean 그가 의미하다 by saying 수단은 말함으로써 'In a little while 잠시 후면 you will see 너희들이 볼 것이고 me 나를 no more 아니다 더 이상을 and 그리고 then 그때 after 바로 직전에 일어나는 일은 a little while 잠시 동안 you will see 너희들을 볼 것이다 me 나를' and 그리고 'Because 그 이유는 I am 내가 현재 상태로 이다 going 가려는 중 to 목적지는 the Father 아버지께?'"

18 They kept asking, "What does he mean by 'a little while?' We don't understand what he is saying." 또 말하되 조금 있으면이라 하신 말씀이 무슨 말씀이냐 무엇을 말씀하시는지 알지 못하노라 하거늘

They kept 그들이 계속하여 asking 질문하기를 "What does 무엇인고? he mean 그가 의미하는 by 그 수단은 'a little while' 조금 있으면? We don't understand 우리는 아니 이해하노라 what 것 he is 그가 지금 현재 상태로 이다 saying 말씀하시는"

19 Jesus saw that they wanted to ask him about this, so he said to them, "Are you asking one another what I meant when I said, 'In a little while you will see me no more, and then after a little while you will see me?'" 예수께서 그 묻고자 함을 아시고 이르시되 내 말이 조금 있으면 나를 보지 못하겠고 또 조금 있으면 나를 보리라 하므로 서로 문의하느냐

Jesus saw 예수께서 보셨다 that절을 that they wanted 그들이 원했기를 to ask 나아가 하고자 하는 바는 질문하는 거 him 그에게 about this 관련된 것은 이것 so 그래서 he said 예수께서 말씀하셨다 to them 대상은 그들에게 "Are you 지금 너희들이 asking 묻고있는 중 one another 서로에게 what 것 I meant 내가 의미하고자 했던 when 때는 I said 내가 말했다 'In a little 조금 있으면 while 함께하는 것은 you will see 너희들이 볼 것이다 me 나를 no more 더 이상 아닌 and then 그리고 그때 after 직전에 일어나는 일은 a little while 잠시 동안에 you will 너희가 일 거다 see me 보다 나를?'

20 I tell you the truth, you will weep and mourn while the world rejoices. You will grieve, but your grief will turn to joy. 내가 진실로 진실로 너희에게 이르노니 너희는 곡하고 애통하겠으나 세상은 기뻐하리라 너희는 근심하겠으나 너희 근심이 도리어 기쁨이 되리라

I tell 내가 말하노니 you the truth 너희에게 진실을 you will 너희가 일 거다 weep 곡하고 and 그리고 mourn 애곡하리니 while 동시에 일어나는 일은 the world 세상이 rejoices 기뻐하리로다 You will 너희들은 이리라 grieve 근심하다 but 하지만 your grief 너희들의 근심은 will turn 돌아올 것이다 to joy 나아가 하고자 하는 바는

21 A woman giving birth to a child has pain because her time has come; but when her baby is born she forgets the anguish because of her joy that a child is born into the world. 여자가 해산하게 되면 그때가 이르렀으므로 근심하나 아기를 낳으면 세상에 사람 난 기쁨으로 말미암아 그 고통을 다시 기억하지 아니하느니라

A woman 여자가 giving 주고 있을 때 birth 생명을 to a child 도달하는 것은 아이(아이를 낳다) has 갖는다 pain 고통을 because 그 이유는 말미암음이니라 her time 그녀의 시간이 has 이미 come 왔고; but 그러나 when 때는 her baby 그녀의 아이가 is 현재 상태는 이다 born 태어났다 she forgets 그녀는 잊는다 the anguish 괴로움을 because of 이유는 때문에 her joy 그녀의 기쁨 동격명사절(추상명사+that절) that a child 아이가 is 현재 상태는 이다 born 태어났다 into 방향은 안쪽으로 the world 세상에

joy 기쁨은 추상명사이므로 동격인 that절로 설명하는 것이 영어의 특징이다. 이제 우리는 that절을 세 분화할 수가 있다. 첫 번째는 동사의 목적어인 접속하로 쓰이고, 두 번째는 관계대명사로 쓰인다. 이때는 반드시 선행사가 사물이어야 한다. 그리고 마지막 세 번째는 추상명사 다음에 쓰이는 동격명사절이다.

22 So with you: Now is your time of grief, but I will see you again and you will rejoice, and no one will take away your joy. 지금은 너희가 근심하나 내가 다시 너희를 보리니 너희 마음이 기쁠 것이요 너희 기쁨을 빼앗을 자가 없으리라

So 그래서 with you 함께하는 것은: Now 이제는 is 현재 상태는 이다 your time 너희 시간 of grief 한정되는 것은 근심 but 그러나 I will see 내가 볼 것이니라 you again 너를 다시 and 그리고 you will 너희는 이리라 rejoice 기쁘다 and 그리고 no one 아무도 없다 will take 취할 것이다 away 머리 your joy 너희의 기쁨을

no one은 부정명사로서 문장전체를 부정한다. 영어의 특징이다. 이는 영어는 명사 중심의 언어이기 때문이다. 나는 돈이 없다는 I have no money이다. I don't have money가 아니다.

23 In that day you will no longer ask me anything. I tell you the truth, my Father will give you whatever you ask in my name. 그날에는 너희가 아무것도 내게 묻지 아니하리라 내가 진실로 진실로 너희에게 이르노니 너희가 무엇이든지 아버지께 구하는 것을 내 이름으로 주시리라

In that day 둘러싸고 있는 것은 그날이고 you will 너희들은 일 거다 no longer 더이상 ~아니다 ask 묻는다 me anything 나에게 어떤 것도 I tell 내가 말하노니 you the truth 너희에게 진실을 my Father 내 아버지께서 will give 주실 것이다 you 너희에게 명사덩어리를 whatever 무엇이든지 you ask 너희가 요구하는 in my name 안에 있고 둘러싼 것은(나의 이름으로).

give you whatever you ask in my name 동사 give는 간접목적어와 직접목적어를 사용한다. 여기서 직접목적어는 명사덩어리로 whatever you ask in my name이다.

24 Until now you have not asked for anything in my name. Ask and you will receive, and your joy will be complete. 지금까지는 너희가 내 이름으로 아무것도 구하지 아니하였으나 구하라 그리하면 받으리니 너희 기쁨이 충만하리라

Until 끝나는 것은 now 지금(지금까지) you have 너희가 이미 not asked 아니 요청했다 for anything 대상은 어느 것도 in my name 내 이름으로 Ask 구하라 and 그러면 you will 너희는 일 거다 receive 받을 거다 and 그러면 your joy 너희의 기쁨이 will 일 것이다 be 현재 상태는 complete 완전한(충만한)

25 Though I have been speaking figuratively, a time is coming when I will no longer use this kind of language but will tell you plainly about my Father. 이것을 비유로 너희에게 일렀거니와 때가 이르면 다시는 비유로 너희에게 이르지 않고 아버지에 대한 것을 밝히 이르리라

Though 비록 ~일지라도 I have 내가 이미 been 현재 상태로 speaking 말한다 figuratively 비유적으로 a time 시간이 is 현재 상태로 이다 coming 오고 있다 when 때는 I will 나는 일 거다 no longer 더 이상 ~아닌 use 사용한다 this kind 이 종류를 of language 한정된 것은 언어 but 그러나 will tell 말할 거다 you 너희에게 plainly 밝히 about 관련된 것은 my Father 나의 아버지

a time을 구체적으로 설명하니 when 절이 나온다. 몇 번 설명 했으니, 이미 상세히 아실 것이고, 만들 수도 있을 것이다. 독자 여러분은 스스로 해설해 보라. 도움이 될 것이다.

26 In that day you will ask in my name. I am not saying that I will ask the Father on your behalf. 그날에 너희가 내 이름으로 구할 것이요 내가 너희를 위하여 아버지께 구하겠다 하는 말이 아니니

In that day 둘러싸고 있는 것은 그날에 you will 너희는 일 거다 ask 구하다 요구하다 in my name 둘러싸고 있는 것은 내 이름으로 I am 나는 현재 상태로 이다 not saying 아니 말한다 that 절을 that I will 나는 일 거다 ask 요구할 것이다 the Father 아버지에게 on your behalf 면으로 접하는 것은 너의 이익을 위하여

27 No, the Father himself loves you because you have loved me and have believed that I came from God. 이는 너희가 나를 사랑하고 또 내가 하나님께로부터 온 줄 믿었으므로 아버지께서 친히 너희를 사랑하심이라

No 그렇다(앞절이 부정문이므로 No로 받는다 한국말은 반대), the Father himself 아버지 자신께서 loves you 사랑하심이니라. 너희를 because 이는 ~로 말미암음이니라 you have 너희는 이미 loved me 사랑했다. 나를 and 그리고 have 이미 believed 믿었다 that절 이하를 that I came 내가 왔다 from God 출발지는 하나님

28 I came from the Father and entered the world; now I am leaving the world and going back to the Father. 내가 아버지에게서 나와 세상에 왔고 다시 세상을 떠나 아버지께로 가노라 하시니

I came 나는 왔느니라 from the Father 출발지는 아버지이고 and 그리고 entered 들어왔다 the world 세상에; now 이제 I am leaving 나는 현재 떠나려고 한다 the world 세상을 and going 그리하여 가려고 한다 back 다시 to the Father 도착지는 아버지

29 Then Jesus' disciples said, Now you are speaking clearly and without figures of speech. 제자들이 말하되 지금은 밝히 말씀하시고 아무 비유로도 하지 아니하시니

Then 그때 Jesus' disciples 예수의 제자들이 said 말했다 Now 이제 you 당신께서 are speaking 말씀하시고 계십니다 clearly 분명히 and 그리고 without 가지지 않고(~이 없이) figures 비율를 of speech 한정된 것은 말

30 Now we can see that you know all things and that you do not even need to have anyone ask you questions. This makes us believe that you came from God. 우리가 지금에야 주께서 모든 것을 아시고 또 사람의 물음을 기다리시지 않는 줄 아나이다 이로써 하나님께로부터 나오심을 우리가 믿사옵나이다

Now 이제야 지금 we can 우리가 능히 see 알다 that절을 that you know 당신께서 아시나이다 all things 모든 것을 and 그리고 that you do not 당신께서는 모르신다 even 심지어는 need 필요를 to have 나아가 하고자 하는 바는 가지려고 anyone 사람이 ask 묻기를 you 당신에게 questions 질문을 This makes us believe that you came from God.

동사 have는 '시키다'의 뜻일 때 사역동사로 5형식이다. 즉, 목적어가 목적어를 하도록 주어가 시킨다는 뜻이다. you do not even need to have anyone ask you questions 이 문장은 쉽게 번역하기 어려운 문장이다. 특히 뒤에서 거꾸로 해석하시는 분, 또는 왔다 갔다 하면서 해석하시는 분들은 뜻이 통하기 어려울 것이다. 그러나 이 책을 통독하신 분들은 이미 아셨으리라. 그 방법은 순서대로 이미 익숙한 문장 you do not even need to R도 그냥 넘어지지 말고 이렇게 순서대로 해보자. 당신은(you) 않는다(do not) 심지어는(even) 필요로 하다(need) 나아가서 하고자 하는 바(to + R, 이를 부정사라고 한다) 시켜려고 한다(to have) 누군가에게 묻도록(anyone ask) 너에게 질문을(you questions). 여기서 기존방식으로 need to have를 시킬 필요가 있다. 이렇게 해서는 영어 실력은 평생 제자리에서 맴돈다. 알아서 하시라! 필요가 있는데 하고자 하는 바는 시키는 것이다. 바로 이렇게

하면 영어통달자가 된다.

31 "You believe at last!" Jesus answered. 예수께서 대답하시되 이제 너희가 믿느냐

"You believe 너희가 믿는다 at last 마침내는!" Jesus answered 예수께서 답하시기를

32 But a time is coming, and has come, when you will be scattered, each to his own home. You will leave me all alone. Yet I am not alone, for my Father is with me. 보라 너희가 다 각각 제 곳으로 흩어지고 나를 혼자 둘 때가 오나니 벌써 왔도다 그러나 내가 혼자 있는 것이 아니라 아버지께서 나와 함께 계시느니라

But 그러나 a time 시간이 is coming 지금 현재 상태로 오고 있으니 and has 그리고 이미 come 왔다 when 때는 you will 너희는 일 거다 be scattered 흩어 지게 되나니 each 각자는 to 도착지는 his own home 그 자신의 집 You will 너희는 일 거야 leave 남기다 me 나를 all 모두 alone 각자 홀로

a time이 나오니 관계사는 when이고 너희들이란 주어가 있으니 주어 you가 될 것이니 will be 흩 어지니 scattered 이 얼마나 재미있는가. when 절이 길어지면 동사 is coming을 잃어버릴 수가 있으니 is coming 다음에 when 절이 온다. Yet 그러나 I am 나는 이다 not alone 혼자가 아니 다. for 이는 ~로 말미암음이니라 my Father 내 아버지가 is with 계시다 함께하시는 것은 me 나 와 함께.

33 "I have told you these things, so that in me you may have peace. In this world you will have trouble. But take heart! I have overcome the world." 이것을 너희에 게 이르는 것은 너희로 내 안에서 평안을 누리게 하려 함이라 세상에서는 너희가 환난을 당하나 담대하라 내가 세상을 이기었노라

"I have 나는 이미 told 말했다 you these things 너희들에게 이것들을 so that 그리하여 위함 이니라(may를 써서) in me 나에게 있어 you may 너희가 추측하여 have 갖게 될 것이다 peace 평화를 In this world 이 세상에서 you will 너희가 일 거다 have trouble 갖는다 환난을 But 그러나 take 잡아라 취해라 heart 마음을! I have 나는 이미 overcome 이겼노라 the world 세 상을"

The Gospel according to St. John

요한복음 17장

The Gospel according to St. John

요한복음 17장

01 After Jesus said this, he looked toward heaven and prayed: 예수께서 이 말씀을 하시고 눈을 들어 하늘을 우러러 이르시되

After 바로 직전에 일어난 일은 **Jesus** 예수께서 **said** 말씀하사 **this** 이 일을 **he looked** 바라보셨다 **toward** 위로 **heaven** 하늘을 **and prayed** 그리고 기도하셨다:

02 Father, the time has come. Glorify your Son, that your Son may glorify you. For you granted him authority over all people that he might give eternal life to all those you have given him. 아버지여 때가 이르렀사오니 아들을 영화롭게 하사 아들로 아버지를 영화롭게 하옵소서 아버지께서 아들에게 주신 모든 사람에게 영생을 주게 하시려고 만민을 다스리는 권세를 아들에게 주셨음이로소이다

Father 아버지여 **the time** 때가 **has** 이미 **come** 왔나이다 **Glorify** 영화롭게 하사 **your Son** 아들을 **that** 그 결과 **your Son** 당신의 아들이 **may** 위함이요 **glorify you** 영화롭게 하다 당신을 **For** 이는 ~로 말미암음이나이다 **you granted** 당신께서 주셨나이다 **him authority** 그에게 권세를 **over** 덮는 것은 **all people** 만민을 다스리게 **that** 그 결과로 **he might** 위함이지요 **give** 주기 **eternal life** 영생을 **to all those** 대상은 모든 사람들 **you** 당신께서 **have** 이미 **given** 주었던 **him** 그에게

authority 권세, authority는 뜻을 전달하기 위해 over the people을 동반하였다. 영어식 사고방식으로는 '권세(authority) 뒤덮고 있는 것은(over) 사람들(the people)이다. that ~, so that ~ —may . '그 결과 ~을 위함이자' 영영식 사고방식(원어민들의 사고방식)은 완전한 문장이 끝나고 나면, 앞 문장을 단정하게 된 이유, 원인, 목적을 나타내는데, 목적을 나타낼 때는 (so) that절에는 may (might)를 사용한다.

03 Now this is eternal life: that they may know you, the only true God, and Jesus Christ, whom you have sent. 영생은 곧 유일하신 참 하나님과 그가 보내신 자 예수 그리스도를 아는 것이니이다

Now 곧, 이제, 자 this is 이지요 eternal life 영생: that they 그들이 may 위함이지요 know 알게 you 당신을 the only true God 유일하신 참 하나님 and Jesus Christ 예수그리스도 whom 예수님은 you have 당신이 이미 sent 보내신

you, the only true God 당신, 유일하신 참 하나님 본래의 문장은 you who is the only true God에서 who is가 생략된 것이다. 그래서 you와 the only true God 사이에 ','를 찍고 이를 '동격콤마'라고 한다. 영어식 표현이다.

04 I have brought you glory on earth by completing the work you gave me to do.
아버지께서 내게 하라고 주신 일을 내가 이루어 아버지를 이 세상에서 영화롭게 하였사오니

I have 나는 이미 brought 가져왔나이다 you glory 당신에게 영광을 on 면으로 접하는 것은 earth 지구상에 by completing 완성하므로서 the work 그 일을 you gave 당신께서 주시었던 me 나에게 to do 나아가 하고자 하는 바는 행하라고

동사 brought는 bring의 P.P형이다. 성분상 have P.P라도 품사는 동사이므로 4형식을 쓴다. 한국말에서 '~에게 ~을'이란 의미는 모두 4형식이라고 보면 된다.

05 And now, Father, glorify me in your presence with the glory I had with you before the world began. 아버지여 창세 전에 내가 아버지와 함께 가졌던 영화로써 지금도 아버지와 함께 나를 영화롭게 하옵소서

And now 그리고 자 Father 아버지여 glorify me 영화롭게 하시다 나를 in 둘러싸고 있는 것은 your presence 당신의 면전을 with 함께하는 것은 the glory 영광이고 그 영광은 I had 내가 가졌던 with you 함께하는 것은 당신 before 그 후에 일어났던 일은 the world 세상이 began 시작했던(한국말로는 창세 이전에)

glorify me in your presence with the glory I had with you before the world began 이 문장은 복잡한 것 같지만 단순하다. 주된 문장은 glorify me in the resence이다. the presence는 with the glory가 함께하고 the glory는 I had가 수식하고 부연 설명을 before절로 나열했다. 즉 영어는 앞 단어는 뒤에서 설명하며 이어진다는 것이다.

06 I have revealed you to those whom you gave me out of the world. They were

yours; you gave them to me and they have obeyed your word. 세상 중에서 내게 주신 사람들에게 내가 아버지의 이름을 나타내었나이다 그들은 아버지의 것이었는데 내게 주셨으며 그들은 아버지의 말씀을 지키었나이다

I have 나는 이미 revealed 나타냈다 you 당신을 to 목적지는 those 대상은 사람들에게 whom 그들을 you gave 당신께서 주신 me 나에게 out 밖으로 of 한정된 것은 the world 세상 They were 그들은 이었다 yours 아버지 것들; you gave 당신께서는 주시었다 them 그들을 to me 대상은 나에게 and they have 그리고 그들은 이미 obeyed 복종하고 지켰다 your word 당신의 말을

07 Now they know that everything you have given me comes from you. 지금 그들은 아버지께서 내게 주신 것이 다 아버지로부터 온 것인 줄 알았나이다

Now 이제 they know 그들은 알았나이다 that절을 that everything 모든 것 you have 당신께서 이미 given 주셨다 me 나에게 comes 온다고 from you 출발지는 당신에게서

they know that SV 주어·동사 know의 목적어로 that절이 쓰인다. everything you have given me '명사+SV' 구조, 관계사 that이나 which가 생략되었다.

08 For I gave them the words you gave me and they accepted them. They knew with certainty that I came from you, and they believed that you sent me. 나는 아버지께서 내게 주신 말씀들을 그들에게 주었사오며 그들은 이것을 받고 내가 아버지께로부터 나온 줄을 참으로 아오며 아버지께서 나를 보내신 줄도 믿었사옵나이다

For 이로 말미암음이다 I gave 나는 주었다 them the words 그들에게 말씀을 you gave 당신께서 주신 me 나에게 and they accepted 그리고 그들은 받아들였다 them 그것들(말씀들)을 They knew 그들은 알았다 with 함께하는 것은 certainty 확실성 that I came 내가 왔다는 것 동사 know의 목적절인 that절이므로 from you 출발지는 당신 and they believed 그리고 그들은 믿었다 that절을 that you sent 당신께서 보내셨다 me 나를

with certainty 확실히 전치사(with)＋추상명사(certainty)는 부사가 된다. vertainly와 같다.

09 I pray for them. I am not praying for the world, but for those you have given

me, for they are yours. 내가 그들을 위하여 비옵나니 내가 비옵는 것은 세상을 위함이 아니요 내게 주신 자들을 위함이니이다 그들은 아버지의 것이로소이다

I pray 내가 기도하나이다 for 대상은 them 그들도 I am 나는 이다 not praying 기도하는 것이 아니다 for the world 대상은 세상을 위해서 but 그러나 for 이는 ~때문이며 those 사람들 you have 당신께서 이미 given 주셨다 me 나에게 for 이는 말미암음이다 they are 그들은 이다 yours 아버지의 것

10 All I have is yours, and all you have is mine. And glory has come to me through them. 내 것은 다 아버지의 것이요 아버지의 것은 내 것이온데 내가 그들로 말미암아 영광을 받았나이다

All 모든 것은 I have 내가 가진 is 이다 yours 당신의 것 and 그리고 all 모든 것은 you have 당신이 가진 is mine 이다 내 것 And glory 그리고 영광이 has 이미 come 왔다 to me 세상은 나에게 through 통과한 것은 them 그들

All I have 내가 가진 것. 여기서 All (that or which) I have이고, 명사덩어리로 주어가 되고 동사는 is 그리고 yours는 소유대명사로 All you have의 뜻이고, all yoy have is mine에서 mine은 all I have 의 뜻이다. through them 은 '그를 통하여' 이제는 순대대로 '통과하는 것은 그것들' 이렇게 해석하는 것을 습관들여야 한다. them은 all you have = all I have = yours = mine 이다.

11 I will remain in the world no longer, but they are still in the world, and I am coming to you. Holy Father, protect them by the power of your name —the name you gave me--so that they may be one as we are one. 나는 세상에 더 있지 아니하오나 그들은 세상에 있사옵고 나는 아버지께로 가옵나니 거룩하신 아버지여 내게 주신 아버지의 이름으로 그들을 보전하사 우리와 같이 그들도 하나가 되게 하옵소서

I will remain 나는 남을 것입니다 in the world 둘러싸고 있는 것은 세상에(세상에) no longer 더 이상 ~않은 but 그러나 they are 그들은 still 여전히 in the world 둘러싸고 있는 것은 세상 and 그리고 I am 나는 현재 상태는 입니다 coming 갑니다 to you 도착지는 당신의 집 Holy 거룩하신 Father 아버지여 protect them 보호하다 by the power 수당은 힘 of your name 한정하는 것은 당신의 이름 the name 그 이름은 you gave 당신께서 주셨다 me 나에게 so that

그리하여 결과적으로는 **they may** 그들은 위함이다 **be** 상태로 되다 **one** 하나가 **as**처럼 같이 **we are** 우리가 현재 상태로 이다 **one** 하나

no longer 위치는 주어와 동사 사이 또는 문장 뒤에 위치하여 동사를 부정한다. '더 이상 ~하지 않다.'

12 While I was with them, I protected them and kept them safe by that name you gave me. None has been lost except the one doomed to destruction so that Scripture would be fulfilled. 내가 그들과 함께 있을 때에 내게 주신 아버지의 이름으로 그들을 보전하고 지키었나이다 그 중의 하나도 멸망하지 않고 다만 멸망의 자식뿐이오니 이는 성경을 응하게 함이니이다

While 함께하는 것은 **I was** 내가 과거 상태로 이었다 **with** 함께하는 것은 **them** 그것들이고 **I protected** 나는 보호했다 **them** 그것들을 **and kept** 그리고 지켰지요 **them** 그들을 **safe** 상태는 안전하게 **by** 수단은 **that name** 그 이름으로 (그 이름은 **that** 생략) **you gave** 당신께서 주셨던 **me** 나에게 **None** 어느 누구도 없다(한 명도 없다) **has** 이미 **been lost** 상태는 잃어버린 **except** 제외한 것은 **the one** 한 명 **doomed** 불운하게 된 **to** 도착지는 **destruction** 멸망 **so that** 그리하여 **Scripture** 성경이 **would** 되리라 **be fulfilled** 상태는 응하게 충족되게

13 I am coming to you now, but I say these things while I am still in the world, so that they may have the full measure of my joy within them. 지금 내가 아버지께로 가오니 내가 세상에서 이 말을 하옵는 것은 그들로 내 기쁨을 그들 안에 충만히 가지게 하려 함이니이다

I am 나는 현재 상태로입니다 **coming** 갑니다 **to** 도달하고자 하는 곳은 (to)이고 그 목적지는 **you** 당신입니다 **now** 이제는 말이지요 **but** 그러나 **I** 저는 **say** 말합니다 **these things** 이것들을요 **while** 동시에 일어나는 일은 **I am** 저는 말이지요 **still** 여전히 **in** 둘러싸고 있는 것은 **the world** 세상이니까요(즉 세상 안에), **so that** 그리하여 결과적으로는 위함이지요 **they** 그들이 그들로 하여금 **may have** 가지기 위함이지요 **the full** 꽉 찬 **measure** 계량 **of** 한정되는 것은 **my joy** 제 기쁨이구요 **within** 함께하여 둘러싼 것은 **them** 그것들입니다

14 I have given them your word and the world has hated them, for they are not of the world any more than I am of the world. 내가 아버지의 말씀을 그들에게 주었사오매 세상이 그들을 미워하였사오니 이는 내가 세상에 속하지 아니함 같이 그들도 세상에 속하지 아니함으로 인함이니이다

I have 나는 이미 given 주었지요 them 그들에게 your word 당신의 말씀을 and 그리고요 the world 세상이 has 이미 hated 미워했지요 them 그들을 말입니다 for 이는 왜냐하면요 말미암음이지요 they are 그들이 현재 상태는 이다 not 아니구요 of 한정되는 것은 the world 세상 any more than 훨씬 보다도 I am 내가 현재 상태로 이다 of 한정되는 것은 the world 세상

have + P.P는 현재완료로서 그 용법으로는 계속, 완료, 경험 등을 나타내고… 이제는 이런 개념에서 벗어나고 가장 간단하게 이미(have) 했다, 하였다(P.P)로 해석하면 끝이다. 중요한 것은 have + P.P 라는 시제는 현재라는 사실이다. 당연하지 않은가? 그래서 현재완료(Present Participle)라고 한 것이다. 두 가지는 꼭 기억하시면 된다 1) 해석은 이미 ~하였다. 2) 시제는 현재이다. 이것으로 현재완료는 마스터한 것이다. 참고 그러면, 과거완료는? 1) 해석은 이미 ~했었다 2) 시제는 과거이다. 그래서 과거 완료는 Past Participle인 것이다. 이것으로 과거완료도 끝이다. 학생들은 오늘로 현재완료 과거완료 공부를 끝낸 것이다. 축하합니다. 하나님께 영광을!

15 My prayer is not that you take them out of the world but that you protect them from the evil one. 내가 비옵는 것은 그들을 세상에서 데려가시기를 위함이 아니요 다만 악에 빠지지 않게 보전하시기를 위함이니이다

My prayer is not 나의 기도는 아닙니다 that절이 that you 당신께서 take 택하여 취하여 them 그들을 out 방향은 바깥으로 of 한정되는 것은 the world 세상에서 but 그러나 that절이 that you 당신께옵서는 protect 보호하여 them 그들을 from 출발하는 곳은 the evil one. 악마가 깃든 사람

My prayer is not that절, but that절 : 나의 기도는 ~ that절이 아니고 ~that절입니다. 동사 take는 목적어를 취하여 방향을 나타내는 전치사 out이 나오니 '데려가다'의 뜻이 된다.

16 They are not of the world, even as I am not of it. 내가 세상에 속하지 아니함 같이 그들도 세상에 속하지 아니하였사옵나이다

They are not 그들은 아닙니다 of 한정된 것은 the world 세상 even 심지어는 as처럼 I am not 내가 아니다 of 한정된 것은 it 그것, 세상

17 Sanctify them by the truth; your word is truth. 그들을 진리로 거룩하게 하옵소서 아버지의 말씀은 진리니이다

Sanctify 거룩하게 하소서 **them** 그들을 말입니다 **by** 그리고 그 수단은 **the truth** 진리입니다; **your word** 당신의 말씀은 **is** 현재 상태로 이니까요 **truth** 진리

18 As you sent me into the world, I have sent them into the world 아버지께서 나를 세상에 보내신 것 같이 나도 그들을 세상에 보내었고

As ~같이 ~처럼 **you sent** 당신께서는 보내셨지요 **me** 나를 **into** 방향은 **the world** 세상이고 **I have** 나는 이미 **sent** 보냈어요 **them** 그들을 **into** 방향은 **the world** 세상으로

동사 sent가 3형식으로 쓰였다. 보냄을 당한 객체가 향하는 방향을 나타내기 위해 전치사 into를 사용하였다. 영어는 단순하기 때문에 동사가 단순하니 자세히 보충하기 위해 전치사를 동반한다는 사실을 꼭 기억하시고 숙지하시면 큰 도움이 됩니다(재미있으니까). have + P.P를 이해하시는 데 어려움이 있으신 분은 이 책의 서문(prologe)을 보시면 큰 도움이 됩니다.

19 For them I sanctify myself, that they too may be truly sanctified. 또 그들을 위하여 내가 나를 거룩하게 하오니 이는 그들도 진리로 거룩함을 얻게 하려 함이니이다

For 대상은 **them** 그들이고요(그들을 위하여) **I sanctify** 나는 거룩하게 합니다 **myself** 나 자신을요 **that** 이는 결과적으로 **they too** 그들 역시 **may** 위함이지요 **be** 상태는 **truly** 진실하게 **sanctified** 거룩하게 되는

I sanctify myself 완전한 문장이 끝나고 부연 설명하는 방식으로 'so that ~조동사 문장'을 사용했다. so는 생략 가능하다. 자세한 설명은 이 책 서문(prologe) 참조

20 My prayer is not for them alone. I pray also for those who will believe in me through their message, 내가 비옵는 것은 이 사람들만 위함이 아니요 또 그들의 말로 말미암아 나를 믿는 사람들도 위함이니

My prayer 나의 기도는 **is** 현재 상태로 **not** 아닙니다 **for** 대상은 **them** 그들을 **alone** 홀로 **I pray** 나는 기도합니다 **also** 역시 또한 **for** 대상은 위함이지요 **those** 사람은 사람들인데 그러한 사람들은(관계사절 사용 암시) **who** 그들은 **will believe** 믿을 것입니다 **in** 둘러싸고 있는 것은 **me** 나이니까요 **through** 통과하는 것은 **their message** 그들의 메시지니까요

21 that all of them may be one, Father, just as you are in me and I am in you. May they also be in us so that the world may believe that you have sent me. 아버지 여, 아버지께서 내 안에, 내가 아버지 안에 있는 것 같이 그들도 다 하나가 되어 우리 안에 있게 하사 세상 으로 아버지께서 나를 보내신 것을 믿게 하옵소서

that 20절에서 이어지는 그 결과임 **all** 모두가 **of them** 한정되는 것은 그들 **may** 위함입니다 **be one** 하나가 되기 **Father** 아버지여 **just as** ~처럼 ~같이 **you** 당신께서 **are** 현재 상태가 이다 **in** 둘러싸고 있는 것은 **me** 저이지요 **and I am** 그리고 저는요 현재 상태가 이지요 **in** 둘러싸는 것은 **you** 당신 **May** ~하세요(기원문) **they** 그들이 **also** 또한 **be** 상태는 **in** 둘러싸는 것은 **us** 우리들이지요 **so that** 그리하여 결과적으로는 **world** 세상이 **may** 위함입니다 **believe** 믿도록 **that**절을 **that you** 당신께서 **have** 이미 **sent** 보내셨다 **me** 저를 말이지요

May they also be in us는 기원문이라고 한다. '~하옵소서' 기원을 나타내는 문장이다. 기원문은 요한복음 17장 23절을 보면 된다. 그리고 가장 중요한 주기도문에서 기원문이 세 개가 쓰였다.

22 I have given them the glory that you gave me, that they may be one as we are one: 내게 주신 영광을 내가 그들에게 주었사오니 이는 우리가 하나가 된 것 같이 그들도 하나가 되게 하려 함이니이다

I have 나는 말이지요 이미 **given** 주었어요 **them the glory** 그에게 영광을 **that** 그 영광은 **you gave** 당신께서 주신 **me** 나에게 **that** 그리하여 그 목적은 **they** 그들이 **may** 위함이지요 **be one** 하나가 되게 **as**처럼 **we are** 우리가 현재 상태로이다 **one** 하나

give 동사는 두 개의 목적어를 취하는 동사이다. 사람이 먼저 나오니 간접목적어라 하고, 뒤에 나오는 직업목적어, 여기서 중요한 것은 직접목적어이다. 그래서 두 가지 형태로 많이 쓰인다. 1)은 관계사 문장의 선행사로 쓰인다. 2) 'N + SV' 형태로 쓰인다. 22절은 두 가지를 다 보여준다.

23 I in them and you in me. May they be brought to complete unity to let the world know that you sent me and have loved them even as you have loved me. 곧 내가 그들 안에 있고 아버지께서 내 안에 계시어 그들로 온전함을 이루어 하나가 되게 하려 함은 아버지께서 나를 보내신 것과 또 나를 사랑하심 같이 그들도 사랑하신 것을 세상으로 알게 하려 함이로소 이다

I 내가 (am) 있고 in them 그들 안에 and 그리고 you 당신께서 (are) 계시니 in me 내 안에 May 하소서 they 그들이 be brought 가져오게 대상은 to이고 온전함이니 complete unity이다 그들을 to let 나아가 하고자 하는 바는 하게 하는 바는 the world 세상을 know 알게 that절을 that you 당신께서 sent 보냈다 me 나를 and 그리고 have 이미 loved 사랑하셨다고 them 그들을 even 심지어는 as처럼 you have 당신께서 이미 loved 사랑하셨다 me 나를 그런데 이렇게 순서대로 읽지 않고 왔다 갔다 하면서 읽게 되면 아무런 학습효과가 없다

24 Father, I want those you have given me to be with me where I am, and to see my glory, the glory you have given me because you loved me before the creation of the world. 아버지여 내게 주신 자도 나 있는 곳에 나와 함께 있어 아버지께서 창세 전부터 나를 사랑하시므로 내게 주신 나의 영광을 그들로 보게 하시기를 원하옵나이다

Father 아버지여 I want 내가 원하옵나이다 those 그들을요 you have 당신께서 이미 given 주셨던 me 나에게 to be 나아가 하고자 하는 바는 있게 with me 함께하는 것은 나 where 장소는 I am 애가 있는 and 그리고 to see 나아가 하고자 하는 바는 보게 my glory 내 영광을 the glory 그 영광은 you have 당신께서 이미 given 주셨지요 me 나에게 because 왜냐면요 you 당신이 loved me 나를 사랑하셨지요 before 그리고 직후에 일어난 일은 the creation 창조 of 한정된 것은 the world. 세상에서

25 Righteous Father, though the world does not know you, I know you, and they know that you have sent me. 의로우신 아버지여 세상이 아버지를 알지 못하여도 나는 아버지를 알았사옵고 그들도 아버지께서 나를 보내신 줄 알았사옵나이다

Righteous Father 의로우신 아버지여 though 비록 ~일지라도 the world 세상이 does not know 알지 못한다고 you 당신을 I know 나는 아노니 you 당신을 and 그리고 they know 그들도 알고 있습니다 that절을 that you 당신께서 have 이미 sent 보내셨다는 것을 me 나를

26 I have made you known to them, and will continue to make you known in order that the love you have for me may be in them and that I myself may be in them. 내가 아버지의 이름을 그들에게 알게 하였고 또 알게 하리니 이는 나를 사랑하신 사랑이 그들 안에 있고 나도 그들 안에 있게 하려 함이니이다

I have 나는 이미 made 만들었어요 you 당신을 known 알도록 to 그 대상은 them 그들에게요

and 그리고 will continue 계속할 것입니다 to make 나아가 하고자 하는 것은 알게 하려고 you 당신을 known 알도록 in order that 하고자 하는 것은 the love 그 사랑은 you have 당신이 가진 for me 대상은 나 may be 존재하게 하려 함임을 in 둘러싸고 있는 것은 them 그들 and 그리고 that절 이하를 that I myself 나 자신도 may be 존재하게 하려 함이지요 in them 둘러싸는 것은 그들(그들 안에)

The Gospel
according to St. John

요한복음 18장

The Gospel according to St. John

요한복음 18장

01 When he had finished praying, Jesus left with his disciples and crossed the Kidron Valley. On the other side there was an olive grove, and he and his disciples went into it. 예수께서 이 말씀을 하시고 제자들과 함께 기드론 시내 건너편으로 나가시니 그곳에 동산이 있는데 제자들과 함께 들어가시니라

When 때는 he had 예수께서 이미 finished 마치셨다 praying 기도를 Jesus left 예수께서는 떠나셨고 with his disciples 함께하는 것은 제자들이라 and crossed 그리고서는 건너셨다 the Kidron Valley 기드론 계곡을 On 면으로 접하는 곳은 the other side 다른 쪽이었는데 there was 있다 an olive grove 올리브 작은 숲 and he 그리고 예수님과 and his disciples 그리고 제자들이 went 갔다 into 방향은 안쪽으로 it 그 숲

when he had finished praying, Jesus~ 영어에서는 주절과 종속절을 주어가 같은 때 대명사를 쓴다는 사실이고, 종속절이 앞에 나오므로 when he~가 보인 것이다. had finished는 의미는 have + P.P와 동일하나 다른 점은 시제이다. 전자는 과거에 이미 끝난 과거사실을 후자는 현재까지 해왔다는 것을 나타낸다. On the other side there was an olive grove 이 문장에서 전차사 on은 붙어있는 접촉하고 있는 면을 말하는 것이니 an olive grove on the other side가 된다. 강조하기 위해서 문장 앞으로 이동한 것이다. 동사 go는 방향을 나타내기 위하여 전치사 into를 사용하였다.

02 Now Judas, who betrayed him, knew the place, because Jesus had often met there with his disciples. 그곳은 가끔 예수께서 제자들과 모이시는 곳이므로 예수를 파는 유다도 그곳을 알더라

Now 이제 Judas 유다 who 그는 betrayed 배반했던 him 그분 예수님 knew 알고 있더라 the place 그 장소를 because 원인은 Jesus had 예수께서는 이미 often 종종 met 만나셨기에 there 거기서 with 함께하는 것은 his disciples 그의 제자들과

Judas knew the place 주어 동사 사이에 Judas를 관계사절을 사용하여 설명하고 있다. 동사 met는 목적어를 만드는 데 동반자가 있을 때는 전치사(with)를 쓴다는 점이다.

03 So Judas came to the grove, guiding a detachment of soldiers and some officials from the chief priests and Pharisees. They were carrying torches, lanterns and weapons. 유다가 군대와 대제사장들과 바리새인들에게서 얻은 아랫사람들을 데리고 등과 횃불과 무기를 가지고 그리로 오는지라

So 그래서 Judas 유다는 came 갔다 to 도달 장소는 the grove 작은 숲으로 guiding 안내하면서 a detachment 파견대 of soldiers 한정되는 것은 군인 and some officials 그리고 몇몇의 관원 from 출발지는 the chief priests 대제사장과 and Pharisees 바리새인들 They were 그들의 과거상태는 있었다 carrying 나르다 torches 횃불과 lanterns 등과 and weapons 무기들을

동사 came은 무조건 오다의 뜻이 아니다. 자세한 사항은 서문(prologue) 참조. come to + 장소가 나올 때는 '가다'의 뜻이다. guilding은 주어 Jesus의 동작을 설명하는 분사구문이다. 이는 주격관계사절의 관계대명사와 be동사를 생략한 것이다.

04 Jesus, knowing all that was going to happen to him, went out and asked them, "Who is it you want?" 예수께서 그 당할 일을 다 아시고 나아가 이르시되 너희가 누구를 찾느냐

Jesus 예수께서는 knowing 아시고 all 이 모든 것들이 that was going 나아가고 있다 to happen 하고자 하는 일은 일어나 to him 대상은 그에게 went 갔다 out 밖으로 and asked 그리고는 물으셨다 them 그들에게 "를" "Who is it 그것이 누구냐 you want 너희가 원하는?"

05 "Jesus of Nazareth," they replied. 대답하되 나사렛 예수라 하거늘 이르시되

"Jesus 예수다 of Nazareth 한정된 것은 나사렛" they replied 그들이 응답했다

06 "I am he," Jesus said. (And Judas the traitor was standing there with them.) When Jesus said, "I am he," they drew back and fell to the ground. 내가 그니라 하시니라 그를 파는 유다도 그들과 함께 섰더라 예수께서 그들에게 내가 그니라 하실 때에 그들이 물러가서 땅에 엎드러지는지라

"I am 내가 이다 he 그 사람" Jesus said 예수께서 대답하셨다 (And Judas 그리고 유다도 the

요한복음 18장 **295**

traitor 반역자 was 상태는 과거 있었다 standing 서 있는 there 그곳에 with 함께하는 것은 them 그들) When 때는 Jesus said 예수께서 말씀하시길 "I am he 내가 그이다" they 그들이 drew 물러나다 back 뒤로 and 그리고는 fell 엎드리다 to 도착하는 곳은 the ground 땅바닥

동사 stand는 서 있다의 뜻에 동반하는 사람이 있는 경우에는 전치사 with를 쓴다. 동사 drew는 방향을 나타내는 부사 back를 동반하여 '물러나다'의 뜻이다. 동사 fell은 떨어지니 도달하는 뜻의 전치사 to를 동반한다.

07 Again he asked them, "Who is it you want?" And they said, "Jesus of Nazareth." 이에 다시 누구를 찾느냐고 물으시매 그들이 말하되 나사렛 예수라 하거늘

Again 다시 he 예수께서 asked 묻기를 them 그들에게 "Who is it you want 누구를 원하는가?" And 그리고 they said 그들이 말하기 "Jesus 예수다 of Nazareth 한정되는 것은 나사렛"

08 "I told you that I am he," Jesus answered. "If you are looking for me, then let these men go." 예수께서 대답하시되 너희에게 내가 그이니라 하였으니 나를 찾거든 이 사람들이 가는 것은 용납하라 하시니

"I told 내가 말했노라 you 너희들에게 that 절을 that I am he 내가 그이라고" Jesus answered 예수께서 답하시길 "If you are 만일에 너희들이 현재 상태로 이다 looking for 찾고 있다면 me 나를 then 그때 let 하게 하라 these men 이들 사람들은 go 가라"

09 This happened so that the words he had spoken would be fulfilled: "I have not lost one of those you gave me." 이는 아버지께서 내게 주신 자 중에서 하나도 잃지 아니하였사옵나이다 하신 말씀을 응하게 하려 함이러라

This happened 이것이 발생하는 것은 so that 결과적으로 목적으로 the words 그 말이 he had 그가 이미 spoken 말했던 would ~하리라 be fulfilled 충족되게 하려 "I have 나는 이미 not lost 잃지 않았다 one 한 명을 of those 한정되는 것은 그들 중 you gave 당신께서 주신 me 나에게"

so that ~조동사. 결과적으로 ~하기 위함이다. the words he had spoken '이미 했던 말' N + SV구조이다. would be fulfilled 응하게 되리라.

10 Then Simon Peter, who had a sword, drew it and struck the high priest's servant, cutting off his right ear. (The servant's name was Malchus.) 이에 시몬 베드로가 칼을 가졌는데 그것을 빼어 대제사장의 종을 쳐서 오른편 귀를 베어버리니 그 종의 이름은 말고라

Then 그때 Simon Peter 시몬 베드로가 who 그는 had 가졌다 a sword 칼 drew it 끌어서 그것을 and struck 그리고는 쳤다 the high priest's servant 대제사장의 종 cutting 잘랐다 off 떨어져서 his right ear 그이 오른쪽 귀 (The servant's name 하인의 이름은 was 상태는 과거 이었다 Malchus 말고)

Then Simon Peter, who had a sword 같은 시몬 베드로를 표시하는데, 동격콤마라고 한다. cutting off his right ear은 분사구문이다.

11 Jesus commanded Peter, "Put your sword away! Shall I not drink the cup the Father has given me?" 예수께서 베드로더러 이르시되 칼을 칼집에 꽂으라 아버지께서 주신 잔을 내가 마시지 아니하겠느냐 하시니라

Jesus commanded 예수께서 말씀하시길 Peter 베드로야 "Put 두어라 your sword 너희 검을 away 멀리! Shall I 내가 할까 not drink 아니 마실까 the cup 잔을 the Father 아버지께서 has 이미 given 주신 me 나에게?"

동사 command가 '명령하다'의 뜻일 때는 목적어를 두 개 취한다. 동사 give가 '주다'의 뜻일 때는 목적어를 두 개 취한다. the cup the Father has give me는 'N + SV'구조를 이룬다.

12 Then the detachment of soldiers with its commander and the Jewish officials arrested Jesus. They bound him 이에 군대와 천부장과 유대인의 아랫사람들이 예수를 잡아 결박하여

Then 그때 the detachment 파견대 of soldiers 한정된 것은 군인 with 함께하는 것은 its commander 그의 사령관이었고 and 그리고 the Jewish officials 유대인들이 arrested Jesus 체포했다. 예수님을 They 그들이 bound him 결박하기를 그를

13 and brought him first to Annas, who was the father-in-law of Caiaphas, the high priest that year. 먼저 안나스에게로 끌고 가니 안나스는 그 해의 대제사장인 가야바의 장인이라

and brought 그리고 데려갔다 him 그를 first 처음에 to Annas 안나스에게 who 안나스는 was 과거 상태로 이었다 the father-in-law 장인 of Caiaphas 한정되는 것은 가야바 the high priest that year 대제사장

동사 brought는 간접목적어 직접목적어를 취하는 데, 직접목적어가 앞으로 오면 간접목적어 앞에 전치사 to를 붙인다. Annas, who was the father-in-law of Caiaphas, the high priest that year. 영어는 모르는 단어가 나오면 반드시 뒤에서 설명을 해주어야 하는데, 여기서는 동격콤마 (,)를 사용하여 문장을 나열하였다.

14 Caiaphas was the one who had advised the Jews that it would be good if one man died for the people. 가야바는 유대인들에게 한 사람이 백성을 위하여 죽는 것이 유익하다고 권고하던 자더라

Caiaphas 가야바는 was 과거 상태로 이었다 the one 사람 자 who 그자는 had 이미 advised 권고했다 the Jews 예수를 유대인들에게(to the Jews) that 결과로 it would ~이리라 be good 좋다고 if 만일에 one man 한 사람이 died 죽는다면 for 대상은 the people 사람들

the one who had advised the Jews 사람은(the one) 사람인데(관계사를 쓰겠다는 의미) 그 사람은(who) 이미 (had) 제안했던(advised) 예수를 (~에게)

15 Simon Peter and another disciple were following Jesus. Because this disciple was known to the high priest, he went with Jesus into the high priest's courtyard, 시몬 베드로와 또 다른 제자 한 사람이 예수를 따르니 이 제자는 대제사장과 아는 사람이라 예수와 함께 대제사장의 집 뜰에 들어가고

Simon Peter 시몬 베드로와 and 그리고 another disciple 또 다른 제자가 were 과거 상태로 이었다 following 따르다 Jesus 예수를 Because 때문에 this disciple 이 제자는 was known 알려졌는데 to 도착하는 대상은 the high priest 대제사장에게 he 그는 went 갔다 with Jesus 함께하는 것은 예수님 into 방향은 안으로 the high priest's courtyard 대제사장의 집 뜰

this disciple was known to the high priest 주어는 알려지는 것이니까 be + P.P 형태가 되고 그 대상인 ~에게는 전치사 to가 된다. 이것이 바로 자연스러운 영어의 흐름이다.

16 but Peter had to wait outside at the door. The other disciple, who was known to the high priest, came back, spoke to the girl on duty there and brought Peter in. 베드로는 문 밖에 서 있는지라 대제사장을 아는 그 다른 제자가 나가서 문 지키는 여자에게 말하여 베드로를 데리고 들어오니

but 그러나 Peter 베드로는 had 가졌다 to wait 나아가서 하는 바는 기다리다 outside 밖에서 at 점으로 접하는 것은 the door 문 The other disciple 다른 제자가 who 그는 was known 알려졌더라 to the high priest 대상은 대제사장에게 came back 돌아와서 spoke 말했다 to the girl 대상은 여자에게 그 여자는 on duty 근무 중이었고 there 거기서 and 그리고 나서는 brought 데려왔다 Peter 베드로를 in 방향은 안으로

The other disciple, who was known to the high priest, came back, spoke to the girl on duty there and brought Peter in. 이 문장에서 주어는 the other discipled 이고 동사는 came back, spoke에 열결된다. spoke to the girl on duty there 말했다. 대상은 여자이고, 그 여자의 상태는 근무중이고, 근무는 그곳에서! 영어는 이렇게 순서대로 전개된다는 것을 반드시 숙지하면 좋다.

17 "You are not one of his disciples, are you?" the girl at the door asked Peter. He replied, "I am not." 문 지키는 여종이 베드로에게 말하되 너도 이 사람의 제자 중 하나가 아니냐 하니 그가 말하되 나는 아니라 하고

"You are not 당신은 아니다 one 하나 of 한정되는 것은 his disciples 그의 제자들 are you 아니냐?" the girl 여자 at 점하는 곳은 the door 문에서 asked 물었다 Peter 베드로에게 He replied 베드로가 대답했다 "I am not 나는 아녀"

18 It was cold, and the servants and officials stood around a fire they had made to keep warm. Peter also was standing with them, warming himself. 그때가 추운 고로 종과 아랫사람들이 불을 피우고 서서 쬐니 베드로도 함께 서서 쬐더라

It 날씨에 쓰는 비인칭 it이라고 한다 날씨는 was cold 추웠고 and 그리고 the servants 하인과 and officials 관리들은 stood 서 있었다 around 둘러싸인 것은 a fire 불이고 그 결과로(that 생략) they had 그들은 이미 made 만들었다 to keep 나아가서 하고자 하는 바는 warm 따뜻하게 Peter also 베드로는 역시 was standing 서 있었다 with them 함께하는 것은 그들이고

warming himself 따뜻하게 하고 있다 자신을

a fire they had made to keep warm 불(a fire)은 불인데, 그 불은(that or which) 그들이 이미(they had) 만든(made)으로 완전한 명사덩어리이다. 왜 만들었을까? 그래서 to + R로 to keep warm하기 위함이다. Peter also was standing with them 완전한 문장이 끝났고, warming himself은 분사구문이다. 자신을 따뜻하게 하면서.

19 Meanwhile, the high priest questioned Jesus about his disciples and his teaching. 대제사장이 예수에게 그의 제자들과 그의 교훈에 대하여 물으니

Meanwhile 그러는 한편 the high priest 대제사장이 questioned 묻기를 Jesus 예수에게 about 관련된 것은 his disciples 그의 제자들과 and his teaching 그리고 그의 교훈

동사 question은 ~에게 ~을 질문하다 관련된 것은 전치사 about ~대하여

20 "I have spoken openly to the world," Jesus replied. "I always taught in syna-gogues or at the temple, where all the Jews come together. I said nothing in secret. 예수께서 대답하시되 내가 드러내 놓고 세상에 말하였노라 모든 유대인들이 모이는 회당과 성전에서 항상 가르쳤고 은밀하게는 아무것도 말하지 아니하였거늘

"I have 나는 이미 spoken openly 말했노라 드러내놓고 to the world 목적지는 세상에" Jesus replied 예수께서 응답하셨다 "I always taught 나는 항상 가르쳤고 in 둘러싸인 것은 synagogues 회당이고 or at 점으로 접하는 것은 the temple 성전 where 그 장소는 all the Jews 모든 유대인들이 come together 모이는 곳이다 I said 나는 말했노라 nothing 아무것도 없이 in secret 비밀리에

21 Why question me? Ask those who heard me. Surely they know what I said. 어찌하여 내게 묻느냐 내가 무슨 말을 하였는지 들은 자들에게 물어 보라 그들이 내가 하던 말을 아느니라

Why 어찌하여 question 질문하려느냐 me 나에게? Ask 물어보라 those 그들에게 who 그들은 heard 들었다 me 내 말을 Surely 확실히 they know 그들은 아노니라 what I said 내가 말한 것을

22 When Jesus said this, one of the officials nearby struck him in the face. "Is this the way you answer the high priest?" he demanded. 이 말씀을 하시매 곁에 섰던 아랫사람 하나가 손으로 예수를 쳐 이르되 네가 대제사장에게 이같이 대답하느냐 하니

When 때는 Jesus said 예수께서 말했다 this 이 말을 one 하나가 of 관련되는 것은 the officials 관리들 중 nearby 근처에 struck 쳤다 him 그를 in the face 안으로 둘러싸인 것은 얼굴 "Is 이냐? this 이것이 the way 태도 you answer 네가 질문하다 the high priest 대제사장에게?" he demanded 그가 요구했다

23 "If I said something wrong," Jesus replied, "testify as to what is wrong. But if I spoke the truth, why did you strike me?" 예수께서 대답하시되 내가 말을 잘못하였으면 그 잘못한 것을 증언하라 바른 말을 하였으면 네가 어찌하여 나를 치느냐 하시더라

"If I said 만일에 내가 말했다면 something wrong 어떤 것 잘못된" Jesus replied 예수께서 응답하시길 "testify 증언하라 as to 대상에 what is wrong 잘못된 것 But 그러나 if I spoke 만일에 내가 말했다면 the truth 진리를 why 어찌하여 did you 너희가 했느냐 strike me 치느냐 나를?"

24 Then Annas sent him, still bound, to Caiaphas the high priest. 안나스가 예수를 결박한 그대로 대제사장 가야바에게 보내니라

Then 그때 Annas 안나스가 sent 보내니라 him 그를 still 여전히 bound 결박한 상태로 해서 to 도달한 곳은 Caiaphas 가야바에게 the high priest 대제사장에게

still bound 는 분사 구문이다 still (being) bound이다 him who has still been bound이다 여기서 (who has been) 생략됨
영어문장은 설명을 필요로 하는 말이 나오면 반드시 설명을 해주어야 한다 즉 꼬리물기를 한다고 생각하면 된다

25 As Simon Peter stood warming himself, he was asked, "You are not one of his disciples, are you?" He denied it, saying, "I am not." 시몬 베드로가 서서 불을 쬐더니 사람들이 묻되 너도 그 제자 중 하나가 아니냐 베드로가 부인하여 이르되 나는 아니라 하니

As 때 Simon Peter 시몬 베드로가 stood 섰고 warming 불을 찍이면서 himself 자신을 he 그는 was asked 질문을 받았다 "You are not 너는 이다 one 하나이고 of his disciples 한 정되는 것은 그의 제자들 are you 그렇지?" He denied 그는 부인하였다 it 그것을 saying 말하 기를 "I am not 나는 아니다"

동사 stood warming 불을 찍이면서 서 있다. You are not one of his disciples, are you? 부가의문이라고 한다. (부가의문은 요한복음 18장 17절 설명 참조)

26 One of the high priest's servants, a relative of the man whose ear Peter had cut off, challenged him, "Didn't I see you with him in the olive grove?" 대제사장 의 종 하나는 베드로에게 귀를 잘린 사람의 친척이라 이르되 네가 그 사람과 함께 동산에 있는 것을 내가 보지 아니하였느냐

One 한 명이 of 한정하는 것은 the high priest's servants 대제사장의 종들 중에 a relative 친척인 of the man 한정된 것은 사람이고 whose ear 그 사람의 귀 Peter 베드로가 had 이미 cut off 잘라버린 challenged him 도전했다. 그를 "Didn't I 내가 하지 않았느냐? see you 보 다 너를 with him 함께하는 이는 예수와 in 둘러싸고 있는 것은 the olive grove 올리브 작은 풍 에서?"

27 Again Peter denied it, and at that moment a rooster began to crow. 이에 베드로 가 또 부인하니 곧 닭이 울더라

Again 다시 Peter denied 베드로가 부인했다 it 그것을 and 그리고 at that moment 점으로 접하는 것은 그 순간 a rooster 수탉이 began 시작했는데 to crow 나아가서 하고자 하는 바는 울 려고

28 Then the Jews led Jesus from Caiaphas to the palace of the Roman governor. By now it was early morning, and to avoid ceremonial uncleanness the Jews did not enter the palace; they wanted to be able to eat the Passover. 그들이 예 수를 가야바에게서 관정으로 끌고 가니 새벽이라 그들은 더럽힘을 받지 아니하고 유월절 잔치를 먹고자 하여 관정에 들어가지 아니하더라
Then 그때 the Jews 유대인들이 led Jesus 끌고 갔다 예수를 from Caiaphas 출발지는 가야 바 to 도달 장소는 the palace 궁전이고 of 한정되는 것은 the Roman governor 로마 정부 By

now 지금까지 it was early morning 이른 새벽이었고 and 그리고 to avoid 나아가 하고자 하는 바는 ceremonial uncleanness 정례식 깨끗하지 않은 결과적으로 the Jews 예수를 did not enter 들어가지 않았다 the palace 궁전에; they wanted 그들이 원했던 것은 to be able 가능하게 되는 것인데 to eat 나아가 하고자 하는 바는 먹는 거 the Passover 유월절을

Then the Jews led Jesus 완전한 문장이다. 그러나 led jesus를 끌고갔으니 구체적인 상황을 묘사한다. 그래서 from Caiaphas to the palace of the Roman governor가 이어진다. By now it was early morning 완전한 문장이다. 그래서 to + R로 문장을 이어나간다 and to avoid ceremonial uncleanness 그리하여 (so that 생략) the Jews did not enter the palace; they wanted to be able to eat the Passover. 순서적으로 해석하면 자연럽게 나온다 '그들이(Thay) 원했다(wanted).' 그리고 나아가서 하고자 하는 바는 능히 먹게 되는 것(to eat) 유월절(the passover).

29 So Pilate came out to them and asked, "What charges are you bringing against this man?" 그러므로 빌라도가 밖으로 나가서 그들에게 말하되 너희가 무슨 일로 이 사람을 고발하느냐

So 그러므로 Pilate 빌라도가 came 나가기를 out 밖으로 to 도달하는 것은 them 그들이고 and asked 그리고는 물었다 "What charges 무슨 죄로 are you 너희가 bringing 데려왔느냐? against 대적하는 것은 this man 이 사람을?"

30 "If he were not a criminal," they replied, "we would not have handed him over to you." 대답하여 이르되 이 사람이 행악자가 아니었더라면 우리가 당신에게 넘기지 아니하였겠나이다

"If he 만일에 were not 아니었더라면 a criminal 범죄자" they replied 그들이 대답하기를 "we would not 우리는 않았으리니 have 이미 handed 넘겼다 him 그를 over 넘어서 to 도착하는 것은 you 당신에게"

"If he were not a criminal," they replied, "we would not have handed him over to you." 가정법 과거완료이다(참조 요한복음 1장 33절). if 절에는 과거동사를, 주절에는 would(should, should, might) + have + P.P를 사용하여 과거 사실의 반대를 나타낸다.

31 Pilate said, "Take him yourselves and judge him by your own law." 빌라도가 이

르되 너희가 그를 데려다가 너희 법대로 재판하라

Pilate said 빌라도가 말하기를 "Take him 데려가라 그를 yourselves 너희 스스로 and 그리고 judge 심판하라 him 그를 by 수단은 your own law 너의 법대로"

32 "But we have no right to execute anyone," the Jews objected. This happened so that the words Jesus had spoken indicating the kind of death he was going to die would be fulfilled. 유대인들이 이르되 우리에게는 사람을 죽이는 권한이 없나이다 하니 이는 예수께서 자기가 어떠한 죽음으로 죽을 것을 가리켜 하신 말씀을 응하게 하려 함이더라

"But 그러나 we have 우리는 갖고 있노라 no right 권리가 없는 to execute 나아가 하고자 하는 바는 사형집행하다 anyone 어느 누구를" the Jews 유대인들이 objected 반대했다 This happened 이것은 일어났는데 so that 그 결과를 the words 말씀을 Jesus had 예수께서 이미 spoken 말씀하신 indicating 나타내는 the kind 이러한 종류를 of 한정하는 것은 death 죽음 그 죽음은 he 그가 was going 가고 있었던 to die 하고자 하는 바는 죽을 would be fulfilled 위함이라 충족되게 하려

33 Pilate then went back inside the palace, summoned Jesus and asked him, "Are you the king of the Jews?" 이에 빌라도가 다시 관정에 들어가 예수를 불러 이르되 네가 유대인의 왕이냐

Pilate 빌라도가 then 그때 went 갔다 back 다시 inside 방향은 안쪽으로 the palace 궁전 summoned 호출하다 Jesus 예수를 and 그리고 asked 물었다 him 그에게 "을" "Are you 이냐? 당신이 the king 왕이고 of the Jews 한정되는 것은 유대인?"

34 "Is that your own idea," Jesus asked, "or did others talk to you about me?" 예수께서 대답하시되 이는 네가 스스로 하는 말이냐 다른 사람들이 나에 대하여 네게 한 말이냐

"Is that 그것은 인가? your own idea 너 스스로의 아이디어" Jesus asked 예수께서 묻기를 "or 아니면 did others 다른 사람이 한 것인가 talk 말한 to you 대상의 너에게 about me 관련된 것은 나?"

35 "Am I a Jew?" Pilate replied. "It was your people and your chief priests who

handed you over to me. What is it you have done?" 빌라도가 대답하되 내가 유대인이 냐 네 나라 사람과 대제사장들이 너를 내게 넘겼으니 네가 무엇을 하였느냐

"Am I 내가 a Jew 유대인가?" Pilate replied 빌라도가 응답하기를 "It was your people 너희 민족 사람이고 and 그리고 your chief priests 너희의 대제사장 who 그들은 handed 넘겼다 you 너희를 over 넘겨 주었다 to me 대상은 나에게 What is it 무엇이냐 you have 당신이 이미 done 행했던?"

36 Jesus said, "My kingdom is not of this world. If it were, my servants would fight to prevent my arrest by the Jews. But now my kingdom is from another place." 예수께서 대답하시되 내 나라는 이 세상에 속한 것이 아니니라 만일 내 나라가 이 세상에 속한 것이었더라면 내 종들이 싸워 나로 유대인들에게 넘겨지지 않게 하였으리라 이제 내 나라는 여기에 속한 것이 아니니라

Jesus said 예수께서 대답하시되 "My kingdom 내 나라는 is not 아니다 of 한정된 것은 this world 이 세상 If 만일에 it were (of this world) 그것이 이었다면 이 세상에 속한 my servants 내 종들이 would 이었으리라 fight 싸우다 to prevent 나아가서 하고자 하는 바는 싸우려고 my arrest 나의 체포를 by the Jews 수단은 유대인들 But now 그러나 지금은 my kingdom 내 왕국은 is 있느니라 from 출발지는 another place. 다른 장소"

37 "You are a king, then!" said Pilate. Jesus answered, "You are right in saying I am a king. In fact, for this reason I was born, and for this I came into the world, to testify to the truth. Everyone on the side of truth listens to me." 빌라도가 이르되 그러면 네가 왕이 아니냐 예수께서 대답하시되 네 말과 같이 내가 왕이니라 내가 이를 위하여 태어났으며 이를 위하여 세상에 왔나니 곧 진리에 대하여 증언하려 함이로라 무릇 진리에 속한 자는

내 음성을 듣느니라 하신대

"You are 너는 이다 a king 왕 then 그러면!" said Pilate 말했다 빌라도가 Jesus answered 예수께서 대답하셨다 You are 너는 현재 상태로 이다 right 올바른 in 둘러싸고 있는 것은 saying 말함에 I am 나는 현재 상태는 이다 a king 왕 In fact 사실은 for 대상으로 하는 것은 this reason 이들 이유로 I 나는 was 상태는 과거 이었다 born 태어났다 and 그리고 for 대상을 위해서 this 이 것 I came 나는 왔노라 into 방향은 안으로 the world 세상 to testify 나아가서 하고자 하는 바는 증언하려고 to 그 도착지는 the truth 진리 Everyone 모든 자는 on 면으로 접하는 것은 the side 측면에 of 한정되는 것은 truth 진리 listens 듣게 되나니 to 도착지는 me 대상은

38 "What is truth?" Pilate asked. With this he went out again to the Jews and said, "I find no basis for a charge against him. 빌라도가 이르되 진리가 무엇이냐 하더라

"What 무엇이 is인가? truth 진리?" Pilate asked 빌라도가 물었다 With this 함께하는 것은 이것 he went 그는 나왔다 out 바깥으로 again 다시 to 도착지는 the Jews 유대인들이고 and said 그리고는 말하기를 I find 나는 찾았다 no basis 없는 근거를 for 대상은 a charge 죄에 대하여 against him 대상은 그 사람

39 But it is your custom for me to release to you one prisoner at the time of the Passover. Do you want me to release 'the king of the Jews?' 유월절이면 내가 너희에게 한 사람을 놓아 주는 전례가 있으니 그러면 너희는 내가 유대인의 왕을 너희에게 놓아 주기를 원하느냐 하니

But 그러나 it is your custom 너희 관습에 for me 내가 to release 나아가서 하고자 하는 바는 놓아주다 to 대상은 you 너희들 one prisoner 한 명의 죄수를 at 점으로 접하는 것은 the time 시간에 of 한정된 것은 the Passover 유월절 Do you 너희들은 want 원하느냐? me 내가 to release 나아가 하고자 하는 바는 석방하라고 'the king 왕을 of the Jews 유대인들의?'

40 They shouted back, "No, not him! Give us Barabbas!" Now Barabbas had taken part in a rebellion. 그들이 또 소리 질러 이르되 이 사람이 아니라 바라바라 하니 바라바는 강도였더라

They shouted 그들이 소리 질렀다 back 다시 "No 아니지요 not him 그가 아니고! Give 주세

요 us 우리에게는 Barabbas 바라바를요!" Now 지금 Barabbas 바라바는 had 이미 taken 잡았다 part 일부분을 in 둘러싼 것은 a rebellion 반란자

take part in은 ~에 참여하다. 부분을 취했으니 부분은 '~하는 데에' 대한 부분이니 당연히 '참여하다.' had + P.P이므로 had taken part in으로 바뀐다.

The Gospel according to St. John

요한복음 19장

The Gospel according to St. John

01 Then Pilate took Jesus and had him flogged. 이에 빌라도가 예수를 데려다가 채찍질하더라

Then 그때 Pilate took 빌라도가 데려갔다 Jesus 예수님을 and 그리고는 had 시켰다 him 그를 flogged 채찍질당하도록

동사 have는 5형식으로 쓰여 시키다, 당하다의 뜻을 나타낸다. 목적어에 이득이 되면 '시키다'이고 목적어가 불리하면 '당하다'의 뜻. 여기서는 당하다.

02 The soldiers twisted together a crown of thorns and put it on his head. They clothed him in a purple robe 군인들이 가시나무로 관을 엮어 그의 머리에 씌우고 자색 옷을 입히고

The soldiers twisted together 군인들이 꼬았다. 함께한 것은 a crown of thorns 왕관이고 그것은 가시로 만든 and put it 그리고 두었다. 그것을 on his head. 접하는 면은 머리 They clothed 그들이 입혔다 him 그에게 in a purple robe 둘러싸는 것은 자색 옷

03 and went up to him again and again, saying, "Hail, king of the Jews!" And they struck him in the face. 앞에 가서 이르되 유대인의 왕이여 평안할지어다 하며 손으로 때리더라

and went up 그리고 가다 윗쪽으로 to 도달하는 장소는 him 예수님 again and again 자꾸만 saying 말하면서 "Hail 평안할지어다 king 왕이여 of 한정되는 것은 the Jews! 유대인" And they 그리고 그들이 struck 때렸다 him 그를 in 둘러싼 것은 the face 얼굴

동사 go는 방향을 나타내는 전치사 up을 동반하여 '가는데, 윗쪽으로 가다'의 의미를 갖는다. 그리고는 도달하는 장소를 나타내는 의미의 전치사 to를 쓰고, 도달 장소인 him을 쓴다. '빗물이론'이다. 즉 순서대로 흐른다. 빗물이 낮은 곳으로 흐르듯이! 동사 struck은 전치사 in을 동반하여 '치다, 때리다'을 나타낸다 in의 대상은 his face.

04 Once more Pilate came out and said to the Jews, "Look, I am bringing him out to you to let you know that I find no basis for a charge against him." 빌라도가 다시 밖에 나가 말하되 보라 이 사람을 데리고 너희에게 나오나니 이는 내가 그에게서 아무 죄도 찾지 못한 것을 너희로 알게 하려 함이로라 하더라

Once more 다시 한 번 Pilate 빌라도가 came 나아가기를 out 밖으로 and said 그리고 다시 말했다 to 도달 장소는 the Jews 유대인들 "Look 보라 I am bringing 나는 현재 상태는 데리고 오는 중이다 him 그를 out 밖으로 to 도달 장소는 you 너희에게 to let 그리하여 하고자 하는 바는 ~하도록 you 너희들이 know 알도록 that절 that I find 나는 찾았노라 no basis 근거없음을 for 대상은 a charge 칭 against 상태자는 him 그 사람"

동사 come은 방향을 나타내는 전치자 out을 동반하여 '나가다 밖으로'의 뜻을 나타낸다. 동사 bring은 방향을 나타내는 전치사 out을 동반하여 밖으로 데리고 ~ 밖으로, 부정명사 no basis에 주의하라. 나는 근거를 모른다를 영작하면 I don't know basis(?) 보다는 I have no basis 또는 I have no idea of basis가 더 좋을 것이다.

05 When Jesus came out wearing the crown of thorns and the purple robe, Pilate said to them, "Here is the man!" 이에 예수께서 가시관을 쓰고 자색 옷을 입고 나오시니 빌라도가 그들에게 말하되 보라 이 사람이로다 하매

When 때는 Jesus came 예수께서 나가시길 out 밖으로 wearing 입으시고 the crown 왕관 of 한정되는 것은 thorns 가시 and the purple robe 그리고 자색 옷 Pilate said 빌라도가 말했다 to them 대상은 그들 그들에게 "Here is the man 사람이 있다!"

06 As soon as the chief priests and their officials saw him, they shouted, "Crucify! Crucify!" But Pilate answered, "You take him and crucify him. As for me, I find no basis for a charge against him." 대제사장들과 아랫사람들이 예수를 보고 소리 질러 이르되 십자가에 못 박으소서 십자가에 못 박으소서 하는지라 빌라도가 이르되 너희가 친히 데려다가 십자가에 못 박으라 나는 그에게서 죄를 찾지 못하였노라

As soon as 그때 the chief priests 대제사장들과 and their officials 그리고 관리들이 saw him 보았다 그를 they shouted 그들이 외치길 "Crucify! Crucify 못 박아라!" But 그러나 Pilate answered 빌라도가 대답하길 "You take 너희가 데려가 him and crucify 못을 박아

라 him. As for me 나로서는 I find no basis 나는 찾았노라 근거 없음을 for a charge 위하는 것은 죄이고 against him 상대하는 것은 그 사람"

07 The Jews insisted, "We have a law, and according to that law he must die, because he claimed to be the Son of God." 유대인들이 대답하되 우리에게 법이 있으니 그 법대로 하면 그가 당연히 죽을 것은 그가 자기를 하나님의 아들이라 함이니이다

The Jews insisted 유대인들이 주장하길 "We have 우리는 가지고 있다 a law 법 and according to 관련해서는 그 대상은 that law 그 법 he must 그는 해야 한다 die 죽다 because 그 이유인즉 he claimed 그가 주장했기를 to be 나아가 하고자 하는 바는 상태로 the Son of God. 하나님의 아들"

according to 명사 또는 명사덩러리 ' ~에 따라서, claim 주장하다. '목적어는 to + R을 취한다.' 이렇게 배웠고 지금도 이렇게 배우고 있지만, 순서대로 익히면 된다. claim하는 것은 to + R 주장하는 것은 to + R하려고

08 When Pilate heard this, he was even more afraid, 빌라도가 이 말을 듣고 더욱 두려워하여

When 때는 Pilate heard 빌라도가 들었다 this 이 말을 he was 그는 상태는 과거 even 심지어는 more afraid 더욱 두려워

09 and he went back inside the palace. "Where do you come from?" he asked Jesus, but Jesus gave him no answer. 다시 관정에 들어가서 예수께 말하되 너는 어디로부터냐 하되 예수께서 대답하여 주지 아니하시는지라

and 그리고 he went back 그는 되돌아 가서는 inside 향한 것은 안쪽으로 the palace 관청 "Where do you 어디냐? 네가 come from 오다 출발지는?" he asked 그가 물었다 Jesus 예수에게 "을" 직접목적어는 앞의 의문문 but Jesus gave 그러나 예수님은 주었다 him no answer 그에게 무응답을

동사 go에 대하여 많이 배웠다. go back, go uo, godon, 그리고 안쪽으로 가면 inside~, 안으로 깊이 들어가면 into~, 도착하면 to~ 이것이 영영식 사고방식에 의한 영영식 표현이다.

10 "Do you refuse to speak to me?" Pilate said. "Don't you realize I have power either to free you or to crucify you?" 빌라도가 이르되 내게 말하지 아니하느냐 내가 너를 놓을 권한도 있고 십자가에 못 박을 권한도 있는 줄 알지 못하느냐

"Do you refuse 당신 거절하는 거야? to speak 나아가 하고자 하는 바는 말하는 것 to 대상은 me 나에게?" Pilate said 빌라도가 말했다 "Don't you realize 몰라? 너는 깨닫는 것을 I have 난 가지고 있어 power 권력을 either 둘 다를 to free 나아가 하고자 하는 바는 석방하다 you 너를 or to crucify 또 하고자 하는 바는 십자가에 못 박다 you 너를?"

I have power to R은? 권력을 가졌는데 왜? R하려고. 영어에서 to R은 너무너무 중요하고 많이 쓰인다. 그러나 우리는 to R을 부정사라고 배웠고, 결과, 이유, 목적, 원인 등 세분화하여 배웠으나 사실은 무용지물이다. 의미만 알면 자동적으로 나타내지는 것이니까! power to R은 Power를 가지고 나아가 하고자 하는 바는 R이란 뜻이고, I have power to R은 나는 power를 가지고 있는데, I have power 자체를 가지고 나아가 하고자 하는 바는 R이라는 것이다.

11 Jesus answered, "You would have no power over me if it were not given to you from above. Therefore the one who handed me over to you is guilty of a greater sin." 예수께서 대답하시되 위에서 주지 아니하셨더라면 나를 해할 권한이 없었으리니 그러므로 나를 네게 넘겨 준 자의 죄는 더 크다 하시니라

Jesus answered 예수께서 대답하시길 "You would 당신은 이었으리니 have 가진다 no power 권력없음을 over 덮는 것은 me 나를 if 만일에 it were 그것이 있었다면 not given 안 주어졌다 to 도달지는 you 당신 from 출발지는 above 위쪽 Therefore 그런고로 the one 자 사람은 who 그 자는 handed me 넘겨준 나를 over 넘겨서 to 대상은 you 당신 is guilty 죄인 of 한정되는 것은 a greater sin 더 큰 죄"

You would have no power over me if it were not given to you from above 가정법 과거문장이다. 가정법은 이 책의 서문(prologe) 참조 부정명사 no power를 사용함에 주의.

12 From then on, Pilate tried to set Jesus free, but the Jews kept shouting, "If you let this man go, you are no friend of Caesar. Anyone who claims to be a king opposes Caesar." 이러하므로 빌라도가 예수를 놓으려고 힘썼으나 유대인들이 소리 질러 이르되 이 사람을 놓으면 가이사의 충신이 아니니이다 무릇 자기를 왕이라 하는 자는 가이사를 반역하는 것

이니이다

From then on 출발지는 그때 계속하여 Pilate tried 빌라도는 노력했다 to set 하고자 하는 바는 고정하다 Jesus 예수를 free 자유롭게 but 그러나 the Jews kept 유대인들이 계속하여 shouting 소리치는 "If you let 만일 당신이 허락한다면 this man 이 사람이 go 가도록 you are 당신은 현재 상태로는 이다 no friend 친구 아님 of 한정되는 것은 Caesar 가이사 Anyone 누구 든지 who 그는 claims 주장하기를 to be 나아가 하고자 하는 바는 이다 a king 왕 opposes 반대 반역한다 Caesar 가이사를"

13 When Pilate heard this, he brought Jesus out and sat down on the judge's seat at a place known as the Stone Pavement (which in Aramaic is Gabbatha). 빌라도가 이 말을 듣고 예수를 끌고 나가서 돌을 깐 뜰(히브리 말로 가바다)에 있는 재판석에 앉아 있더라

When 때는 Pilate heard 빌라도가 들었다 this 이것을 he brought 그는 데려갔다 Jesus out 예수를 밖으로 and sat down 그리고는 앉다 아래로 on 접하는 면은 the judge's seat 심판자리 at 점으로 접하는 것은 a place 장소 known 알려진 as 로서 the Stone 돌 Pavement 바닥을 포장한 (which 이것은 in Aramaic 아랍어 히브리어로 is 현재 상태로 이다 Gabbatha 가바다)

동사 bring은 방향을 나타내는 전치사 out을 동반한다. 동사 sat은 방향전치사 down을 동반한다, 순서대로 앉다(sat) 아래로(down) 면으로 접하는 것은(on) 의자(the judge's seat)이고 장소는(at)~

14 It was the day of Preparation of Passover Week, about the sixth hour. "Here is your king," Pilate said to the Jews. 이날은 유월절의 준비일이요 때는 제육시라 빌라도가 유대인들에게 이르되 보라 너희 왕이로다

It was 상태는 과거로 이었고 the day 날은 of 한정되는 것은 Preparation 준비이고 of 한정되는 것은 Passover Week 유월절 기간 about 대략 the sixth hour 오후 여섯 시 "Here is 있다 your king 당신들의 왕이" Pilate said 빌라도가 말했다 to 도달하는 장소는 the Jews 유대인들에게

15 But they shouted, "Take him away! Take him away! Crucify him!" "Shall I crucify your king?" Pilate asked. "We have no king but Caesar," the chief priests

answered. 그들이 소리 지르되 없이 하소서 없이 하소서 그를 십자가에 못 박게 하소서 빌라도가 이르되 내가 너희 왕을 십자가에 못 박으랴 대제사장들이 대답하되 가이사 외에는 우리에게 왕이 없나이다 하니

But 그러나 they shouted 그들이 외쳐대기를 "Take 잡아요 him 그를 away 멀리 떨어지게! Take him away 없애 버려요! Crucify 십자가에 못 박아라 him 그를!" "Shall I 하랴? 내가 crucify 못 박는다 your king 너희들의 왕을?" Pilate asked 빌라도가 물었다 "We have 우리는 가지고 있다 no king 없는 왕 but 오직(=only 의뜻) Caesar 가이사" the chief priests 대제사장들 answered 대답하였다

16 Finally Pilate handed him over to them to be crucified. 이에 예수를 십자가에 못 박도록 그들에게 넘겨 주니라

Finally 마침내는 Pilate 빌라도가 handed 넘기다 him 그를 over 너머로 to 도착 대상은 them 그들에게 to be 그리하여 하고자 하는 바는 crucified 십자가에 못 박도록

17 So the soldiers took charge of Jesus. Carrying his own cross, he went out to the place of the Skull (which in Aramaic is called Golgotha). 그들이 예수를 맡으매 예수께서 자기의 십자가를 지시고 해골(히브리 말로 골고다)이라 하는 곳에 나가시니

So 그래서 the soldiers 군인들이 took 취하였고 charge 짐을 of 한정된 것은 Jesus 예수 Carrying 나르고 계시는 his own cross 자기의 십자가를 he went 그는 나가셨다 out 밖으로 to 도착지는 the place 곳을 of 한정된 것은 the Skull 해골 (which 그 해골은 in Aramaic 아랍 어로는 히브리말로 is 현재 상태는 called 불린다 Golgotha 골고다).

the soldiers took charge of Jesus. Carrying his own cross 분사구문은 행위자의 동작을 나타낸다. carrying의 행위자는 Jesus이다.

18 Here they crucified him, and with him two others--one on each side and Jesus in the middle. 그들이 거기서 예수를 십자가에 못 박을새 다른 두 사람도 그와 함께 좌우편에 못 박으니 예수는 가운데 있더라

Here 여기서 they 그들이 crucified 십자가에 못 박고 him 예수를 and 그리고 with 함께하는 것

은 him 그와 two others 다른 사람들—one 한 명 on 면으로 접하는 것은 each side 각 사이드에 and 그리고 Jesus 예수는 in 둘러싸이는 것은 the middle 중앙에

19 Pilate had a notice prepared and fastened to the cross. It read: 빌라도가 패를 써서 십자가 위에 붙이니 나사렛 예수 유대인의 왕이라 기록되었더라

Pilate 빌라도가 had 시켰다 a notice 팻말 prepared 준비시켜서 and 그리고는 fastened 붙였다 to 도달지는 the cross 십자가 It read 그것이 기록되었다:

20 Many of the Jews read this sign, for the place where Jesus was crucified was near the city, and the sign was written in Aramaic, Latin and Greek. 예수께서 못 박히신 곳이 성에서 가까운 고로 많은 유대인이 이 패를 읽는데 히브리와 로마와 헬라 말로 기록되었더라

Many 많은 이들이 of 한정된 것은 the Jews 유대인들이 read 읽었기를 this sign 이 팻말을 for 왜냐하면 the place 그곳은 where 그곳인데 Jesus 예수께서 was crucified 못 박히신 was 상태는 과거로 이었다 near 가까이는 the city 성 and 그리고 the sign 그 팻말은 was written 기록되었다 in Aramaic 아랍어 히브리어 Latin 라틴어 and Greek 그리고 그리스어(헬라어).

21 The chief priests of the Jews protested to Pilate, "Do not write 'The King of the Jews,' but that this man claimed to be king of the Jews." 유대인의 대제사장들이 빌라도에게 이르되 유대인의 왕이라 쓰지 말고 자칭 유대인의 왕이라 쓰라 하니

The chief priests 대제사장들이 of 한정되는 것은 the Jews 유대인의 protested 저항하기를 to 대상은 ilate 빌라도이구 "Do not 하지 마시고 write 쓰다 'The King 왕 of 한정되는 것은 the Jews 유대인' but이다 that절 이하라고 that this man 이 사람은 claimed 주장하기를 to be 나아가 하고자 하는 바는 이다 king 왕 of 한정되는 것은 the Jews 유대인들"

22 Pilate answered, "What I have written, I have written." 빌라도가 대답히되 네가 쓸 것을 썼다 하니라

Pilate answered 빌라도가 대답하길 "What 것 I have 내가 이미 written 기록했다 I have 내가 이미 written 기록했다"

"What I have written, I have written." 이 문장은 'N + SV' 구조이다. 단순한 '명사덩어리'이다. 일종의 Everything he saw 그가 본 것.

23 When the soldiers crucified Jesus, they took his clothes, dividing them into four shares, one for each of them, with the undergarment remaining. This garment was seamless, woven in one piece from top to bottom. 군인들이 예수를 십자가에 못 박고 그의 옷을 취하여 네 깃에 나눠 각각 한 깃씩 얻고 속옷도 취하니 이 속옷은 호지 아니하고 위에서부터 통으로 짠 것이라

When 때는 the soldiers crucified 군인들이 십자가에 못을 박았다 Jesus 예수를 they took 그들이 취했다 his clothes, 그의 옷을 dividing them 그리고 나누었다 그것을 into 방향은 four shares 4조각으로 one 한 명은 for 대상은 each of them 그 둘 중의 각자(즉 각자를 위한), with 함께하는 것은 the undergarment remaining 속옷 남아 있는 This garment 이 속옷은 was seamless 상처가 없는 woven 짜여진 in 둘러싼 것은 one piece 한 조각으로 from 출발점은 top 꼭대기 to 도달하는 곳은 bottom 바닥까지

24 "Let's not tear it," they said to one another. "Let's decide by lot who will get it." This happened that the scripture might be fulfilled which said, "They divided my garments among them and cast lots for my clothing." So this is what the soldiers did. 군인들이 서로 말하되 이것을 찢지 말고 누가 얻나 제비 뽑자 하니 이는 성경에 그들이 내 옷을 나누고 내 옷을 제비 뽑나이다 한 것을 응하게 하려 함이러라 군인들은 이런 일을 하고

"Let's 하도록 하자 not tear 찢지 말자 it 이것을" they said 그들이 말하길 to 도달하는 곳은 one another 서로에게 "Let's decide 결정합시다 by 수단으로 하는 것은 lot 뽑은 사람 who will get 그것을 가질 것이다 it 그것을" This happened 이것은 일어났다 that 결과는 the scripture might 성경을 위함이라 be fulfilled 응하게 된다 which 그것은 said 말하고 있으니 "They divided 그들이 나누었기를 my garments 내 옷을 among 셋 이상 중에 them 그들 and cast lots 제비 뽑기하다 for 대상으로 하는 것은 my clothing 내 옷" So 그리하여 this is 이것은 이다 what 것이고 the soldiers did 군인들이 행한

let us R = Let's R 'R합시다'. lot who will get it 뽑은 사람(lot) 그 사람은(who) 가질 거다 (will get) 이것(it), 즉 제비뽑기한 사람. 이제 독자 여러분은 숙달되셨으리라! This happened that

~might~ 영어에서는 완전 문장 다음에 (so) that ~조동사를 사용하여 목적을 나타낼 때 사용한다.

25 Near the cross of Jesus stood his mother, his mother's sister, Mary the wife of Clopas, and Mary Magdalene. 예수의 십자가 곁에는 그 어머니와 이모와 글로바의 아내 마리아와 막달라 마리아가 섰는지라

Near 가까이에는 the cross 십자가 of Jesus 한정하는 것은 예수님 stood 서 있었다 his mother 어머니와 his mother's sister 엄마의 언니들 Mary 마리아 the wife 아내 of Clopas 글로바의 and 그리고 Mary Magdalene 마리아 막달라

Near the cross of Jesus stood his mother, his mother's sister 이 문장은 부사구가 문장 앞에 위치하니 문장이 도치되었다. 동사는 stood이다.

26 When Jesus saw his mother there, and the disciple whom he loved standing nearby, he said to his mother, "Dear woman, here is your son," 예수께서 자기의 어머니와 사랑하시는 제자가 곁에 서 있는 것을 보시고 자기 어머니께 말씀하시되 여자여 보소서 아들이니이다 하시고

When 때는 Jesus saw 예수께서 보셨을 때 his mother 어머니도 there 거기 있고 and the disciple 제자 whom 그 제자는 he loved 그가 사랑했던 standing 서 있는 중이다 nearby 근처에 he said 그가 말씀하시길 to 대상은 his mother 어머니에게 , "Dear woman 여인이시여 here is 있습니다 your son 당신의 아들이"

27 and to the disciple, "Here is your mother." From that time on, this disciple took her into his home. 또 그 제자에게 이르시되 보라 네 어머니라 하신대 그때부터 그 제자가 자기 집에 모시니라

and 그리고는 to the disciple 제자에게 말씀하시길 "Here is 계신다 your mother 너의 어머니가" From 출발점은 that time 그때부터 on 계속하여 this disciple 이 제자가 took 취하였다 her 그녀를 into 방향은 안쪽으로 his home 자기의 집

28 Later, knowing that all was now completed, and so that the Scripture would be fulfilled, Jesus said, "I am thirsty." 그 후에 예수께서 모든 일이 이미 이루어진 줄 아시고

성경을 응하게 하려 하사 이르시되 내가 목마르다 하시니

Later 그 후에 knowing 아시고는 that절이 that all 모든 것이 was 상태는 과거 였다 now 이제는 completed 이루어지게 되었구나 and 그리하여 so that 그 결과는 the Scripture 성경이 would 이리라 be fulfilled 충족되다 Jesus said 예수께서 말씀하시길 "I 나는 am 현재 상태로 이다 thirsty 목마른"

knowing that all was now completed는 분사구문이고 주어는 Jesus이다. and so that the scripture would be fulfilled는 완전한 문장에 이어서 그 결과인 목적을 나타낼 때 사용하는 구문이다. 특히 that절에 조동사가 반드시 있어야 한다.

29 A jar of wine vinegar was there, so they soaked a sponge in it, put the sponge on a stalk of the hyssop plant, and lifted it to Jesus' lips. 거기 신 포도주가 가득히 담긴 그릇이 있는지라 사람들이 신 포도주를 적신 해면을 우슬초에 매어 예수의 입에 대니

A jar 항아리 of 한정되는 것은 wine vinegar 포도주 식초 was there 있었다 그곳에 so 그리하여 they soaked 그들이 적시었다 a sponge 스펀지를 in 둘러싼 것은 it 항아리 put 두었다 the sponge 스펀치를 on 면으로 접하는 것은 a stalk 줄기를 of 한정하는 것은 the hyssop plant 우슬초 식물 and lifted 그리고 들었다 it 스펀치를 to 도달하는 것은 Jesus' lips 예수의 입에

동사 soaked는 목적어를 적시는데, 그 다음에 이어지는 '항아리 안에' in it이다. 동사 put는 목적어를 장소에 '놓다, 두다'의 뜻일 때는 전치사 on을 동반한다.

30 When he had received the drink, Jesus said, "It is finished." With that, he bowed his head and gave up his spirit. 예수께서 신 포도주를 받으신 후에 이르시되 다 이루었다 하시고 머리를 숙이니 영혼이 떠나가시니라

When 때는 he had 예수께서 이미 received 받았다 the drink 음료(포도주 식초) Jesus said 예수께서 말씀하시길 "It 그것은 is finished 이루어졌다" With that 함께하는 것은 그것으로 he bowed 예수께서 숙였다 his head 자기의 머리를 and 그리고는 gave up 포기하셨다 his spirit 자기의 영혼을

31 Now it was the day of Preparation, and the next day was to be a special Sab-

bath. Because the Jews did not want the bodies left on the crosses during the Sabbath, they asked Pilate to have the legs broken and the bodies taken down. 이날은 준비일이라 유대인들은 그 안식일이 큰 날이므로 그 안식일에 시체들을 십자가에 두지 아니하려 하여 빌라도에게 그들의 다리를 꺾어 시체를 치워 달라 하니

Now 이제 it was(비인칭 it) 이었다 the day 그날은 of 한정되는 것은 Preparation 예비 준비의 and the next day 그리고 그 다음 날은 was 상태는 과거로 이었다 to be 나아가 하고자 하는 바는 이다 a special Sabbath 특별한 안식일 Because 때문에 이유는 the Jews 유대인들이 did not want 원하지 않았다 the bodies 시체들이 left 남겨진 on 붙어 있는 면은 the crosses 십자가에 during 기간은 the Sabbath 안식일에 they asked 그들이 요구하기를 Pilate 빌라도에게 to have 나아가 하고자 하는 바는 시켜라 the legs 다리를 broken 분질러 and 그리고 the bodies 시체들을 taken 취하여 down 아래로

32 The soldiers therefore came and broke the legs of the first man who had been crucified with Jesus, and then those of the other. 군인들이 가서 예수와 함께 못 박힌 첫째 사람과 또 그 다른 사람의 다리를 꺾고

The soldiers therefore 군인들이 그런고로 came 가서 and broke 부러뜨렸다 the legs 다리를 of 한정되는 것은 the first man 그 첫째 사람 who 그는 had 이미 been crucified 십자가에 매달린 with Jesus 함께하는 것은 예수님 and then 그리고 그때 those 사람들 of 한정하는 것은 the other 다른 사람들

33 But when they came to Jesus and found that he was already dead, they did not break his legs. 예수께 이르러서는 이미 죽으신 것을 보고 다리를 꺾지 아니하고

But 그리고 when 때는 they came 그들이 와서는 to 도달하는 것은 Jesus 예수님이고 and found 그리고는 알았다 that절을 that he was 그는 이었다 already 이미 dead 죽은 they did not break 그들은 부러뜨리지 않았다 his legs 그의 다리를

34 Instead, one of the soldiers pierced Jesus' side with a spear, bringing a sudden flow of blood and water. 그 중 한 군인이 창으로 옆구리를 찌르니 곧 피와 물이 나오더라

Instead 대신에 one 한 명이 of 한정되는 것은 the soldiers pierced 군인들 중 Jesus' side

예수의 측면을 with a spear 함께하는 것은 창 bringing 흐르다 a sudden flow 급작스런 흐름이 of 한정되는 것은 blood and water 피와 물이

35 The man who saw it has given testimony, and his testimony is true. He knows that he tells the truth, and he testifies so that you also may believe. 이를 본 자가 증언하였으니 그 증언이 참이라 그가 자기의 말하는 것이 참인 줄 알고 너희로 믿게 하려 함이니라

The man 자는 자가 who 그는 saw it 보았다 그것을 has given 이미 주었다 testimony 증언 and his testimony 그리고 증언은 is 현재 상태는 이다 true 참되다 He knows 그는 안다 that 절을 that he tells 그가 말하노라 the truth 진리를 and he testifies 그리고 그가 증언한다 so that 그리하여 you 너희를 also 역시 may believe 믿게 하려 함이니라

36 These things happened so that the scripture would be fulfilled: "Not one of his bones will be broken," 이 일이 일어난 것은 그 뼈가 하나도 꺾이지 아니하리라 한 성경을 응하게 하려 함이라

These things 이러한 일들은 happened 일어났다 so that 그 결과는 the scripture would 성경이 이루리라 be fulfilled 충족하게 됨을: "Not 아니다 one 하나도 of 한정된 것은 his bones 그의 뼈를 will be broken 부러질 것이다"

"Not one of his bones will be broken," 동사를 부정하는 한국어와는 달리 영어는 부정명사를 사용하여 전체 문장을 부정하는 특징을 갖는다.

37 and, as another scripture says, "They will look on the one they have pierced." 또 다른 성경에 그들이 그 찌른 자를 보리라 하였느니라

and 그리고 또 as 이므로 another scripture 다른 성경은 says 말하기를 "They will look 그들이 보리라 on 접촉하는 면은 the one 자를 they 그들은 have 이미 pierced 찔렀다"(계시록 1장 6절을 보라)

38 Later, Joseph of Arimathea asked Pilate for the body of Jesus. Now Joseph was a disciple of Jesus, but secretly because he feared the Jews. With Pilate's permission, he came and took the body away. 아리마대 사람 요셉은 예수의 제

자이나 유대인이 두려워 그것을 숨기더니 이 일 후에 빌라도에게 예수의 시체를 가져가기를 구하매 빌라도가 허락하는지라 이에 가서 예수의 시체를 가져가니라

Later 후에 Joseph 요셉은 of 한정되는 것은 Arimathea 아리마대 asked 요구하기를 Pilate 빌라도에게 for 대상은 the body 시신 of 한정하는 것은 Jesus 예수의 Now 이제 Joseph 요셉은 was 이었다 a disciple 제자 of Jesus 예수님의 but 그러나 secretly 은밀하게는 because 이유는 he feared 그가 두려워했다 the Jews 유대인들을 With 함께하는 것은 Pilate's permission 빌라도의 허락을 he came 그가 와서는 and took 취하였다 the body 시신을 away 멀리

39 He was accompanied by Nicodemus, the man who earlier had visited Jesus at night. Nicodemus brought a mixture of myrrh and aloes, about seventy-five pounds. 일찍이 예수께 밤에 찾아왔던 니고데모도 몰약과 침향 섞은 것을 백 리트라쯤 가지고 온지라

He 그는 was accompanied 동반되었다 by Nicodemus 니고데모에 의해서 the man 그 사람 니고데모는 who 그 사람은 earlier 일찌기 had visited 이미 방문했던 Jesus 예수를 at 접하고 있는 바는 night 밤에 Nicodemus brought 니고데모는 가져왔다 a mixture 혼합체를 of myrrh 몰약과 and aloes 알로에 about 대략적으로 seventy-five pounds 75파운드

Nicodemus, the man who~ 는 Nicodemus who is the man~에서 관계사(who)와 be동사(is)가 생략된 것이다.

40 Taking Jesus' body, the two of them wrapped it, with the spices, in strips of linen. This was in accordance with Jewish burial customs. 이에 예수의 시체를 가져다가 유대인의 장례 법대로 그 향품과 함께 세마포로 쌌더라

Taking 취해다가 Jesus' body 예수의 시체를 the two 두 사람이 of them 그들 중에 wrapped 포장하였다 it 시신을 ,with 함께하는 것은 the spices 향수 in 둘러싸고 있는 것은 strips of linen 세마포 This 이것은 was 과거상태로 이었다 in 둘러싸는 것은 accordance 일치 with 함께하는 것은 Jewish burial customs 유대인들의 장례관습

41 At the place where Jesus was crucified, there was a garden, and in the gar-

den a new tomb, in which no one had ever been laid. 예수께서 십자가에 못 박히신 곳에 동산이 있고 동산 안에 아직 사람을 장사한 일이 없는 새 무덤이 있는지라

At 점으로 접하는 곳은 the place 장소이고 where 그곳에는 Jesus 예수가 was crucified 십자가에 못 박힌다 there was 있다 a garden 정원, 동산 and 그리고 in 둘러싸인 the garden 정원에는 a new tomb 새로운 무덤이 있는데 in 둘러싸고 있는 which 그 무덤 no one 아무도 없다 had 이미 ever 한 적이 been laid 누워진

There was + 주어. 주어가 있다. there는 유도부사로 주어 동사가 도치된다. a new tomb가 있으니 관계사를 사용하여 설명하는 것이다. 무덤 안에는 in which 어느 누구도 장사 지낸 적이 없으니 no one had ever been laid가 된다.

42 Because it was the Jewish day of Preparation and since the tomb was nearby, they laid Jesus there. 이날은 유대인의 준비일이요 또 무덤이 가까운 고로 예수를 거기 두니라

Because 이므로 ~ 로 말미암아 it was 그날은 the Jewish day 유대인 날 of Preparation 준비일의 and 그리고 since 때문에 the tomb was 무덤이 있다 nearby 근처에 they 그들은 laid 두었다 Jesus 예수를 there 거기에

The Gospel according to St. John

요한복음 20장

chapter 20

The Gospel according to St. John

요한복음 20장

01 Early on the first day of the week, while it was still dark, Mary Magdalene went to the tomb and saw that the stone had been removed from the entrance. 안식 후 첫날 일찍이 아직 어두울 때에 막달라 마리아가 무덤에 와서 돌이 무덤에서 옮겨진 것을 보고

Early 일찍이 on 명으로 접하는 것은 the first day 첫째 날 of 한정되는 것은 the week 그 중의 while 동시에 일어나는 일은 it was (비인칭 it) still 여전히 dark 어두운 Mary Magdalene 막달라 마리아가 went 갔다 to 도달한 것은 the tomb 무덤 and saw 그리고 보았다 that절을 that the stone 돌이 had 이미 been removed 제거되었다 from 출발한 곳은 the entrance 입구

02 So she came running to Simon Peter and the other disciple, the one Jesus loved, and said, "They have taken the Lord out of the tomb, and we don't know where they have put him!" 시몬 베드로와 예수께서 사랑하시던 그 다른 제자에게 달려가서 말하되 사람들이 주님을 무덤에서 가져다가 어디 두었는지 우리가 알지 못하겠다 하니

So 그래서 she came 그녀가 가서는 running 달려서 to 도달한 것은 Simon Peter 시몬 베드로 and the other disciple 그리고 다른 제자에게 the one 그는 Jesus loved 예수께서 사랑하셨던 and said 그리고는 말했다 "They have 그들이 이미 taken 취해갔다 the Lord 주님을 out 밖으로 of 한정되는 것은 the tomb 무덤 and we don't know 그리고는 우리는 알지 못한다 where 장소를 they have 그들이 이미 put 두다 him 그분을!"

03 So Peter and the other disciple started for the tomb. 베드로와 그 다른 제자가 나가서 무덤으로 갈새

So 그래서 Peter 베드로와 and the other disciple 그리고 다른 제자가 started 출발했다 for 향한 곳은 the tomb 무덤으로

04 Both were running, but the other disciple outran Peter and reached the tomb

first. 둘이 같이 달음질하더니 그 다른 제자가 베드로보다 더 빨리 달려가서 먼저 무덤에 이르러

Both 둘이 were running 달렸다 but 하지만 the other disciple 다른 제자가 outran 먼저 뛰었다 Peter 베드로를 and reached 그리고는 도착했다 the tomb 무덤에 first 처음으로

05 He bent over and looked in at the strips of linen lying there but did not go in.
구부려 세마포 놓인 것을 보았으나 들어가지는 아니하였더니

He bent 그는 구부렸다 over 너머로 and 그리고는 looked 보았다 in 방향은 안으로 at 점으로 접하는 것은 the strips 헝겊 천 of 한정되는 것은 linen 세마포 lying 놓인 there 거기에 but 하지만 did not 않았다 go 가다 in 안으로

06 Then Simon Peter, who was behind him, arrived and went into the tomb. He saw the strips of linen lying there, 시몬 베드로는 따라와서 무덤에 들어가 보니 세마포가 놓였고

Then Simon Peter 시몬 베드로는 who 그는 was behind 뒤에 있다 him 그를 arrived 도착했다 and 그리고는 went into 들어갔다 the tomb 무덤으로 He saw 그는 보았다 the strips 천 of 한정되는 것은 linen 세마포 lying 놓여있는 there 거기에

07 as well as the burial cloth that had been around Jesus' head. The cloth was folded up by itself, separate from the linen. 또 머리를 쌌던 수건은 세마포와 함께 놓이지 않고 딴 곳에 쌌던 대로 놓여 있더라

as well as 뿐만 아니라 the burial cloth 장례 옷 that 그 옷은 had 이미 been 있었던 around 둘러싸는 것은 Jesus' head 예수의 머리 The cloth 그 옷은 was folded 접혀져서 up 똑바로 by itself 홀로서 separate 분리된 from 출발한 곳은 the linen 세마포

08 Finally the other disciple, who had reached the tomb first, also went inside. He saw and believed. 그때에야 무덤에 먼저 갔던 그 다른 제자도 들어가 보고 믿더라

Finally 마침내 the other disciple 그 다른 제자 who 그는 had 이미 reached 도착했었던 the tomb 무덤에 first 먼저 also 역시 went 갔다 inside 방향은 안쪽으로 He saw 그는 보았

고 and believed 그리고는 믿었더라

09 (They still did not understand from Scripture that Jesus had to rise from the dead.) (그들은 성경에 그가 죽은 자 가운데서 다시 살아나야 하리라 하신 말씀을 아직 알지 못하더라)

(They 그들은 still 여전히 did not 못했다 understand 이해하다 from 출발지는 Scripture 성경이고 that 그 성경은 Jesus 예수께서 had 가지셨다 to rise 나아가서 하고자 하는 바는 일어나다 from 출발지는 the dead 죽은 자들

10 Then the disciples went back to their homes, 이에 두 제자가 자기들의 집으로 돌아가니라

Then 그때 the disciples 제자들은 went 갔다 back 다시 to 도달 장소는 their homes 그들의 집으로

11 but Mary stood outside the tomb crying. As she wept, she bent over to look into the tomb 마리아는 무덤 밖에 서서 울고 있더니 울면서 구부려 무덤 안을 들여다보니

but 그러나 Mary 마리아는 stood 서서 outside 밖에 the tomb 무덤 crying 울고 있더니 As 때 she wept 그녀가 울었을 때 she bent 그녀는 몸을 구부려 over 너머로 to look 나아가 하고자 하는 바는 into 방향은 안쪽이고 the tomb 무덤

자동사 stood는 상태이므로 상태를 나타내는 동작은 동사ing형을 동반한다. she stood crying 이다.

12 and saw two angels in white, seated where Jesus' body had been, one at the head and the other at the foot. 흰 옷 입은 두 천사가 예수의 시체 뉘었던 곳에 하나는 머리 편에, 하나는 발 편에 앉았더라

and 그리고는 saw 보았다 two angels 두 천사가 in white 둘러쌓여 있고 흰 옷으로 seated 앉았는데 where 그곳은 Jesus' body 예수님의 시체가 had been 이미 있었던 one 한 천사는 at 점으로 접하는 것은 the head 머리에 and 그리고 the other 다른 천사는 at 점으로 접하는 것은 the foot 발

13 They asked her, "Woman, why are you crying?" "They have taken my Lord away," she said, "and I don't know where they have put him." 천사들이 이르되 여자여 어찌하여 우느냐 이르되 사람들이 내 주님을 옮겨다가 어디 두었는지 내가 알지 못함이니이다

They 그들(천사들)이 asked 물었다 her 그녀에게 "을" "Woman 여자여 why 어찌하여 are you 너는 인고? crying 울고 있다? "They 그들이 have taken 이미 가져갔었다 my Lord 나의 주님을 away 멀리 멀리" she 그녀가 said 말했다 "and 그리고는 I don't know 나는 모르겠어요 where 어느 곳에 they 그들이 have put 이미 두었는지를 him 그분을"

14 At this, she turned around and saw Jesus standing there, but she did not realize that it was Jesus. 이 말을 하고 뒤로 돌이켜 예수께서 서 계신 것을 보았으나 예수이신 줄은 알지 못하더라

At 점으로 접하는 것은 this 이것 she turned 그녀가 돌아었다 around 주변으로 and 그리고 saw 보았다 Jesus 예수께서 standing 서 계신 것을 there 거기에 but 하지만 she did not 그녀는 몰랐다 realize 알지를 that절을 that it 그분이 was 상태가 과거로 이었다 Jesus 예수님

15 "Woman," he said, "why are you crying? Who is it you are looking for?" Thinking he was the gardener, she said, "Sir, if you have carried him away, tell me where you have put him, and I will get him." 예수께서 이르시되 여자여 어찌하여 울며 누구를 찾느냐 하시니 마리아는 그가 동산지기인 줄 알고 이르되 주여 당신이 옮겼거든 어디 두었는지 내게 이르소서 그리하면 내가 가져가리이다

"Woman 여자여" he said 그가 말했다 "why 어찌하여 are you 너는 crying 울고 있는고? Who 누구 is 인고 it 그것이? you 너가 are 상태는 현재이고 looking 보고 있는 중 for 대상은?" Thinking 생각하고는 (that절 생략) he 그는 was 상태는 과거 the gardener 정원사 she said 그녀가 말했다 "Sir 선생님 if you 만일에 당신께서 have carried 이미 옮기셨다면 him 그를 away 멀리 tell 말해주세요 me 나에게 where 어디에 you have 당신이 이미 put 두셨는지를 him 그를 and 그러면(명령문 and는 그러면 뜻) I will 제가 할게요 get him 모시다 그를"

tell me where you have put him, and I will get him 이 문장에서는 두 가지가 중요하다. 1) where you have put him은 명사덩어리로 동사 tell의 직접목적어이다. 2)명령문, and~. '~하라, 그러면'의 뜻이다.

16 Jesus said to her, "Mary." She turned toward him and cried out in Aramaic, "Rabboni!" (which means Teacher). 예수께서 마리아야 하시거늘 마리아가 돌이켜 히브리 말로 랍오니 하니(이는 선생님이라는 말이라)

Jesus said 예수께서 말씀하셨다 to 도달하는 대상은 her 그녀 "Mary 마리아야" She turned 그녀가 돌아섰다 toward 방향은 향하여 him 그분(예수님) and 그리고는 cried 울어버렸다 out 밖으로 in 둘러싼 것은 Aramaic 히브리 말로 "Rabboni 랍비여!" (which 이것은 means 의미한다 Teacher 선생님)

17 Jesus said, "Do not hold on to me, for I have not yet returned to the Father. Go instead to my brothers and tell them, 'I am returning to my Father and your Father, to my God and your God.'" 예수께서 이르시되 나를 붙들지 말라 내가 아직 아버지께로 올라가지 아니하였노라 너는 내 형제들에게 가서 이르되 내가 내 아버지 곧 너희 아버지 내 하나님 곧 너희 하나님께로 올라간다 하라 하시니

Jesus said 예수께서 말씀하셨다 Do not 하지 말라 hold 붙들다 on 면으로 접하는 것은 to 도달하는 것은 me 나 for 이는 ~로 말미암음이라 I have 내가 이미 not yet 않는다 아직도 returned 돌아갔다 to 그 대상은 the Father 아버지에게로 Go 가서 instead 대신에 말이다 to 대상은 my brothers 내 형제들에게 and tell 그리고 말하라 them 그들에게 "을" 'I am 나는 현재 상태는 이다 returning 돌아가는 중이고 to 그 대상은 my Father 내 아버지이다 and your Father 그리고 너희 아버지이시고 to 도달하는 곳은 my God 나의 하나님이시고 and 그리고 your God 너희 하나님이시다'

동사 hold는 잡다, 붙들다의 뜻이니 뒤에는 접하는 면이 오니 전치사 on이 온다. 동사 returned는 돌아서니 대상을 나타내는 전치사 to가 온다. 도달하는 대상이니까. 동사 go는 가서 도착해야 하니까 도달하는 장소를 나타내는 전치사 to가 온다.

18 Mary Magdalene went to the disciples with the news: "I have seen the Lord!" And she told them that he had said these things to her. 막달라 마리아가 가서 제자들에게 내가 주를 보았다 하고 또 주께서 자기에게 이렇게 말씀하셨다 이르니라

Mary Magdalene 막달라 마리아는 went 갔다 to 대상은 the disciples 제자들에게 with 동반하는 것은 the news 소식을 가지고: "I have 내가 이미 seen 보았노라 the Lord 주님을!"

And 그리고 she told 그녀가 말하기를 them 그들에게 that절을 that he 그가(예수께서) had said 이미 말씀하셨다 these things 이것들을 to 대상은 her 그녀

19 On the evening of that first day of the week, when the disciples were together, with the doors locked for fear of the Jews, Jesus came and stood among them and said, "Peace be with you!" 이날 곧 안식 후 첫날 저녁 때에 제자들이 유대인들을 두려워하여 모인 곳의 문들을 닫았더니 예수께서 오사 가운데 서서 이르시되 너희에게 평강이 있을지어다

On 면으로 접하는 것은 (그날에) the evening 저녁이고 of 한정하는 것은 that first day 그 첫날이고 of 한정하는 것은 the week 그 주 when 때는 the disciples 제자들이 were 상태는 이었고 together 함께 with 동반하는 것은 the doors 문들 locked 잠겼다 for 그 이유는 fear 두려움이고 of 한정되는 것은 the Jews 유대인들이니 Jesus came 예수께서 오셨고 and stood 그리고 서 계셨다 among 셋 이상 사이에서 them 그들 and said 그리고 말씀하시길 "Peace 평강이 be 상태는 있다 with 함께하는 것은 you 너희들에게!"

20 After he said this, he showed them his hands and side. The disciples were overjoyed when they saw the Lord. 이 말씀을 하시고 손과 옆구리를 보이시니 제자들이 주를 보고 기뻐하더라

After 직전에 일어난 일은 he said 예수께서 말씀하셨다 this 이것을 he showed 그분은 보여주셨다 them 그들에게 his hands 자신의 손과 and side 옆구리를 The disciples 제자들은 were 상태는 과거 이었더라 overjoyed 기쁘게 when 때는 they saw 그들이 보았다 the Lord 주님을

21 Again Jesus said, "Peace be with you! As the Father has sent me, I am sending you." 예수께서 또 이르시되 너희에게 평강이 있을지어다 아버지께서 나를 보내신 것 같이 나도 너희를 보내노라

Again 또 다시 Jesus said 예수께서 말씀하시길 "Peace 평화가 be 존재하다 with 함께하는 것은 you 너희에게! As처럼 같이 the Father has 아버지께서 이미 sent 보내셨다 me 나를 I am 나도 현재 상태는 이다 sending 보내는 중이다 you 너희를"

22 And with that he breathed on them and said, Receive the Holy Spirit. 이 말씀을

하시고 그들을 향하사 숨을 내쉬며 이르시되 성령을 받으라

And 그리고는 with 함께하는 것은 that절이고 that he 그는 breathed 숨을 쉬시고는 on 면으로 접하는 것은 them 그들이고 and said 그리고는 말씀하시길 Receive 받으라 the Holy Spirit 거룩한 성령을

23 If you forgive anyone his sins, they are forgiven; if you do not forgive them, they are not forgiven. 너희가 누구의 죄든지 사하면 사하여질 것이요 누구의 죄든지 그대로 두면 그대로 있으리라 하시니라

If you 만일에 너희가 ~한다면 forgive 용서하다 anyone 누구에게 his sins 그의 죄를 they 그들은 are 현재 상태로 forgiven 용서받은 것이다; if you 만일 너희가 do not 않는다면 forgive 용서하다 them 그들을 they 그들은 are not 아니다 forgiven 용서받은 것이"

24 Now Thomas (called Didymus), one of the Twelve, was not with the disciples when Jesus came. 열두 제자 중의 하나로서 디두모라 불리는 도마는 예수께서 오셨을 때에 함께 있지 아니한지라

Now 이제 Thomas 도마가 (called 불리는 것은 Didymus 디두모), one 하나이고 of 한정하는 것은 the Twelve 열두 제자 was not 없었다 with 함께하는 것은 the disciples 제자들이고 when 동시에 일어나는 때는 Jesus came 예수께서 오셨을 때

25 So the other disciples told him, "We have seen the Lord!" But he said to them, "Unless I see the nail marks in his hands and put my finger where the nails were, and put my hand into his side, I will not believe it." 다른 제자들이 그에게 이르되 우리가 주를 보았노라 하니 도마가 이르되 내가 그의 손의 못 자국을 보며 내 손가락을 그 못 자국에 넣으며 내 손을 그 옆구리에 넣어 보지 않고는 믿지 아니하겠노라 하니라

So 그래서 the other disciples 다른 제자들이 told 말했다 him 그에게 "을" "We have 우리가 이미 seen 보았다 the Lord 주님을!" But 그러나 he said 그가 말했다 to 대상은 them 그들에게 "Unless 만일 ~않는다면 I see 내가 보다 the nail marks 못 자국을 in 둘러싸고 있는 것은 his hands 그의 손들 and 그리고 put 두다 my finger 나의 손가락을 where 자소는 the nails 못들이 were 상태는 있었던 and put 그리고 두다 my hand 내 손을 into 방향은 안으로

his side 그 옆구리 I will not 나는 않을 거야 believe it 믿다 그것을"

26 A week later his disciples were in the house again, and Thomas was with them. Though the doors were locked, Jesus came and stood among them and said, "Peace be with you!" 여드레를 지나서 제자들이 다시 집 안에 있을 때에 도마도 함께 있고 문들이 닫혔는데 예수께서 오사 가운데 서서 이르시되 너희에게 평강이 있을지어다 하시고

A week 한 주 later 뒤에 his disciples 그의 제자들이 were 상태는 있었다 in 둘러싸고 있는 것은 the house 그 집이고 again 또 다시 and 그리고 Thomas 도마는 was 상태는 과거이고 있었다 with 함께하는 것은 them 그들 Though 비록 ~이지만 the doors 문들은 were 상태는 과거로 있었다 locked 잠겨서 Jesus came 예수께서 오셨고 and 그리고 stood 서 계셨다 among 셋 이상 중에 them 그들 and said 그리고는 말씀하였다 "Peace 평화가 be 상태는 존재하라 with 함께하는 것은 you 너희들에게!"

27 Then he said to Thomas, "Put your finger here; see my hands. Reach out your hand and put it into my side. Stop doubting and believe." 도마에게 이르시되 네 손가락을 이리 내밀어 내 손을 보고 네 손을 내밀어 내 옆구리에 넣어 보라 그리하여 믿음 없는 자가 되지 말고 믿는 자가 되라

Then 그때 he 예수께서 said 말씀하였다 to 대상은 Thomas 도마에게 "을" "Put 두어라 your finger 너의 손가락을 here 여기; see 보라 my hands 내 손을 Reach 뻗어라 out 밖으로 your hand 너희 손을 and put 그리고는 두라 it 손을 into 방향은 안쪽으로 my side 내 옆구리로 Stop 멈추라 doubting 의심하는 것을 and believe 그리고 믿어라"

28 Thomas said to him, "My Lord and my God!" 도마가 대답하여 이르되 나의 주님이시요 나의 하나님이시니이다

Thomas said 도마가 말하기를 to 도달하는 대상은 him 그에게 "My Lord 나의 주님이시여 and 그리고 my God 나의 하나님이시여!"

29 Then Jesus told him, "Because you have seen me, you have believed; blessed are those who have not seen and yet have believed." 예수께서 이르시되 너는 나를 본 고로 믿느냐 보지 못하고 믿는 자들은 복되도다 하시니라

Then 그때 Jesus told 예수께서 말씀하시길 him 그에게 "을" Because 로 말미암아 you have 너는 이미 seen 보았느니라 me 나를 you have 너는 이미 believed 믿었느니라; blessed 복받았다 are 상태는 현재이고 이다 those 사람들은 who 그들은 have 이미 not seen 보지 않았느니라 and 그리고 yet 하지만 have believed 이미 믿었다

30 Jesus did many other miraculous signs in the presence of his disciples, which are not recorded in this book. 예수께서 제자들 앞에서 이 책에 기록되지 아니한 다른 표적도 많이 행하셨으나

Jesus did 예수께서 행하셨다 many other miraculous signs 많은 다른 기적 같은 표적들을 in 둘러싸고 있는 것은 the presence 존재이고 of 한정하는 것은 his disciples 그의 제자들인데 which 이것들은(앞 문장 전체를 받는다) are not 현재 상태로 아니다 recorded 기록되지를 in 둘러싸고 있는 것은 this book 이 책에

this book은 요한복음이다. 성경전서는 Bible이라 하고, 성경 각권은 the Scripture라고 한다.

31 But these are written that you may believe that Jesus is the Christ, the Son of God, and that by believing you may have life in his name. 오직 이것을 기록함은 너희로 예수께서 하나님의 아들 그리스도이심을 믿게 하려 함이요 또 너희로 믿고 그 이름을 힘입어 생명을 얻게 하려 함이니라

But 오직 these 이것들만이 are written 기록되었는데 that 그 결과로는 you 너희들이 may 위함이니라 believe 믿기를 that절을 that Jesus 예수님은 is 현재 상태로 이시고 the Christ 그리스도 the Son 아들이시고 of 한정되는 것은 God 하나님 and 그리고 that절을 that by 수단은 believing 믿음을 믿음으로써 you 너희들이 may 위함이니라 have 가지도록 life 생명을 in 둘러싼 것은 his name 그의 이름으로(그의 이름 안에서)

The Gospel according to St. John

요한복음 21장

The Gospel according to St. John

요한복음 21장

01 Afterward Jesus appeared again to his disciples, by the Sea of Tiberias. It happened this way: 그 후에 예수께서 디베랴 호수에서 또 제자들에게 자기를 나타내셨으니 나타내신 일은 이러하니라

Afterward 그 후에 Jesus appeared 예수께서 나타나셨다 again 다시 또 다시 to 대상은 his disciples 제자들에게 by 장소는 the Sea 호숫가 of 한정되는 것은 Tiberias 디베랴이고 It happened 일어났다 this way 이런 식으로 말이다:

02 Simon Peter, Thomas (called Didymus),Nathanael from Cana in Galilee, the sons of Zebedee, and two other disciples were together. 시몬 베드로와 디두모라 하는 도마와 갈릴리 가나 사람 나다나엘과 세베대의 아들들과 또 다른 제자 둘이 함께 있더니

Simon Peter 시몬 베드로와 Thomas 도마(called 불릴 때는 Didymus 디두모) Nathanael 나다나엘 from 출신지는 Cana 가나이고 in 둘러싸는 곳은 Galilee 갈릴리 the sons 아들들이 of 한정되는 것은 Zebedee 세베대 and 그리고 two other disciples 다른 두 제자들이 were 상태는 과거이고 있었다 together 함께

03 "I'm going out to fish," Simon Peter told them, and they said, "We'll go with you." So they went out and got into the boat, but that night they caught nothing. 시몬 베드로가 나는 물고기 잡으러 가노라 하니 그들이 우리도 함께 가겠다 하고 나가서 배에 올랐으나 그날 밤에 아무것도 잡지 못하였더니

"I'm going 나는 나간다 out 밖으로 to fish 하고자 하는 바는 고기잡으로" Simon Peter told 시몬 베드로가 말했다 them 그들에게 and 그리고 they said 그들이 말하길 "We'll 우리도 하겠노라 go 가겠다 with 함께하는 것은 you 당신" So 그래서 they went 그들이 갔다 out 밖으로 and 그리고는 got 얻었다 into 방향은 안으로 the boat 배 but 그러나 that night 그날 밤 they caught 그들이 잡았다 nothing 아무도 없음을

04 Early in the morning, Jesus stood on the shore, but the disciples did not re-

alize that it was Jesus. 날이 새어갈 때에 예수께서 바닷가에 서셨으나 제자들이 예수이신 줄 알지 못하는지라

Early 일찍 in 둘러싸고 있는 것은 the morning 아침이고 Jesus stood 예수께서는 섰다 on 명으로 접한 것은 the shore 바닷가 but 하지만 the disciples did not realize 제자들은 알지 못했다 that절을 that it was Jesus 그분이 예수님이다

05 He called out to them, "Friends, haven't you any fish?" "No," they answered. 예수께서 이르시되 얘들아 너희에게 고기가 있느냐 대답하되 없나이다

He called 예수께서 부르셨다 out 밖으로 to 대상은 them 그들에게 "Friends 친구들아 haven't 갖지 못했나? you 너희는 any fish 어떠한 고기도?" "No 예" they answered 그들이 대답했다

06 He said, "Throw your net on the right side of the boat and you will find some." When they did, they were unable to haul the net in because of the large number of fish. 이르시되 그물을 배 오른편에 던지라 그리하면 잡으리라 하시니 이에 던졌더니 물고기가 많아 그물을 들 수 없더라

He said 말씀하시길 "Throw 던져라 your net 너희 그물을 on 면으로 접하는 것은 the right side 오른쪽이고 of 한정하는 것은 the boat 배편의 and 그러면 you will 너희는 find 찾을 것이다 some 얼마의 고기를" When 동시에 때는 they did 그들이 던졌을 때 they were 그들은 이었다 unable 할 수 없는 to haul 나아가서 하고자 하는 바는 들다 the net 그물을 in 둘러싸고 있는 것은 because of 때문에 the large number 많은 수 of 한정하는 것은 fish 고기

07 Then the disciple whom Jesus loved said to Peter, "It is the Lord!" As soon as Simon Peter heard him say, "It is the Lord," he wrapped his outer garment around him (for he had taken it off) and jumped into the water. 예수께서 사랑하시는 그 제자가 베드로에게 이르되 주님이시라 하니 시몬 베드로가 벗고 있다가 주님이라 하는 말을 듣고 겉옷을 두른 후에 바다로 뛰어 내리더라

Then 그때 the disciple 제자 whom 그는 Jesus loved 예수께서 사랑했던 said 말했다 to 대상은 Peter 베드로에게 "It is 그분은 이시다 the Lord 주님!" As soon as 하자마자 곧 Simon Peter 베드로가 heard 들었다 him 그가 say 말하는 것을 "It is 이다 the Lord 주님"

he wrapped 그는 둘러쌌다 his outer garment 자기의 바깥 옷을 around 둘러싸는 것은 him 자기를 (for 이는 ~말미암음이니라 he 그는 had taken 이미 취했다 it 그것을 off 탈착하여 떨어진) and 그리고는 jumped 뛰어내렸다 into 방향은 안쪽으로 the water 바다물

08 The other disciples followed in the boat, towing the net full of fish, for they were not far from shore, about a hundred yards. 다른 제자들은 육지에서 거리가 불과 한 오십 칸쯤 되므로 작은 배를 타고 물고기 든 그물을 끌고 와서

The other disciples 다른 제자들은 followed 따랐다 in 둘러싼 것은 the boat 보트이고 towing 끌고서는 the net 그물을 full 가득찬 of 한정하는 것은 fish 물고기 for 이는 ~로 말미암음이니라 they were 그들은 있었다 not far 멀지 않은 곳 from 출발지는 shore 바닷가 about 대략은 a hundred yards 100야드

towing the net full of fish 분사구문이다. 주어는 The orther disciples이다.

09 When they landed, they saw a fire of burning coals there with fish on it, and some bread. 육지에 올라보니 숯불이 있는데 그 위에 생선이 놓였고 떡도 있더라

When 때는 they landed 그들이 도착했을 때 they saw 그들이 보았는데 a fire 숯불을 of 한정된 것은 burning 타고 있는 coals 일종의 무연탄 there 그곳에 with 함께하는 것은 fish 생선이고 on 접촉된 것은 it 숯불 and 그리고는 some bread 약간의 빵

10 Jesus said to them, "Bring some of the fish you have just caught." 예수께서 이르시되 지금 잡은 생선을 좀 가져오라 하시니

Jesus said 예수께서 말하시길 to 대상은 them 그들에게 "Bring 가져오라 some 얼마를 of 한정되는 것은 the fish 고기를 you have 너희가 이미 just 방금 caught 잡았던"

11 Simon Peter climbed aboard and dragged the net ashore. It was full of large fish, 153, but even with so many the net was not torn. 시몬 베드로가 올라가서 그물을 육지에 끌어 올리니 가득히 찬 큰 물고기가 백쉰세 마리라 이같이 많으나 그물이 찢어지지 아니하였더라

Simon Peter 시몬 베드로가 climbed 올라갔다 aboard 배 위로 and 그리고는 dragged 끌

었다 the net 그물을 ashore 해안가로 It 그것은 was full 가득 찼다 of 한정하는 것은 large fish 많은 고기로 153 일백오십삼 마리 but 그러나 even 심지어 with 함께하는 것은 so 그렇게나 many 많음에도 the net 그물은 was 상태는 과거이고 있었다 not torn 찢어지지 않은

It was full of large fish, 153 여기서 153이란 숫자에서 힌트를 얻어 치약사장인 O OO님은 '153 치약'을 만들어 엄청난 성공을 이루었다. 이 또한 우리 후손들에게 기적을 주신 것이라 생각한다. 이 책을 추천해 주신 김종남박사님은 'JN47 Street'이다 Jong Nam의 이니셜이기도 하지만 Jesus Nation의 이니셜이니 또 한번 기적이 일어날 듯하다.

12 Jesus said to them, "Come and have breakfast." None of the disciples dared ask him, "Who are you?" They knew it was the Lord. 예수께서 이르시되 와서 조반을 먹으라 하시니 제자들이 주님이신 줄 아는 고로 당신이 누구냐 감히 묻는 자가 없더라

Jesus said 예수께서 이르시되 to 대상은 them 그들에게 "Come 이리오라 and 그리고 have 먹자 breakfast 아침을" None 아무도 없다 of 한정되는 것은 the disciples 제자들 중 dared 감히 ask 물었다 him 그에게 "을" "Who 누구냐? are you 당신은?" They knew 그들은 알았다 it 그분은 was 상태는 과거이고 이었다 the Lord 주님이심을

13 Jesus came, took the bread and gave it to them, and did the same with the fish. 예수께서 가셔서 떡을 가져다가 그들에게 주시고 생선도 그와 같이 하시니라

Jesus came 예수께서는 가셔서 took 취하시고 가져다가 the bread 빵을 and gave 그리고는 주셨다 it 그것을 to 대상은 도달하는 대상은 them 그들에게 and did 그리고 주셨다 the same 같은 방법으로 with 함께하는 것은 the fish 물고기

동사 come은 주인공 입장에서 보는 것이니까, come는 가다의 뜻이다.

14 This was now the third time Jesus appeared to his disciples after he was raised from the dead. 이것은 예수께서 죽은 자 가운데서 살아나신 후에 세 번째로 제자들에게 나타나신 것이라

This was 이것은 이었다 now 이제 the third time 세 번째 Jesus appeared 예수께서 나타나셨다 to 대상은 his disciples 그의 제자들에게 after 직전에 일어난 일은 he 그가 was raised

살아나게 되셨다 **from the dead** 출발지는 죽은 자들에게서

the third time Jesus appeared to his disciples after he was raised from the dead 이 문장은 매우 길다 하지만 **the third time**을 수식하는 관계사절이다. 그러므로 명사덩어리로서 **This was now**의 보어 역할을 한다. 원문장은 세 번째(the third time)이고 관계사는 (when 생략) 예수께서(Jesus) 나타나셨다(appeared 대상은(to) 제자들에게(his disciples) 직전에 일어난 일로(after) 예수께서(he) 살아나셨다(was raised) 그 출발한 곳은(from) 죽은 자들(the dead)

15 When they had finished eating, Jesus said to Simon Peter, "Simon son of John, do you truly love me more than these?" "Yes, Lord," he said, "you know that I love you." Jesus said, "Feed my lambs." 그들이 조반 먹은 후에 예수께서 시몬 베드로에게 이르시되 요한의 아들 시몬아 네가 이 사람들보다 나를 더 사랑하느냐 하시니 이르되 주님 그러하나이다 내가 주님을 사랑하는 줄 주님께서 아시나이다 이르시되 내 어린 양을 먹이라 하시고

When 때는 **they had** 그들이 이미 **finished** 끝 마쳤다 **eating** 먹는 것을 **Jesus said** 예수께서 말하시길 **to** 대상은 **Simon Peter** 시몬 베드로에게 "**Simon** 시몬아 **son** 아들이고 **of** 한정하는 것은 **John** 요한 **do** 하느냐? **you** 너는 **truly** 진실로 **love me** 사랑한다 나를 **more** 더 많이 **than** 보다도 **these** 이들?" "**Yes** 예 **Lord** 주님" **he said** 그가 말했다 "**you know** 당신은 아시나이다 **that**절을 **that I love** 내가 사랑함을 **you** 당신을" **Jesus said** 예수께서 말씀하시길 "**Feed** 먹어라 **my lambs** 나의 어린 양을"

16 Again Jesus said, "Simon son of John, do you truly love me?" He answered, "Yes, Lord, you know that I love you." Jesus said, "Take care of my sheep." 또 두 번째 이르시되 요한의 아들 시몬아 네가 나를 사랑하느냐 하시니 이르되 주님 그러하나이다 내가 주님을 사랑하는 줄 주님께서 아시나이다 이르시되 내 양을 치라 하시고

Again 또 다시 **Jesus said** 예수께서 말씀하시길 "**Simon** 시몬아 **son** 아들이고 **of** 한정되는 것은 **John** 요한 **do** 하느냐? **you truly love** 너는 진정으로 사랑한다 **me** 나를?" **He answered** 그가 대답했다 "**Yes** 예 **Lord** 주님 **you know** 당신은 아시나이다 **that**절을 **that I love** 제가 사랑합니다 **you** 당신을" **Jesus said** 예수께서 말씀하시길 "**Take** 취하여라 택해라 **care** 관심을 **of** 한정하는 것은 **my sheep** 내 양을(내 양을 돌보라는 뜻임)"

17 The third time he said to him, "Simon son of John, do you love me?" Peter was hurt because Jesus asked him the third time, "Do you love me?" He said, "Lord, you know all things; you know that I love you." 세 번째 이르시되 요한의 아들 시몬아 네가 나를 사랑하느냐 하시니 주께서 세 번째 네가 나를 사랑하느냐 하시므로 베드로가 근심하여 이르되 주님 모든 것을 아시오매 내가 주님을 사랑하는 줄을 주님께서 아시나이다 예수께서 이르시되 내 양을 먹이라

The third time 세 번째로 he said 예수께서 말씀하시길 to 도달하는 대상은 him 그에게 "Simon 시몬아 son of John 아들 한정하는 것은 요한 do 하느냐? you love 너는 사랑한다 me 나를?" Peter 베드로는 was 상태는 과거 이었다 hurt 상했다 because 그 이유는 Jesus asked 예수 께서 물었다 him 그에게 the third time 세 번씩이나 "Do you love me 하느냐? 너는 사랑한다 나를?" He said 그가 말하길 "Lord 주님이시여 you know 당신은 아시나이다 all things 모든 것을; you know 당신은 아시나이다 that절을 that I love 내가 사랑합니다 you 당신을"

18 Jesus said, "Feed my sheep. I tell you the truth, when you were younger you dressed yourself and went where you wanted; but when you are old you will stretch out your hands, and someone else will dress you and lead you where you do not want to go." 내가 진실로 진실로 네게 이르노니 네가 젊어서는 스스로 띠 띠고 원하는 곳으로 다녔거니와 늙어서는 네 팔을 벌리리니 남이 네게 띠 띠우고 원하지 아니하는 곳으로 데려가리라

Jesus said 예수께서 말씀하시길 "Feed 먹어라 my sheep 나의 양을 I tell 내가 말하노니 you the truth 너희들에게 진실을 when 때는 you 너희들이 were 상태는 과거로 이었다 younger 좀 더 어렸을 때는 you dressed 너희들이 입었다 yourself 너희들 스스로 and 그리고 went 다니었노라 where 그곳은 you wanted 너희가 원했던; but 그러나 when 때는 you 너희들이 are 상태는 현재이고 이다 old 나이가 들다 you will 너희들은 일 거다 stretch 펴고는 out 바깥으로 your hands 너희 손을 and 그리고 someone else 누군가가 will 일 거다 dress 옷 입히고 you 너희들을 and 그리고는 lead 이끌 거다 you 너희들을 where 장소는 you do not want 너희들이 원하지 않기를 to go 나아가 하고자 하는 바는 간다"

where you wanted와 where you do not want to go 앞에는 장소 the palce가 생략되었다. 정확히는 to the place이다. 동사 went to the place와 동사 lead you to the place 이다.

19 Jesus said this to indicate the kind of death by which Peter would glorify God. Then he said to him, "Follow me!" 이 말씀을 하심은 베드로가 어떠한 죽음으로 하나님께 영광을 돌릴 것을 가리키심이러라 이 말씀을 하시고 베드로에게 이르시되 나를 따르라 하시니

Jesus said 예수께서 말씀하시길 this 이것을 to indicate 나아가 하고자 하는 바는 the kind 이 종류를 of 한정하는 것은 death 죽음 by 수단은 which 그 죽음은 Peter 베드로가 would 일 거다 glorify 영광올리다 God 하나님을 Then 그리고는 he said 그가 말씀하시길 to 대상은 him 그에게 "을" "Follow 따르거라 me 나를!"

20 Peter turned and saw that the disciple whom Jesus loved was following them. (This was the one who had leaned back against Jesus at the supper and had said, "Lord, who is going to betray you?") 베드로가 돌이켜 예수께서 사랑하시는 그 제자가 따르는 것을 보니 그는 만찬석에서 예수의 품에 의지하여 주님 주님을 파는 자가 누구오니이까 묻던 자더라

Peter turned 베드로가 돌이켜기를 and 그리고는 saw 보았다 that절 이하를 that the disciple 그 제자를 whom 그는 Jesus loved 예수께서 사랑하셨던 was following 따르고 있었다 them 그들을 (This was 이 사람은 이었다 the one 자 사람 who 그 사람은 had 이미 leaned 기대었다 back 다시 against 상태하는 것은 Jesus 예수님 at 점으로 접하는 것은 the supper 만찬이고 and 그리고는 had said 이미 말했다 "Lord 주님 who 누가 is going 하려고 합니까? to betray 나아가서 하고자 하는 바는 배반하려고 you 당신을?")

21 When Peter saw him, he asked, "Lord, what about him?" 이에 베드로가 그를 보고 예수께 여짜오되 주님 이 사람은 어떻게 되겠사옵나이까

When 때는 Peter saw 베드로가 보았다 him 그를 he asked 묻기를 "Lord 주님이시여 what 무엇? about 관련된 것은 him 그 사람?"

22 Jesus answered, "If I want him to remain alive until I return, what is that to you? You must follow me." 예수께서 이르시되 내가 올 때까지 그를 머물게 하고자 할지라도 네게 무슨 상관이냐 너는 나를 따르라 하시더라

Jesus answered 예수께서 대답하시길 "If I want 만일에 내가 원한다면 him 그가 to remain

나아가서 하고자 하는 바는 남아 있기를 **alive** 살아서 말이다 **until** 마치는 때는 **I return** 내가 돌아오는 것이고 **what** 무엇이냐 **is that** 이것이 **to** 도달하는 대상은 **you** 당신? **You must follow** 너는 하여야 하는 바는 따라라 **me** 나를"

23 Because of this, the rumor spread among the brothers that this disciple would not die. But Jesus did not say that he would not die; he only said, "If I want him to remain alive until I return, what is that to you?" 이 말씀이 형제들에게 나가서 그 제자는 죽지 아니하겠다 하였으나 예수의 말씀은 그가 죽지 않겠다 하신 것이 아니라 내가 올 때까지 그를 머물게 하고자 할지라도 네게 무슨 상관이냐 하신 것이더라

Because of 이로 말미암아 **this** 이것 **the rumor spread** 소문이 퍼졌다 **among** 셋 이상 중에 **the brothers** 형제들 **that** 그들은 **this disciple** 이 제자는 **would** 않으려니 **not die** 안 죽는다 **But** 그러나 **Jesus did not say** 예수님은 하지 않으셨다 말하지 **that**절 이하를 **that he would** 그가 이리라고 **not die** 안 죽는다고; **he only said** 그는 단지 말씀하셨다 "을" "**If I want** 만일 내가 원한다면 **him** 그가 **to remain** 하고자 하는 바는 남아있기를 **alive** 살아서 **until** 끝마치는 것은 **I return** 내가 돌아올 때 **what is that** 무엇 인가 그것이 **to** 대상은 **you** 너(무슨 상관이냐의 뜻이 된다)?"

24 This is the disciple who testifies to these things and who wrote them down. We know that his testimony is true. 이 일들을 증언하고 이 일들을 기록한 제자가 이 사람이라 우리는 그의 증언이 참된 줄 아노라

This is 이 사람은 **the disciple** 제자인데 **who** 그 제자는 **testifies** 증언했다 **to** 대상은 **these things** 이것들을 **and** 그리고 **who** 그 사람은 **wrote** 기록했다 **them** 그것들을 **down** 아래로 **We know** 우리는 아노라 **that**절 이하를 **that his testimony** 그의 증언은 **is** 현재 상태로 이다 **true** 진실한 참된

the disciple who testifies to these things and who wrote them down 독자들은 이제 관계시절을 너무 많이 훈련했기 때문에 눈으로 한 번 척하고 보아도 전부 이해하셨을 것이다. 하나님께 영광을!

25 Jesus did many other things as well. If every one of them were written down, I suppose that even the whole world would not have room for the books that

would be written. 예수께서 행하신 일이 이 외에도 많으니 만일 낱낱이 기록된다면 이 세상이라도 이 기록된 책을 두기에 부족할 줄 아노라

Jesus did 예수께서 행하셨다 many other things 많은 다른 일들을 as well 또한 If every one 만일에 모든 사람이 하나씩 of 한정하는 것은 them 그들 were written 기록된다면 down 아래로 I suppose 내가 생각하기를 that절 이하를 that even 심지어는 the whole world 이 세상이 would 하리라 not have 가지지 못한다 room 여유, 공간을 for 이유로 말미암아 the books 책이고 that 그 책들은 would 이리라 be written 쓰여질

책을 마치며

예수님의 일생을 다룬 요한복음을 끝까지 읽어주신 독자 여러분께 감사를 드립니다.

이 한 권의 책이 대한민국 영어학도들에게 순서대로 읽고 해석하는 방법을 터득하게 하는 밑거름이 되기를 바란다. 본 저자는 직독직해 방법을 마스터하여 벤드에 다양한 주제를 다루었고(예, CNN뉴스, 시사영어) 올렸고 https://band.us/@jn153english에도 올렸다. 인터넷 신문인 글로벌문화신문에도 연재하고 있다. 신문에 관한 모든 광고 및 기재는 글로벌문화신문사와 독점계약을 맺었다. 따라서 온라인 광고 및 판권계약에 관해서는 http://sscn.co.kr과 하시면 된다.

본 저작권 및 판권에 대해서는 기획권자인 ㈜앤터스코리아와 5년 계약을 맺었다. 출판사는 아마존북스와 독점계약을 맺었다. 요한복음을 시작으로 해서 성경은 다섯 권을 출판할 예정이며 신약 4대 복음서와 계시록 그리고 로마서를 편찬할 예정이다. 또한 저자와 대화를 원하거나, 독자들이 이해가 부족한 부분이 있거나 또는 더 알고 싶은 부분을 보충하기 위하여 인터넷사이트를 개설하였으니 www.jn153english.com에 가입하시어 문의 사항을 남기면 저자가 성실하게 답하여 주겠음을 약속한다.

아무쪼록 영어 잘하기를 희망하는 대한민국 사람들이 직독직해를 하는 데 있어서, 이 한 권의 책이 한 톨의 밀알이 되시기를 바란다.

2020년 8월 26일

(강남역 #5번 출구) 도씨에 빛 2차 빌딩 519호실에서

(An epilogue)

Thank you who have always been with this book for having read out "The good according to John which has deal with the life of Jesus Christ". I hope that this book is fundamental for Korean students who are trying to read and know how to translate English to Korean language in accordance with sentence which has been written. I, writer, who has written in this book has got the method of reading at once while translating immediately any sentence and I have updated it on my band which named on https://band.us/@jn153english which has had a variety articles such as CNN News, Times etc. and I am undergoing on the Global MunHwa newspaper on internet. I have given and had the all Exclusive right that has been related to the right of the contract of all advertisement and articles. You can also contract with him who has http://sscn.co.kr had regarding to all kind of online_advertisements and the contract of rights.

Regarding on the right of the copyrights and selling this book, I have contracted to planing party which is going to deal with the design and the plan in 5 years. I, writer, have a plan to publish series 5 books to be continued from 'the good according to John' to 'the Romes' and the Revelation including the rest of the four Gospels of the New Testaments. If you want to speak with the writer or have the part of not knowing sentence for the compensation of the lack of the knowledge, or if you have any question, please, let me know. I have please to know you my website which is www.jn153english. com and to visit my website and to registrate your iD and leave the message which you want to know. and I promise to answer you.

I strongly hope that this book is going to be based on and to become a grain of wheat to all the Korean who read and translate immediately sent- ence that has any kind of English. - The End

2020. 8. 26
(Seoul KangNam Station #5번 Exit), DoSSiE Bit BULDG 5F. 519

피노키오가 영어 통달자가 되다

초판 1쇄 인쇄 | 2020년 09월 25일
초판 1쇄 발행 | 2020년 10월 07일

지은이 | 곽우영
펴낸이 | 최화숙
편집인 | 유창언
펴낸곳 | **아마존북스**

등록번호 | 제1994-000059호
출판등록 | 1994. 06. 09

주소 | 서울시 마포구 성미산로2길 33(서교동), 202호
전화 | 02)335-7353~4
팩스 | 02)325-4305
이메일 | pub95@hanmail.net|pub95@naver.com

ⓒ 곽우영 2020
ISBN 979-89-5775-244-9 13740
값 22,000원